Live mischen
Mixing für einen gelungenen Livesound

Eike Hillenkötter

Live mischen

Mixing für einen gelungenen Livesound

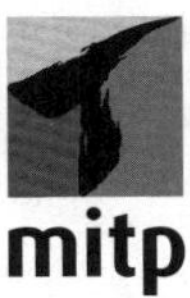

mitp

Bibliografische Information der Deutschen Nationalbibliothek
Die Deutsche Nationalbibliothek verzeichnet diese Publikation in der Deutschen Nationalbibliografie; detaillierte bibliografische Daten sind im Internet über <http://dnb.d-nb.de> abrufbar.

Bei der Herstellung des Werkes haben wir uns zukunftsbewusst für umweltverträgliche und wiederverwertbare Materialien entschieden. Der Inhalt ist auf elementar chlorfreiem Papier gedruckt.

ISBN 978-3-7475-0574-8
3. Auflage 2022

www.mitp.de
E-Mail: mitp-verlag@sigloch.de
Telefon: +49 7953 / 7189 – 079
Telefax: +49 7953 / 7189 – 082

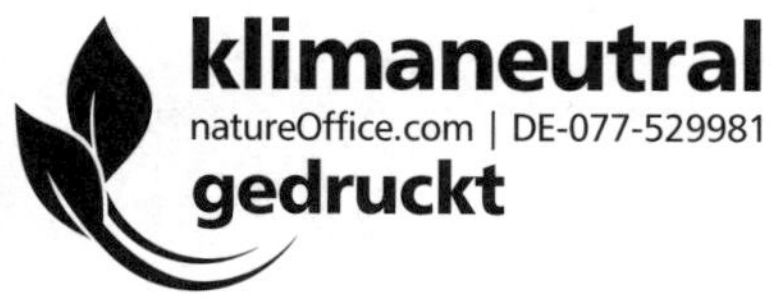

Lektorat: Janina Bahlmann, Sabine Janatschek
Sprachkorrektorat: Petra Heubach-Erdmann
Covergestaltung: Christian Kalkert, www.kalkert.de
Satz: III-satz, Kiel, www.drei-satz.de
Druck: Plump Druck & Medien GmbH, Rheinbreitbach
Bildnachweis: @bernardbodo/fotolia.com

Inhalt

Vorwort

Mir ist es eben passiert. Obwohl ich ein wirklich bühnenliebender Musiker bin, stand ich in meinem Kopfkino-Konzert diesmal hinterm Mischpult. Von dort aus würde ich dann mit einem Lächeln im Gesicht die imaginäre Show bis ins letzte Detail abmischen.

Alles Eikes Schuld. Ich habe beim Lesen dieses Buches einfach richtig Bock drauf bekommen. Mir war es irgendwie immer schon klar, aber irgendwie halt auch nie so richtig, wie sehr die oft einfach nur »Mischer/in« genannte Person Einfluss auf das musikalische Erlebnis für den Künstler und das Publikum hat. Hinzu kommt noch die Art und Weise, auf die Eike durch unzählige praxisnahe Tipps, Anekdoten und Beispiele einem die Herangehensweisen an diese Aufgabe schmackhaft macht. Ich könnte jetzt in Lobhudeleien verfallen, aber unnötig, denn ihr werdet euch ab dem ersten Kapitel ganz von alleine in seinen sympathischen, lockeren, trocken-humorvollen Erzähl-, und Erklärstil verlieben.

So viele Aha-Momente entstehen einfach dadurch, dass er direkte Einblicke in seine Gedankenwelt rund um das Live-Mischen zulässt. Das ganze Buch ist ein einziges In-den-Kopf-Schauen-Dürfen, wo technisches Wissen auf Erfahrung trifft und in Entscheidungen und Handgriffe übergeht. Jedoch immer mit der Kontrollinstanz Ohren – oder eher die des musikalischen Herzens!? Leidenschaft und Begeisterung kann man immer wieder zwischen den Zeilen erkennen. Es geht um Musik, Emotionen und Menschen, und um die zahlreichen Möglichkeiten, die sich ergeben können. Für konkrete Schritte bietet er direkt Methoden und das nötige Wissen aus seinem Erfahrungsschatz an. Was mir aber besonders gut gefällt, ist Eikes Aufmunterung, nein, besser noch Aufforderung zum Immer-wieder-Rumprobieren.

Dabei wünsch' ich euch 'ne Menge Spaß und verabschiede mich mit den liebsten Grüßen

Samuel / MÄNNI

Einleitung

Wie mischt man live eine Band ab?

Mein erstes Buch bestand nur aus Fragen. Fragen, die ich mir als Livemischer regelmäßig während eines typischen Konzerts stelle. Die Antworten können je nach Situation völlig anders ausfallen, deshalb habe ich sie dort auch nicht gegeben. Die Fragen laden dazu ein, sich selbst mit den Überlegungen auseinanderzusetzen, die sich hinter Handlungen und der Haltung eines Livemischers verbergen. Ich finde diese Herangehensweise immer noch sehr schön, deshalb findest Du auch eine überarbeitete und aktualisierte Version genau dieser Fragen im Mittelteil des Buches.

Viele Leute, die das Buch gelesen haben, wünschten sich aber auch Antworten.

Was ist das beste Gesangsmikrofon? Wie macht man einen guten Monitorsound? Wie stelle ich einen Kompressor ein? Wie mixt man richtig?

Es gibt auf diese Fragen keine einfachen Antworten, sondern lediglich Wege und Möglichkeiten. Es gibt keinen leichten Weg zu einem »perfekten« Mix, jedenfalls gibt es keine Liste von Anweisungen, die man mal eben so abarbeiten kann, damit am Ende ein Top-Mix rausfällt.

Es gibt allerdings eine Menge von Methoden, die auf völlig unterschiedliche Weise dennoch möglicherweise zu einem ähnlichen Ergebnis führen. Nicht einmal das beste Ergebnis steht fest. Es gibt mindestens so viele Arten, einen Mix anzulegen, wie es Varianten eines Bandfotos gibt.

Selbst Bilder, die für sich genommen alle wunderbar fotografiert wurden, unterscheiden sich oft grundlegend voneinander. Es bleibt letztendlich Auslegungssache und eine Frage des persönlichen Geschmacks, für welche Interpretation man sich entscheidet. Was will die Band aussagen? Wie kann man das am besten transportieren? Welche Aspekte kann man außerdem noch beleuchten? Ein Mix bleibt eigentlich immer Interpretationssache.

Aus diesen Gründen habe ich mich entschieden, im ersten Teil dieses Buches wenige Instruktionen und stattdessen viele Anregungen zu sammeln. Alle Methoden, die ich in diesem Buch schildere, nutze ich selber, weil ich sie für mich als wertvoll erkannt habe.

Ich zeige an einigen Stellen mögliche Alternativen oder Ideen und Experimente auf, allerdings wollte ich hier lediglich echte, praxisnahe Tipps weitergeben. Es gibt sicherlich für viele in diesem Buch geschilderte Themenbereiche sehr, sehr gute Anleitungen, allerdings fehlt dort manchmal die Einordnung.

Was davon bringt im Livebetrieb eigentlich wirklich etwas? Was kann man live überhaupt umsetzen? Und wobei handelt es sich eventuell um »Speziallösungen«, die man einmal in 10 Jahren benutzen wird?

Die in diesem Buch geschilderten Techniken und Vorgehensweisen habe ich mir über Jahre angeeignet, ich verwende sie bei praktisch allen Konzerten, gleichzeitig halte ich in diesem Buch kein »Geheimwissen« zurück. Im Wesentlichen schildere ich meine Erfahrungen als Livemischer in Clubs für Rockbands im weitesten Sinne. Das stellt einen Großteil meiner Tätigkeit in diesem Bereich dar, da »kenne ich mich aus«. Gelegentlich arbeite ich für Bands als Gastmischer auf Festivals, ab und zu betreue ich ganz andere Veranstaltungen.

Wie sich das bei Dir darstellt, weiß ich nicht. Deshalb kann es möglicherweise dazu kommen, dass Du den einen oder anderen Aspekt auf Dein Tätigkeitsfeld »umrechnen« musst. Mit Sicherheit hast (oder entdeckst) Du selbst die ein oder andere Herangehensweise, die Du als für Dich viel besser geeignet ansehen wirst. Und natürlich passe ich meine eigene Arbeitsweise auch ständig an.

Ich schildere außerdem in diesem Buch nicht jeden Handgriff, den ich im Laufe einer Veranstaltung so vornehme. Aber das geschieht absichtlich und bewusst: Wenn Du weißt, was Dein Ziel darstellt, dann findest Du selbst die besten Wege und Lösungen.

Um das Maximum aus diesem Buch herauszuholen, solltest Du am besten schon erste praktische Erfahrungen mit Livetontechnik gesammelt haben. Ich beschreibe in diesem Buch nicht unbedingt alle nötigen Grundlagen oder technischen Details, etwa wie man ein Mischpult überhaupt anschließt, wie der Signalfluss innerhalb des Mischpults normalerweise aussieht oder welche Kabel man warum für welche Zwecke verwendet. Zwar gehen einige Fragen im zweiten Teil sehr ins Detail, aber es wird auch schon etwas an Erfahrung vorausgesetzt. Das Buch kann Dir dabei helfen, Deine Arbeitsweise als Livemischer zu hinterfragen, um sie weiter zu verbessern oder das Spektrum Deiner Möglichkeiten zu erweitern.

Man hört oft, dass Tontechnik »50 % Technik und 50 % Psychologie« bedeutet. Auch wenn diese Einschätzung angezweifelt werden darf, fällt doch auf, dass die Gewichtung im Bereich des Lehrmaterials deutlich anders ausfällt. Viele Bücher, Tutorials und Workshops bestehen zu einem überwältigenden Großteil aus technischen Fragen bzw. Instruktionen. Wenn man Glück hat, findet man noch etwas zur Kreativität, sehr selten dann auch einmal Tipps, die einem diese angeblich so wichtige »Psychologie« erklären.

Die Tätigkeit als Livemischer bedeutet in einem ganz besonderen Sinn auch Teamarbeit. Klar, beim Mischen selbst muss man mehr oder weniger ganz allein agieren, man hat aber gleichzeitig eine Verantwortung für ganz viele andere Menschen – und deren Kunst oder deren Vergnügen. In der Vorbereitung und Nachbereitung einer Veranstaltung macht man fast alles gemeinsam. Und deshalb hängt vieles von Menschenkenntnis, Empathie sowie angemessener, ehrlicher, transparenter und lösungsorientierter Kommunikation ab. Diesen Aspekten wollte ich mich ausgiebig widmen. Und auch deshalb kommen im letzten Teil des Buches endlich auch einmal die Menschen zur Sprache, denen man als Tontechniker überhaupt zu verdanken hat, dass man etwas zu tun hat: nämlich die Musiker selbst. Wie sehen ihre Vorstellungen im Hinblick auf Livetontechnik überhaupt aus? Was erwarten sie von einem Livemischer? Ich fand die Schilderungen und Antworten selbst oft mega interessant und erhellend. Ich hoffe, dass Du dort auch die ein oder andere Aussage entdeckst, die Du so noch nie gehört hast und die Dir weiterhelfen kann.

Auf meiner Webseite findest Du unter *plus.livemischer.de* eine Liste an Links und Ressourcen zu den in diesem Buch beschriebenen Themenbereichen, die ich regelmäßig aktualisiere. Neben Begriffserklärungen und absoluten Basics findest Du dort Beschreibungen zu »fortgeschrittenen« Techniken, aber auch eine bunte Mischung von Artikeln oder Videos zur Thematik. Falls Dir gewisse Passagen in diesem Buch zu verkürzt oder aber zu kompliziert erscheinen, findest Du dort eventuell hilfreiche Erklärungen und Ergänzungen.

Falls Du mir selbst etwas zu diesem Buch sagen möchtest oder eine Frage an mich hast, melde Dich gerne! Alle Kontaktdaten findest Du auch auf meiner Webseite.

Jetzt aber viel Spaß mit diesem Buch – und mit der Musik!

Teil 1

Praxis des live Mischens

Live-Tontechnik wirkt häufig wie ein sehr komplexes Unterfangen. Es gibt etliche technische, kommunikative, kreative und auch persönliche Fragestellungen, die es zu lösen gilt. Jede Show unterscheidet sich zudem von jeder anderen und erfordert unter Umständen ganz neue Methoden. Wenn man allerdings einige grundlegende Herangehensweisen berücksichtigt, kann man dafür sorgen, dass die Anzahl der auftretenden Schwierigkeiten erheblich reduziert wird und man sich auf die schönen Aspekte der Show konzentrieren kann. Bei aller Komplexität stellt Live-Tontechnik schließlich kein Hexenwerk dar.

In diesem Teil des Buches schildere ich, wie man dafür sorgen kann, dass ein Konzert für alle Beteiligten zu einer möglichst tollen Erfahrung wird. Welche Absprachen sollten für ein erfolgreiches Konzert getroffen werden? Wie begegnet man Künstlern, Veranstaltern und anderen Beteiligten? Was gilt es bei Vorbereitung, Aufbau, Soundcheck und schließlich beim Mischen der Liveshow zu beachten? Welche Fähigkeiten helfen einem allgemein als Livemischer? Welches Equipment benötigt man überhaupt, und wie geht man damit um? Wie stellt man einen gut klingenden Livemitschnitt her? Diese und weitere Fragestellungen sollen hier erörtert werden.

Bei der Lektüre bitte beachten: Ich schildere hier vor allem meine eigenen Erfahrungen, Denkansätze und Herangehensweisen. Es gibt nicht den einen richtigen Weg, also nimm bitte nicht jede Methode einfach so hin. Du kannst natürlich gewisse Dinge übernehmen, um sie auszuprobieren, aber Du solltest den Text jederzeit hinterfragen und in jedem Fall unbedingt Deinen eigenen Weg finden.

1

Interaktion und Kommunikation

Als Livemischer hat man immer mit Personen zu tun – vor, während, nach der Veranstaltung. Das führt natürlich zu einer Menge Spaß, wenn die Interaktionen kreativ und freundlich bleiben, allerdings stellt einen das auch vor erhebliche Probleme, wenn's mal nicht rundläuft. Die Wichtigkeit eines Austausches, der sich für alle Seiten gewinnbringend zeigt, lässt sich kaum zu hoch bewerten. Was kann man selbst dafür tun, dass jeder Einsatz möglichst positiv verläuft? Wann gilt es, die eigenen Bedürfnisse zurückzustellen, wann und wie weit stehen die Wünsche des Kunden im Vordergrund, wann kann es sich aber auch lohnen, ganz klar seine Meinung zu äußern und eventuell sogar durchzusetzen?

1.1 Planung und Vorbereitung

Ich möchte mich gerne auf jedes Konzert so gut wie möglich vorbereiten. Wenn ich es mit Bands zu tun habe, mit denen ich schön häufiger gearbeitet habe, wissen in der Regel alle Beteiligten, was sie erwartet. Die Künstler wissen, was sie mitbringen müssen und was ich stelle, sie kennen ihre eigenen und meine Aufgaben und haben eine gute Vorstellung davon, wie die Veranstaltung ablaufen soll. Dann beschränken sich die vorhergehenden Absprachen nur auf Kleinigkeiten und Details, wenn sich beispielsweise an der Instrumentierung etwas für eine bestimmte Show geändert hat oder wenn Musiker als Gäste dazukommen oder Ähnliches. Bei anderen Auftraggebern oder Bands, die das erste Mal etwas mit mir zu tun haben, lege ich großen Wert darauf, bereits im Vorfeld so viele wichtige Einzelheiten wie möglich abzuklären. Ganz klar: Zu 100 % lässt sich der Ablauf einer Veranstaltung vielleicht nie planen, und Kreativität im Umgang mit den letztendlichen Gegebenheiten kann sich als sehr wichtig erweisen, allerdings lassen sich einige nervenaufreibende und zeitraubende Situationen schon im Vorfeld erkennen und hoffentlich beheben.

Ich mache Absprachen sehr gerne schriftlich, wobei ich damit nicht unbedingt Verträge meine, sondern schriftlich fixierte Absprachen, beispielsweise per E-Mail oder über irgendeine Onlinelösung. So haben dann alle an der Konversation Beteiligten auch immer die Möglichkeit, das Besprochene nachzuverfolgen und bereits besprochene Details nachzusehen. Bereits zum Zeitpunkt der Festlegung eines Termins und meiner Buchung versuche ich die wichtigsten Rahmenbedingungen kurz festzuhalten.

Da geht es dann natürlich einerseits um die Zeit und den Ort der Veranstaltung, den Zeitrahmen für Load, Aufbau und Soundcheck sowie die voraussichtliche Dauer der Veranstaltung. Zusätzlich wünsche ich mir klare Infos darüber, was an dem Abend von mir alles konkret erwartet wird und was nicht. Was muss ich mitbringen? Welches Equipment befindet sich vor Ort? Kann dieses genutzt werden? Was bringt die Band mit, was stellt eine Verleihfirma? Welche PA wird bei der Veranstaltung zum Einsatz kommen? Wo wird sich der FOH-Platz, also das Mischpult befinden? Im Zweifelsfall lohnt es sich, bei Unklarheiten oder Unsicherheiten diese auch zur Sicherheit noch mit dem Veranstaltungsort oder den entsprechenden Partnern abzuklären. Aussagen wie »ist alles da und voll gut in Schuss« oder »klären wir an dem Tag« fallen schnell – manchmal entspricht das dann nicht so ganz den wahren Begebenheiten. Wenn sich vereinbarte Bühnenmonitore als Studio-Nahfeldmonitore erweisen, wenn das Mischpult über das schon »alle möglichen Bands gespielt haben« sich als 6-Kanal-Powermischer mit nur einem Aux-Weg herausstellt oder die amtliche Mikrofonsammlung aus einer Handvoll von Mikrofonen unbekannter Hersteller besteht oder sich vor Ort zeigt, dass Sonderwünsche wie etwa eine angemessene Anzahl verfügbarer Kanäle auf dem Pult nun leider nicht mehr erfüllt werden können – dann freut man sich eventuell, dies bereits im Vorfeld erfahren und Vorsorge getroffen zu haben.

Tipp

Sollte ich mal die Einweisung eines Gastmischers übernehmen, so bleibe ich so lange für ihn verfügbar, wie er es für nötig erachtet. Ich erkläre ihm vielleicht grundlegend das Routing oder die Funktionen des Pults, dann nehme ich mich zurück, bleibe aber so lange er will erreichbar für ihn. Sollte ich aktiv nach einer Einschätzung gebeten werden, gebe ich sie gerne, ansonsten überlasse ich Arbeitsweise und Sound vollständig dem Gast. Gerne assistiere ich auch bei Umbau oder Mikrofonierung, wenn dies gewünscht wird.

Für den Umgang mit den Personen vor Ort gilt hier ein behutsames Vorgehen. Nach der Ankunft kann man sich ruhig erst einmal umsehen, sich kennenlernen und den Ablauf noch einmal kurz besprechen sowie eventuelle Änderungen, die sich vielleicht ergeben haben, besprechen. Falls ich Einwände oder Verbesserungsvorschläge bezüglich der Vorgehensweise habe, versuche ich immer, auch die daraus resultierenden Vorteile für den Ablauf herauszustellen. Auch achte ich darauf, dass der Aufbau von eigenem Equipment in keinem Fall zu unerwünschter Mehrarbeit oder unnötigen Aufräumarbeiten für den Veranstalter führt. Wenn mir beispielsweise mein Mischpult geeigneter für die Veranstaltung erscheint und dies auf Unverständnis stößt, schildere ich einfach ruhig, wieso die Band beispielsweise nicht mit nur einem Monitorweg auskommen kann, sondern verschiedene separate In-Ear-Wege benötigt, oder dass sich der Soundcheck und die Aufbauzeit erheblich verkürzen, wenn ich meine Mikrofone und fertig erstellte Szenen in meinem Mischpult benutze. Sofern der Veranstalter letztendlich irgendein Interesse an einem reibungslosen Ablauf und einem guten Klang für die Gäste hat, lohnt sich eine Erklärung oder freundliche Diskussion meist auch. Ich erlebe es dann auch relativ häufig, dass Veranstalter nach der Show be- oder anmerken, was durch gewisse Änderungen besser lief als bei vorherigen Konzerten. Natürlich gilt es, auch die speziellen Erfahrungen sowie Wünsche und Bedürfnisse des Veranstalters wahrzunehmen und zu berücksichtigen und nicht einfach zu übergehen. Schließlich kennt der Veranstalter häufig sein Publikum und dessen Eigenarten recht gut.

Tipp
Viele Leute denken, dass es bei Empathie nur darum geht, jemanden zu bemitleiden. Aber Empathie bedeutet, die Perspektive und Gefühle der anderen Person zu verstehen.

Für den Umgang mit (mir noch nicht vertrauten) Künstlern finde ich es wichtig, deutlich herauszustellen, dass man eine konstruktive und lösungsorientierte Zusammenarbeit möchte. Es gilt, die Musiker und ihre Vorstellungen und Ziele ernst zu nehmen. Es hilft uns auch, als Team zusammenzuarbeiten, um Probleme zu lösen. Viele Musiker haben mir schon von unschönen Erlebnissen berichtet, bei denen sie von Tontechnikern beispielsweise herablassend und wenig wertschätzend behandelt wurden. Ohne groß über die Hintergründe oder das Entstehen solcher Situationen zu spekulieren, finde ich so eine Kommunikation für beide Seiten wenig hilfreich. Manche Techniker haben durch ihre oft jahrelange Erfahrung den Eindruck, allgemein besser zu wissen, »was für die Musiker gut ist« als die Musiker selbst, und lassen es sie dann auch spüren. Und obwohl dieser Wissensvorsprung – mindestens auf technischer Seite – in Einzelfällen vielleicht sogar stimmen mag, führt so eine Haltung jedoch auch häufig dazu, dass es dem Techniker dann schwerer fällt, die wahren Bedürfnisse des Künstlers zu erkennen. Viele Annahmen darüber, wie die Band zu klingen hat, wurden vielleicht insgeheim bereits im Vorfeld getroffen – ohne dies jemals mit den Musikern abzugleichen. Stattdessen scheint es mir ratsam, bereits frühzeitig in Erfahrung zu bringen, ob es irgendwelche soundtechnischen Besonderheiten gibt, auf die beim jeweiligen Künstler geachtet werden sollte. Was möchte die Band mit ihrer Musik transportieren? Singen wirklich alle Sänger gleichberechtigt? Welche unterschiedliche Rolle spielen die beiden Gitarristen für die Band? An welchem Soundideal orientiert sich die Band?

Letztendlich macht eine Klärung dieser Fragestellungen die Arbeit für mich als Mischer auch leichter – ich muss nicht versuchen, den Stil zu erraten. Wenn ich weiß, dass die Band eher einen warmen retromäßigen Sound bevorzugt, dann habe ich sofort eine Vorstellung davon, wie ich meinen Mix anlegen werde. Wenn ich weiß, dass der Backgroundgesang, der sich beim Soundcheck als relativ schwierig darstellt, tatsächlich nur bei einem Song vorkommt, dann kann ich vielleicht diese Mikros für den Rest des Sets muten – und habe dadurch zum Beispiel auf diesem Mikro gar keine Schwierigkeiten mit Bleed (Übersprechen) oder Feedback.

Beim Soundcheck möchte ich unter anderem vernünftige Signale für mich bekommen, aber ich lege ebenso sehr großen Wert darauf, dass der Bühnensound für den Künstler stimmt (falls der Monitorsound vom FOH aus geregelt wird).

Während der Show gibt es kaum noch Möglichkeiten, effektiv daran zu arbeiten. Deshalb frage ich schon beim Soundcheck alle Musiker nach der Zufriedenheit mit dem Monitorsound und versuche ausgiebig etwaige Unzulänglichkeiten zu beheben. In der Regel kennen die Musiker die Songs, die vom Bühnensound her schwierig werden könnten (oft tatsächlich die »lauten« Stücke), falls nicht, wünsche ich mir von der Band einfach mindestens einen sehr leisen und einen lauten Song. Wenn für beide Songs der Monitorsound gut funktioniert, hat man schon einmal einen großen Teil geschafft, wie auch an anderer Stelle geschilder t.

Neben dem Respekt vor den Musikern gilt hier wieder: Unterm Strich macht ein angenehmer Bühnensound die Arbeit für den Livemischer deutlich leichter! Wenn die Musiker sich gut hören, dann spielen sie auch besser und entspannter, liefern damit in der Regel bessere »Signale«, die sich leichter in den Mix einbauen lassen – und fangen auch nicht während des Sets damit an, heimlich am Sound ihrer Instrumente herumzuschrauben oder gar verzweifelt ihre Amps voll aufzureißen. Und nicht zuletzt führt ein vernünftig gecheckter Monitorsound auch zu deutlich reduzierter Feedbackgefahr, was Musiker, Hörer und einen selbst freuen sollte. Aus all diesen Gründen lohnt sich etwas mehr Sorgfalt bei der Erstellung des Monitorsounds.

Allgemein achte ich darauf, dass ich meine Bedürfnisse möglichst hinter die Bedürfnisse des Künstlers oder des Veranstalters oder der Local Crew zurückstelle – soweit ich dies verantworten kann. Mehr dazu im folgenden Kapitel.

Tipp

Bei aller Professionalität sollte man den Humor nicht vergessen. Ein Lächeln oder ein Scherz im rechten Moment kann viele Situationen entspannen und entschärfen. Klar, Unterhaltung stellt manchmal eine ernste Sache dar, aber Kunst profitiert auch von etwas Menschlichkeit.

1.2 Man muss nicht alles machen

Sollte man eine Anfrage als Mischer erhalten, aber hat man aus guten Gründen schwerwiegende Bedenken, ob die Veranstaltung adäquat ablaufen wird (oder hat man einfach nur ein schlechtes Bauchgefühl!), so kann man ruhig von einer Zusage absehen. Man muss nicht alles machen. Mit Veranstaltern und Künstlern, die einem derart zweifelhaft vorkommen, möchte man unter Umständen sowieso keine langfristige Zusammenarbeit aufbauen, insofern wird sich der Schaden in Grenzen halten.

Tipp
Wenn Dir als Vergütung für Dein komplettes Material, Deinen Einsatz und Deine Zeit für eine kommerzielle »Veranstaltung« mit mehreren Bands tatsächlich einmal ernsthaft Bratwurst angeboten wird, nimm den Auftrag an. Ich habe auch daraus gelernt.

Mein persönlicher Technikerpool

Für eine Veranstaltung passende und kompetente Mischer zu finden, kann sich für den Veranstalter manchmal als schwierig darstellen, deshalb vermittle ich ihm für den Fall, dass ich wegen einer anderen Buchung, einer Krankheit oder einem anderen Grund nicht zur Verfügung stehe, gerne befreundete Tontechniker, denen ich vertraue. Über solche Empfehlungen freuen sich Veranstalter in der Regel sehr.

1.3 Zuhören

Ich finde es wichtig, zu jeder Zeit ein offenes Ohr zu haben. Zuhören stellt für mich die wahrscheinlich wichtigste Fähigkeit eines Livemischers dar. Sie beschränkt sich aber nicht auf das Beurteilen von Sounds, sondern gilt auch allgemein in der Kommunikation. Es gibt viele Möglichkeiten, wie Menschen miteinander kommunizieren können. Sie können Worte, Gesten, Mimik oder Körpersprache verwenden. Ich versuche, Wünsche und Bedürfnisse, Sorgen und Kritik von Künstlern oder Veranstaltern oder anderen Beteiligten sehr gut wahrzunehmen. Bei Unklarheiten hilft ein Nachfragen. Außerdem hilft es, wenn man viele Äußerungen entweder auf der Sachebene (und damit erst mal als neutrale Aussagen) wahrnimmt. Künstler und Tontechniker haben manchmal Schwierigkeiten, Kritik angemessen zu äußern oder ohne Kränkung anzunehmen. In solchen Situationen gilt es im Sinne einer konstruktiven Zusammenarbeit zu fragen: Was sagen sie, was hörst Du? Und was sagen sie nicht?

1.4 Verständnis

Ich versuche auch, an der Veranstaltung beteiligten Personen scheinbar unangemessene Kommunikation schnell zu vergeben. Einige Menschen äußern sich im Rahmen einer Veranstaltung oft augenscheinlich aggressiv, ungeduldig oder fordernd. Häufig liegt dies aber einfach an geringer Stressresistenz, an Unsicherheit, Lampenfieber oder sonstigen Ereignissen oder Emotionen, die häufig wenig mit dem Adressaten und mit der konkreten Situation zu tun haben. Ich finde es in solchen Fällen besser, diese Kommunikationsebene gar nicht zu betreten, sondern die Kommunikation meinerseits zu beruhigen und vor allem sachlich zu gestalten. Dabei halte ich es auch für eine eher schlechte Idee, mich beispielsweise an bandinternen Diskussionen zu beteiligen, wenn ich nicht aktiv um eine Einschätzung gebeten werde. Und auch dann schildere ich diese sachlich bzw. fachlich und ergreife nie emotional Partei für ein Bandmitglied.

Tipp
Wenn's mal nicht rund läuft, nicht verzweifeln, sondern durchatmen und ruhig und systematisch an einer Lösung arbeiten. Solange niemand ernsthaft zu Schaden kommt, wird selbst von der miesesten Situation in ein paar Wochen wahrscheinlich nur eine lehrreiche Erinnerung oder einfach eine lustige Story bleiben. Ein Großteil der in diesem Buch angerissenen Anekdoten wirkt jetzt deutlich witziger als im Moment des Geschehens.

2 Rollen, Wünsche und Entscheidungen

Oft stellt sich einem die Frage, welche Rolle(n) man überhaupt im Rahmen einer Veranstaltung übernehmen soll. Es hilft, diese Fragestellung bereits im Vorfeld abzuklären oder auch zu kommunizieren. Was genau erwartet der Kunde oder Auftraggeber? Was erwartet man selbst? Diese Fragen – oder besser die Antworten darauf – können sich als absolut kritisch für den Ablauf und das Gelingen oder Misslingen mindestens von Teilaspekten eines Events oder Projekts erweisen. Bleiben sie unberücksichtigt, so kostet es im Zweifelsfall jedenfalls viel Zeit und Nerven, diese Fragen »im laufenden Betrieb« zu diskutieren oder einfach zu ignorieren.

2.1 Aufgabenbereiche

Normalerweise geht man vielleicht davon aus, dass derjenige, der einen Tontechniker bestellt, auch eine gewisse Vorstellung davon hat, wofür man ihn denn brauchen könnte. Im Detail gibt es aber im Rahmen zumindest von kleineren Veranstaltungen ein Riesenspektrum an Aufgaben, die irgendwie ins Aufgabenfeld des Mischers fallen können. Glücklicherweise, möchte ich sagen, denn nicht zuletzt dadurch bleibt die Tätigkeit ja auch abwechslungsreich und spannend. Schwierig kann es unter Umständen an den Stellen werden, wo die Vorstellungen über Aufgaben und Verantwortlichkeiten auf Seiten des Kunden oder des Tontechnikers unscharf werden. Ich kann nur empfehlen, diese Unklarheiten bereits frühzeitig zu erkennen, und rechtzeitig zu beheben. Wie weit die Einmischung des Tontechnikers gehen soll, muss am Ende jeder für sich selbst entscheiden. Ich halte es jedoch für absolut notwendig, den Kunden über gegebenenfalls erkannte »Sollbruchstellen« im Ablauf oder in der Verantwortung zu informieren und verschiedene Alternativen zur Lösung anzubieten. Je besser begründet diese dargestellt werden – inklusive der wichtigsten daraus erwachsenden Konsequenzen – desto einfacher sollte es dem Kunden dann fallen, eine für die Veranstaltung relevante Entscheidung zu treffen.

2.2 Eine Sache der Perspektive

Manchmal lassen sich Tontechniker sympathischerweise dazu verleiten, ihre Perspektive als die für die Veranstaltung wichtigste anzusehen – fast genauso häufig setzen sie voraus, dass alle Beteiligten die Grundzüge ihrer Perspektive nachvollziehen können. In der Realität sieht es oft aber so aus, dass manche Tontechnikersorgen auf andere Menschen wie unnötig spleeniger Nerdkram wirken. Manche Leute interessieren sich einfach nicht wahnsinnig für stehende Wellen, eine optimale Position für den FOH-Platz, die Eigenheiten von verschiedenen Mikrofontypen etc.

Diese Schwierigkeit in der Kommunikation und Verständigung gilt sicherlich für viele Situationen im Leben, allerdings führt dies im Rahmen von Veranstaltungen und Projekten regelmäßig zu Störungen im Ablauf, die durch eine rechtzeitige, ruhige, angemessene Kommunikation gar nicht erst so entstehen müssten. Wenn man also als Mischer beispielsweise zu einer Forderung des Kunden valide Einwände hat, wieso eine andere Herangehensweise zu einem wertvolleren und angenehmeren Ergebnis führen kann, so sollte man Mittel und Wege finden, diese allgemein verständlich und mit guten Argumenten darzulegen. Technische oder akustische Einwände sollte man dabei besonders gut verständlich erklären, möglichst ohne Fachchinesisch zu verwenden.

Tipp
»Geht nicht gibt's nicht« – aber nicht alles, was geht, gibt automatisch etwas.

Unterm Strich nützt es niemandem, widersprüchliche oder augenscheinlich wenig zielführende Wünsche des Kunden, die vielleicht teilweise aus Unwissenheit, durch das Anhängen an gewisse Standards oder möglicherweise auch nur aus einem Mangel an Vorstellungskraft entstehen, innerlich augenrollend dennoch umzusetzen, da die Qualität der Veranstaltung darunter letztendlich leiden wird.

2.3 Visionen und Wünsche

Diese Herausforderung im Umgang mit dem Auftraggeber kann sämtliche Aspekte der Veranstaltung betreffen, allerdings sollte man gut auswählen, welche Probleme man wirklich lösen will – und muss. Bemerkt man an einer Stelle, dass für eine gelungene Weiterarbeit Entscheidungen getroffen werden müssen, sich aber niemand dazu bereit erklärt, so sollte man sich selbst absolut in der Lage sehen, Entscheidungen zu treffen, die das Projekt vorantreiben. Hat beispielsweise eine Band gar keine deutliche Vision davon, wie ihr Live-Sound eigentlich klingen sollte, so könnte man daraus vielleicht ableiten, dass man sich als Tontechniker gar nicht die Mühe machen sollte, ein entsprechendes Soundkonzept überhaupt zu entwickeln.

Meiner Auffassung nach sollte man in solchen Fällen aber versuchen, etwas über die in irgendeiner Weise sicherlich vorhandenen Vorstellungen des Künstlers herauszubekommen. Hier kann es zum Beispiel helfen, durch gezielte Fragen etwas über die allgemeine stilistische Ausrichtung zu erfahren, zu erfragen, wie eventuelle Vorbilder aussehen, was genau der Künstler an diesen Vorbildern schätzt etc. All das kann im Endeffekt dabei helfen, die – nicht immer schlüssig kommunizierten – Vorstellungen des Künstlers optimal zu übersetzen. Unterm Strich bedeutet dies auch viel weniger Soundraterei aufseiten des Mischers, was letztendlich auch eher zu einem einfacheren Mix und einem stimmigeren Sound führen sollte. Wenn sich herausstellt, dass ein Soundkonzept bereits durch die Performance oder Soundeinstellung vor dem Mikro beeinträchtigt wird und und man es dort bereits durch einfache Maßnahmen optimieren kann – so sollte man dies meiner Ansicht nach auch mit dem Künstler besprechen. Man muss sich nicht gleich als Produzent der Band aufspielen, aber wenn es beispielsweise so scheint, dass die Band schon durch den Klang ihrer Instrumente gegen ihre eigenen Soundziele arbeitet, so sollte man als Mischer – konstruktiv und lösungsorientiert – darauf hinweisen. Häufig reicht es, wenn man der Band ehrlich und neutral schildert, wie ihre Instrumente oder die Band als Ganzes aus den Boxen klingen. So könnte die Band dann vielleicht doch schnell von sich aus zu der Ansicht gelangen, dass es beispielsweise nichts schaden würde, wenn man neben Becken und Gitarren noch andere Nuancen der Musik wahrnehmen kann – und entsprechenden Soundänderungen positiv gegenüberstehen.

Bemerkt man derartige Schwierigkeiten und geht einfach darüber hinweg, weil man denkt, dass sich der Aufwand nicht lohnt, oder dass einem der Künstler dies übel nehmen wird, so schafft man sich nicht nur offensichtliche Probleme für den Mix, sondern das Publikum, Vertraute der Band etc. werden auch unweigerlich den unzulänglichen Sound bemerken und ihn zwangsläufig irgendwann zur Sprache bringen. Am Ende gibt es in den Augen bzw. Ohren der meisten Besucher und mancher Musiker nur einen Verantwortlichen für die Qualität des Livesounds, und je besser man im Vorfeld dazu beigetragen hat, diese möglichst zu optimieren, desto eher wird man sie auch vertreten können. In gewisser Weise gilt aber auch das alte Klischee: Wenn das Publikum den Tontechniker nicht bemerkt, dann hat er einen guten Job gemacht. Erfahreneren Konzertgängern und dem »Fachpublikum« darf dann ruhig auch etwas Positives auffallen.

Hinweis

Wenige Leute interessieren sich für die Faktoren, die zu einem defizitären Sound geführt haben, allerdings bemerken Künstler, Auftraggeber und auch das Publikum in der Regel sehr genau, wenn man – im Rahmen der (finanziellen, zeitlichen, physikalischen) Möglichkeiten – sein Bestes gegeben hat, diese Schwierigkeiten zu minimieren oder zu eliminieren.

2.4 Probleme lösen und Entscheidungen treffen

Viele sagen, ein Großteil des Jobs eines Live-Tontechnikers besteht in der Lösung von Problemen. Während das durchaus teilweise der Realität entsprechen mag, wird dabei häufig ein möglicherweise viel entscheidenderer Aspekt übersehen. Im Gegensatz zur Arbeit eines Tontechnikers im Studio oder bei Aufnahmen (wo dieser Aspekt natürlich auch eine Rolle spielt, wenn auch häufig vielleicht nur eine finanzielle!) bestimmt Zeitknappheit viel von der Arbeitsrealität eines Livemischers. Dadurch gibt es (glücklicherweise, wie ich finde) gar nicht immer die Möglichkeit, jedwede Möglichkeit der Signalveredelung oder -korrektur zu verfolgen. Deshalb muss man ständig instinktiv, intuitiv oder einfach schnell und bewusst Entscheidungen treffen. Beispielhaft nenne ich hier mal Entscheidungen über den Aufstellort des Mischpults oder der PA, die Mikrofonauswahl, Positionierung der Mikrofone, die Verweildauer bei einzelnen Kanälen während des Soundchecks, der Klang einzelner Kanäle und der Summe, Einsatz von Panning, Level der Einzelsignale im Arrangement, Einsatz von Effekten und vor allem alle Aspekte bei der Durchführung des Mixes. Obwohl ich gerne versuche, manche Entscheidungen wenigstens durch eine Art A/B-Vergleich zu entschärfen, so gibt es diese Möglichkeit spätestens bei der Live-Show nicht mehr in allen Fällen.

Live erlebt

Während ich mit der Band wartete, bis wir an der Reihe waren, wurde ich einmal Zeuge eines sehr intensiven Soundchecks des Headliners. Nach etwa anderthalb Stunden stand der Sound für die Band – fast. Allerdings fehlte dem Keyboarder »noch etwas mehr Tom 2« auf den In-Ears.

Manchmal hilft es enorm, sich darauf zu konzentrieren, die wichtigsten Aspekte des Sounds zuerst anzugehen und die Detailarbeit – die häufig vielleicht nicht dazu beiträgt, die Botschaft zu übermitteln – hinten anzustellen. Das spart gerade in einem etwas stressigen Umfeld enorm Zeit, Nerven und Energie. Zusammen mit dem Künstler gilt es da manchmal, einen Kompromiss zu finden, der häufig genug mit einem insgesamt besseren Ergebnis belohnt wird. Muss man wirklich die Mikrofonierung der HiHat überdenken und ändern, wenn noch nicht einmal der Bühnen- und In-Ear-Sound steht? Zu viel kleinteilige Tweakerei führt oft halt auch zu einer gewissen Betriebsblindheit, die sich schnell rächen kann. Außerdem gilt natürlich beim Finetuning: Wer Unterschiede sucht oder erwartet, der wird sie auch finden. Egal, wie klein oder nicht entscheidend sie sich darstellen können. Leider verschwinden diese dann manchmal spätestens während der Show unter der Wahrnehmungsschwelle. Dann kann man sie positiv als Lerneffekt oder negativ als Zeitverschwendung betrachten.

Live erlebt
Schon einmal einen ausgeschalteten Kompressor sorgfältig eingestellt und das dann für die entscheidende klangveredelnde Maßnahme gehalten?

Klar kann man in verschiedenen Songteilen einmal die Wirkung zwei verschiedener Hallgeräte gegeneinander halten, aber ob in einem bestimmten Moment der Show oder der Phrase der Fader hoch- oder heruntergezogen (oder gar nicht benutzt wird) resultiert in einer einzigartigen, unwiederholbaren Aktion. Man befindet sich somit ständig auf der Schwelle zwischen Genie und Scheitern, zwischen Win und Fail, zwischen Bossmove und Blamage. Das stellt die Essenz von Livemusik dar, und das macht die ganze Sache ja so interessant.

Daraus resultiert aber eben unweigerlich sehr häufig die Notwendigkeit, Entscheidungen zu treffen. Man kann nicht nicht entscheiden. Insofern sollte man keine allzu großen Schwierigkeiten damit haben, Entscheidungen zu treffen und die Konsequenzen zu verantworten. Häufig kann man die Entscheidungen auch mit niemandem abklären. Natürlich kann und sollte man Fehlentscheidungen möglichst schnell bemerken und korrigieren.

Manchmal stehen einem hier vor allem die Möglichkeiten der Digitaltechnik im Weg, weil diese es erlauben, Entscheidungen zu Versionsnummern werden zu lassen. Anstatt mich beim Soundcheck zu entscheiden, wie genau ich den Mix anlege, speichere ich einfach fünf verschiedene Szenen und entscheide später. Beim Abmischen des Mitschnitts speichere ich das Projekt unter einem neuen Namen ab, sobald ich etwas geändert habe – wer weiß, wann ich zu welcher Version zurückkehren will. Im Endeffekt wird dadurch die Entscheidung nur verschoben. Ich plädiere hier gerne für etwas mehr Mut zu einer Art »Commit to tape«-Mentalität: Finde etwas, was gut klingt, und lass es so.

Tipp
Wenn es gut klingt, wenn es sich gut anfühlt, warum sollte man nicht bei diesem Sound bleiben?

Sich vor Mix- oder anderen Entscheidungen zu drücken, diese auf später zu verschieben oder diese anderen zu überlassen, bedeutet live meistens eins der folgenden Szenarien: Mutige Entscheidungen gar nicht zu treffen, resultiert dann vielleicht in einem banalen, wenig interessanten und dann doch häufig statischen und letztlich ziemlich uninteressanten Mix. Entscheidungen vertagen bedeutet häufig: Man hat an irgendeinem Punkt nicht mehr genügend Zeit für wesentliche Aufgaben, und diese werden gehetzt und nachlässig erledigt, oder man steigert womöglich die eigene Nervosität und die scheinbare Brisanz der Entscheidung ins Übermäßige. Überlässt man wichtige Entscheidungen ständig anderen Entscheidern, so zweifelt man möglicherweise später deren Einschätzungen an oder ärgert sich auch einfach nur über die mangelnde eigene Entschlussfähigkeit.

Solltest Du erhebliche Schwierigkeiten damit haben, selbstbewusst und schnell Entscheidungen zu treffen, die in irgendeiner Weise relevant für den Livesound werden können, so möchte ich Dir unbedingt raten, dieses Lernfeld sehr bewusst zu bearbeiten!

Live erlebt

Ich hatte einmal live das Vergnügen, den Ton eines Videos zu verstärken, welches aus Dutzenden etwa 30-sekündigen Grußbeiträgen bestand. Der Ton der einzelnen Filmchen unterschied sich jeweils grundlegend sowohl im Pegel als auch im Klangcharakter. Teilweise gab es außerdem erhebliche störende Hintergrundgeräusche. Es gab keine Zeit für großartige Soundexperimente oder gar Vergleiche, der Film lief, und alle Änderungen mussten schnell und intuitiv geschehen. Ich empfand es als eine tolle Übung, in wenigen Sekunden den Sound der Einzelbeiträge so anzupassen, dass am Ende ein homogener Klang für das Video daraus entstehen konnte.

3 Regeln und Methoden

In der Tontechnik gelten natürlich einige Regeln. Diese beruhen vor allem auf grundlegenden Gesetzmäßigkeiten des Universums und lassen sich nur schwer brechen. Darüber hinaus gibt es eine riesige Masse von Konventionen, Methoden und Vorgehensweisen, die sich im Laufe der Zeit bewährt haben. Dazu zählen beispielsweise Standard-Mikrofonierungstechniken, klassische Bühnenaufbauten, typische Pultbelegungen.

Schließlich hat aber jeder Tontechniker einen wie auch immer gearteten Fundus eigener Herangehensweisen, die sich für ihn oder bestimmte Anwendungen als gewinnbringend herausgestellt haben.

Nun sollte man nicht den Fehler machen, diese Regeln, Methoden, Erfahrungen und Konventionen in jedem Fall als unumstößliche Wahrheiten zu begreifen. Das könnte nämlich dazu führen, dass man in bestimmten Situationen, die eigentlich etwas Kreativität und ein Denken außerhalb des eigenen Horizonts fordern, viel zu eingeschränkt agiert.

Sofern bei Soundcheck oder Show alles rund läuft und man mit den gewählten oder gewohnten Herangehensweisen zu guten Resultaten kommt, stellt einen das erst einmal nicht vor Schwierigkeiten – aber könnte eine Änderung der Haltung und eine Abwandlung der Arbeitsweise vielleicht zu noch besseren Ergebnissen führen?

Im Kapitel 6 »Mikrofonierung« schreibe ich, dass man durch den Vergleich zweier Mikrofonierungsvarianten schnell die bessere auswählen kann. Man hat gerade im Livebetrieb nicht für alle Signale immer diese Möglichkeit, aber für einige wichtige kritische Quellen sollte man sich die Zeit vielleicht nehmen.

Möglicherweise findet man dadurch auch Mikrofonierungsmöglichkeiten, die man sonst niemals entdeckt hätte – gerade wenn die »Standardvariante« nicht zu einem vollkommen befriedigenden, sondern eben nur »okayen« Ergebnis führt.

Auf die gleiche Art und Weise kann man an verschiedenste Aspekte der Tontechnik herangehen: Für alle Handlungen, die man unternimmt, bringt es häufig etwas, zum Vergleich mindestens noch eine Variante auszuprobieren. Innovation und Lernen geschieht sehr effektiv vor allem da, wo man die Grenzen des bisher Gültigen oder Bekannten überschreitet.

Ich versuche, bei jeder Veranstaltung zusätzlich eine für mich ganz neue Sache auszuprobieren. Egal, um was es sich handelt.

3.1 Mischen mit den Augen

Obwohl der Standpunkt, dass Musik vor allem über die Ohren wahrgenommen wird und Soundentscheidungen vor allem auditiv getroffen werden sollten, sich relativ großer Beliebtheit erfreut, orientieren sich Tontechniker manchmal zu sehr an visuellen Indikatoren. Es macht aber nichts, wenn etwas »falsch« aussieht – solange es »richtig« klingt.

Ich ertappe mich selbst oft genug dabei, auf Displays und Anzeigen zu schielen. Klar, als zweite Ebene der Kontrolle können sie sich in bestimmten Situationen als äußerst hilfreich erweisen, oder es macht einfach Spaß sie anzuschauen – solange dies nicht dazu führt, dass man eher mit den Augen als mit den Ohren mischt.

Equalizerkurven in den Kanälen beispielsweise können unter Umständen sehr verbogen aussehen. Vielleicht hatte man nicht die Möglichkeit, den Sound an der Quelle optimal hinzubekommen, oder es blieb einfach wenig Zeit für einen optimalen Soundcheck, oder man möchte eine ganz bestimmte Soundvorstellung umsetzen. Eine LED-Kette sagt einem im Prinzip fast nichts darüber, wie ein Kompressor klingt, trotzdem kommt man manchmal ins Schwitzen, weil diese eine »zu starke« Gain Reduction anzeigt.

Tipp

Manchmal hat man vielleicht das Gefühl, dass die Anzeigen auch »richtig« aussehen müssen, da jeder Zuschauer extrem unkonventionelle Equalizerkurven auch aus der Entfernung viel leichter erkennen kann als bei einem analogen Pult. Unterm Strich sollte man sich allerdings von diesem Druck lösen und sich stattdessen lieber auf den Klang und das Hören konzentrieren.

3.2 Konventionen beachten

Manchen an einer Veranstaltung beteiligten Personen fällt es besonders leicht, andere auf „geltende" Standards oder Konventionen hinzuweisen. Einerseits finde ich jeden Tipp und jede Hilfestellung gut, sofern diese aber unbewusst oder unachtsam geschieht, dann fällt es mir auch leicht, diese eventuell zu ignorieren.

Ein Mitarbeiter einer Verleihfirma bot mir einmal seinen Mikrofonkoffer an – ich hätte zur Mikrofonierung gerne die freie Auswahl. Ich entdeckte ein bestimmtes, relativ aktuelles Mikro, was ich zu diesem Zeitpunkt noch nie ausprobiert hatte. Ich erwähnte, dass ich es gerne mal an der Snare testen würde, woraufhin er mit einem deutlichen: »Nein, das geht nicht!«, antwortete. »Warum nicht?!«, erkundigte ich mich. »Weil das ein Gitarrenmikrofon ist.«

Abgesehen davon, dass dieses spezielle Mikrofon mittlerweile als ein absolutes Standardmikrofon für die Snare gilt – es gibt keine festgelegten Regeln, welches Mikrofon man für welche Quelle einsetzen darf oder nicht. Selbstverständlich sollte man darauf achten, dass man ein empfindliches Mikrofon nicht durch einen zu hohen Schallpegel zerstört. Genauso halte ich es für wenig sinnvoll, die eines Mikrofons zu ignorieren, weil dies zu unangenehmen Effekten unter anderem in Bezug auf das Einsprechen oder das Monitorverhalten führen würde. Aber woran erkennt man Mikrofone, die man ausschließlich für die Snare oder ausschließlich für einen Gitarrenspeaker verwendet?

Ich setze seit geraumer Zeit fast ausschließlich (günstige) Bändchenmikrofone für die Abnahme von E-Gitarren ein. Natürlich nehmen sie möglicherweise schneller Schaden als ein Mikrofon, das sich angeblich auch dazu eignet,

Nägel in Wände zu treiben, natürlich passe ich beim Handling ein bisschen besser auf – aber der Klang überzeugt mich einfach. Schlau eingesetzt kann die Achter-Charakteristik sogar extrem hilfreich sein, um unerwünschte Quellen aus dem Mikro herauszuhalten, da sich die Seiten des Mikrofons ja doch sehr unempfindlich zeigen. Die Vorteile wiegen für mich und meine Soundvorstellungen die Nachteile deutlich auf. Dennoch findet man Leute, die hartnäckig behaupten, Bändchenmikrofone eignen sich nur »fürs Studio«.

Bevor Parallelkompression »salonfähig« wurde, habe ich häufig den Ausspruch gehört, dass Kompression kein Zumischeffekt sei.

Manche Leute bestehen auf einer bestimmten Reihenfolge der Kanäle auf dem Pult.

Oft wird behauptet, die Bass Drum dürfe nicht in den Hall geschickt werden.

Wenn man mal darauf achtet, fallen einem viele solche angeblichen Konventionen ein oder auf, die teilweise vielleicht auch sehr unreflektiert weitergegeben werden – und sich hin und wieder sogar widersprechen. Man sollte solche Konventionen jeweils sachlich wahrnehmen, versuchen die Hintergründe zu verstehen und sich dann gegebenenfalls frech über diese hinwegsetzen. Fehler machen gehört einfach dazu. Wenn man das bisher Gültige oder Bekannte überschreitet, birgt das immer die »Gefahr«, dass das Experiment keine guten Ergebnisse liefert. Manchmal aber eben schon. Und wenn ein ein Experiment oder ein »happy accident« ein bisher anders nicht erreichbares Ergebnis hervorbringt, wird man sich lange darüber freuen.

Hinweis

Es gibt für guten Sound keine endgültigen Antworten, sondern lediglich Möglichkeiten. Die besten Antworten von heute können morgen schon irrelevant sein, weil sich die Möglichkeiten ändern. Situationen ändern sich, Menschen ändern sich, Techniken ändern sich. Die Fähigkeit, gute Fragestellungen zu entwickeln und daraus gute Problemlösungsstrategien abzuleiten, erscheint mir deshalb essenziell und vor allem »zukunftssicher«. Eine kleine Auswahl an möglichen Fragen findest Du im Mittelteil des Buches.

3.3 Regeln brechen aus Prinzip

Bei all den oben genannten Punkten bleibt festzuhalten, dass das Brechen der Regeln nur funktioniert, wenn man die Regeln kennt, versteht und die Standardherangehensweise bestenfalls sogar beherrscht. Wenn ich mir (und dem Künstler gegenüber!) eine bestimmte neuartige Herangehensweise rechtfertigen oder sogar empfehlen kann, weil ich aus Erfahrung und genauer Analyse der Situation eine bessere Methode kenne als die »Konvention«, dann wirkt das glaubhaft und führt auch nicht zu Skepsis seitens der Musiker. Wenn diese Variante dann auch noch zu guten Ergebnissen führt, werden sich alle damit anfreunden können. Wenn ich eine voll verrückte Technik nur deshalb unbedingt einsetzen will, weil sie so anders und kreativ rüberkommt – dann wirkt es schnell lächerlich und auch ein wenig sinnfrei. Wenn man eine Regel bricht, sollte dies jedenfalls immer einen Grund haben, der im besten Falle auch noch das Ziel der bestmöglichen Darstellung der Musik im Sinn hat.

Live erlebt

Eine meiner Lieblingsanekdoten (die, soweit ich das beurteilen kann, auch der Wahrheit entspricht):

Heute kaum noch vorzustellen, galt die Mikrofonierung einer Kickdrum von innen zunächst lange als mindestens ungewöhnlich. Laut Geoff Emerick wollte er für die Beatles einen bestimmten kraftvollen Sound erreichen und dafür das Mikrofon in eine geöffnete, gedämpfte Kickdrum platzieren. Dies widersprach aber den Regeln des Studios, die für die Abnahme der Kickdrum eine Entfernung von mindestens 18 Inches vorschrieben. Das Studio ließ ihn aber gewähren, und er durfte diese Abnahmetechnik – nur für diese Band – später ohne Diskussionen weiter nutzen. Man könnte argumentieren, dass das Sich-darüber-Hinwegsetzen über diese (offenbar aus Sorge ums Mikrofonwohl und vor springenden Platten eingerichteten und immerhin sicherlich gut gemeinten) Regel in der Tat maßgeblich den Sound der aktuellen Rockmusik mitbestimmt hat.

3.4 Mut zum Experiment

Sofern man also die Zeit und Gelegenheit hat zu experimentieren, so sollte man diese wahrnehmen!

Man sollte sich darüber bewusst sein, dass wahrscheinlich sämtliche heute gültigen Standards und Konventionen nur den (momentanen) Zwischenstand einer Evolution und endloser Trial- und Errorversuche darstellen – und es sich alleine deswegen schon kaum um unumstößliche Dogmen handeln kann.

Regeln und Standards eignen sich am besten für reguläre Standardsituationen. Diese findet man aber sogar unter Laborbedingungen im Studio nur schwer – in der Live-Sound-Realität leider oder glücklicherweise noch viel seltener. Auch sollte man seinen eigenen Erfahrungen ruhig vertrauen, aber sich nicht zu 100 % auf sie verlassen. Jede Veranstaltung, jede Band, jedes Set, jeder Song, jede PA, jedes Pult, jeder Raum, jedes Instrument, jeder Abend und jede Zuschauermenge unterscheiden sich unter Umständen von allen anderen vorher – und hat es verdient, individuell wahrgenommen und behandelt zu werden. Damit bringt man die Musik der entsprechenden Künstler weiter und eine solche Haltung sorgt auch dafür, dass man das eigene Spektrum der Handlungsmöglichkeiten als Mischer ständig erweitert.

Tipp

Ehrliches Feedback zum eigenen Tun von Leuten, denen man vertraut oder zu denen man aufschaut, bringt einen immer weiter. Grandiose Leistungen anderer sollten einen außerdem nicht verzweifeln lassen, sondern dazu inspirieren, sein Bestes zu geben.

Wenn ich etwas nicht weiß oder nicht kann, dann gebe ich es ehrlich zu und versuche nicht, die Unwissenheit zu überspielen, da dadurch sonst schnell erhebliche Schwierigkeiten entstehen könnten. Außerdem denke ich sowieso, dass die meisten Leute so etwas schnell durchschauen würden, und wichtiges Vertrauen dadurch verständlicherweise massiv untergraben wird. Ich frage einfach jemanden, der mir die entsprechende Antwort geben kann, oder recherchiere selbst.

Natürlich sollte man aber darauf achten, dass man die Geduld und Nerven der Musiker nicht überstrapaziert, indem man den Soundcheck als egoistisches Experimentierlabor nutzt. Solche Spielereien kann man auch wunderbar mal mit einem virtuellen Soundcheck mit Mehrspuraufnahmen einer Band durchführen.

3.5 Abstand bedeutet nicht immer Distanz

Die Zeit zwischen Veranstaltungen darf man auch ruhig mit etwas anderem als mit Musik verbringen. Erfahrungen aus anderen Lebensbereichen helfen einem nicht nur dabei, etwas wichtigen Abstand zur Tontechnik zu gewinnen, sondern spielen sowieso in die Tätigkeit als Livemischer hinein und tragen dazu bei, ein kompletterer Mischer zu werden. Dabei geht es auch um persönliche Erfahrungen, die vielleicht einfach »nur« die Menschenkenntnis oder Empathie verbessern.

Und unbewusst oder bewusst wird man sowieso Parallelen zwischen verschiedenen Kunstformen und Aktivitäten erkennen. Deshalb bringt es für die Weiterbildung als Mischer auch durchaus etwas, mal einen Tag ausschließlich mit dem Zubereiten einer Mahlzeit, dem Malen eines Bildes, mit Bogenschießen, einem Museumsbesuch, einer Fototour, einer Fahrradrundfahrt, einer Runde »dies, das, Ananas« – oder etwas vollkommen anderem zu verbringen.

Wenn man sich privat dennoch mit Musik beschäftigen will, so kann ich nur dafür plädieren, möglichst viele unterschiedliche Genres schätzen zu lernen. Nicht nur könnte man es vielleicht schon demnächst mit Künstlern völlig ungewohnter Stilrichtungen zu tun bekommen und den Wunsch haben, sie möglichst »authentisch« abzubilden. Selbst wenn man sich vor allem auf eine Richtung spezialisiert hat, findet man immer interessante Details, die man in anderen Musikrichtungen entdecken kann. Je nach Genre – oder besser je nach Künstler oder Mischer – kann es sich da um bestimmte Feinheiten der Produktion handeln, um die Art und Weise, wie bestimmte Instrumente gespielt und dargestellt werden oder beispielsweise um die Art des Arrangements. All dies kann enorm dabei helfen, ein vielseitigerer und kompetenterer Mischer zu werden.

Gerade Vocaleffekte sind beispielsweise in elektronischen Stilen oft wesentlich ausgefeilter angelegt und können durchaus inspirieren, die Vocals in anderen Genres (wenn auch nur für gewisse Parts) etwas interessanter zu gestalten. In der Jazzmusik gibt es wiederum viel über natürliche Klänge von Instrumenten zu entdecken. Ein Über-den-Tellerrand-Schauen lohnt sich fast immer.

4 Anschaffungen und Equipment

Jeder Tontechniker steht irgendwann vor der Frage, was er an eigenem Equipment besitzen muss – oder besitzen will. Die Technologie entwickelt sich rasant weiter, und oft scheint es so, als müsse man immer den neuesten Stand der Technik besitzen oder zumindest beherrschen, um auf dem Laufenden und konkurrenzfähig zu bleiben und um das Bestmögliche aus den eigenen Mixen herauszuholen.

4.1 Was braucht man?

Natürlich hängt es sehr stark von den persönlichen Umständen und vor allem den zu erledigenden Aufgaben ab, welches Equipment man überhaupt besitzen muss. Für die Abnahme und Wiedergabe einer Band im Rahmen eines Livekonzerts braucht man in der Regel eine Menge Material. So benötigt man gewöhnlich mindestens Mikrofone sowie Stative und Clips, DI-Boxen, Kabel, ein passendes Multicore, ein Mischpult, eventuell externe Rack-Geräte sowie natürlich Monitore und eine PA. Sollte man nun beispielsweise ausschließlich für eine Tonfirma arbeiten, so stellt diese in den meisten Fällen das passende Material für den jeweiligen Einsatz. Betätigt man sich andererseits als Freelancer oder nimmt auch gerne Audio-Aufträge an, die nicht unbedingt direkten Bezug zur Livetontechnik haben, so kann es sich durchaus als praktisch und auch sinnvoll erweisen, einen gewissen Grundstock an Zeug zu besitzen. Hier nenne ich mal exemplarisch ein eigenes Mischpult, welches man gerne benutzt und im Schlaf bedienen kann, sowie eine Auswahl an eigenen Mikrofonen und DI-Boxen, inklusive der Kabel für typische Bühnengrößen. Passende Lautsprecher hängen in einem viel größeren Ausmaß vom Veranstaltungsort ab und sollten gegebenenfalls gemietet werden.

4.2 Immer was Neues

Egal um welches Equipment es sich handelt, ich möchte an dieser Stelle ganz klar ein Plädoyer dafür halten, nicht ständig dem neuesten Kram und jedem Hype blind hinterherzurennen.

Es gibt gewisse Aufgaben, die man nur mit dem entsprechenden Equipment erledigen kann. Besonders deutlich machen sich beispielsweise Einschränkungen der Hardware bemerkbar. Wenn die maximale Kanalzahl oder die Anzahl der Aux-Wege eines Pults einfach nicht zum entsprechenden Künstler passen, so kann dieses einen dann schon vor sehr schwer bis nahezu unmöglich zu lösende Aufgaben stellen. In jedem Fall deuten sich hier Kompromisse an, die den Soundvorstellungen der Band oder den eigenen im Weg stehen. Ein gewisses Mindestmaß an Features wird also einfach benötigt. Interessiert man sich für den Kauf von Equipment mit zusätzlichen Features oder weiteren Möglichkeiten, sollte man sich die Frage stellen: Braucht man diese wirklich? Wenn bei der sorgfältigen Analyse lediglich ein »Nice to have« herauskommt, aber sich einem nicht auf Anhieb der Mehrwert erschließt, so sollte man von einem Kauf doch vielleicht zunächst lieber absehen. Hier könnte es sich als sinnvoller herausstellen, das entsprechende Gerät erst einmal zu leihen, um es zu Hause oder – noch besser – im Einsatz gründlich auszuprobieren. Merkt man dann, dass sich durch gewisse Features oder Merkmale deutliche Verbesserungen im Workflow oder im Sound ergeben, so könnte man dann eine Anschaffung in Erwägung ziehen. Die Möglichkeiten und die Qualität, die beispielsweise heutzutage gängige Mittelklasse-Digitalpulte bieten, kommen mir für die meisten »normalen« Anwendungen im Bereich der Livemusik als vollkommen ausreichend vor.

Tipp

Man darf bei allem Equipment ruhig etwas »Reserve« einplanen. So kann beispielsweise ein Pult doch einige Kanäle oder Aux-Wege mehr haben, als man zu brauchen meint. In der Praxis stellt sich immer wieder heraus, dass es schnell zu Anwendungsfällen kommt, die man so nicht vorausgesehen hat. Bei »Kleinstmaterial« wie Adapterkabeln etc. handhabe ich es zum Beispiel so, dass ich zur Sicherheit umgehend zwei neue Exemplare eines bestimmten Kabels kaufe, falls ich bei einem Einsatz mal fast alle gebraucht habe, die ich davon besitze.

4.3 Praxiseinsatz

Bei aller Komplexität, die mittlerweile in den Bereich des Möglichen rückt, stellt sich daher eher die Frage: Wie sieht es denn (besonders live) mit der Machbarkeit aus? Und wird das Ergebnis dadurch wirklich besser – oder erscheint nur die Lösung auf den ersten Blick cleverer oder sieht sie einfach nur schöner aus? Nachdem ich mein letztes Mischpult gekauft hatte, begann ich sofort damit, alle möglichen netten Routing- und Effekt-Tricks in meine Szenen einzuprogrammieren, nur um dann zu merken, dass sich viele von diesen Dingen für den Live-Einsatz als ungeeignet herausgestellt haben. Entweder wurden beispielsweise Routings und der Einsatz von Effekten so komplex, dass ich ständig an zu vielen Stellen Pegel kontrollieren und nachjustieren musste, oder ich habe gemerkt, dass viele Dinge manuell – also mit dem Einsatz von Händen und Fingern – besser und vor allem musikalischer gelöst werden können als mit diffizilen Sidechain-Lösungen. Deshalb habe ich meine Szenen nach und nach wieder stark vereinfacht. Und so schließt sich an dieser Stelle der Kreis: Es hat sich für mich gezeigt, dass ich mit einer besseren Beherrschung und Kenntnis der vorhanden Hard- und Software bessere Ergebnisse erziele.

Das erscheint banal, findet aber gerade in unserer teilweise sehr, sehr technik- und fortschrittsorientierten Branche oft zu wenig Beachtung. Jeder weiß es eigentlich, viele predigen es, einige setzen es konsequent um. Das Motto lautet zu oft: Bevor man auch nur begonnen hat, das alte Ding auszureizen, muss schon das nächste her. Ähnliches gilt für andere Themenbereiche wie beispielsweise Mikrofone. Sollten sich mit den heute gängigen Standardmikrofonen keine passablen Ergebnisse erzielen lassen, so kann es daran liegen, dass man sehr ungewöhnliche oder einzigartige Soundvorstellungen hat – oder daran, dass man zu wenig Zeit ins Experimentieren oder die Positionierung der Mikrofone oder andere Basics wie beispielsweise Gainstaging etc. investiert hat.

4.4 Limitierung

Besonders deutlich erlebe ich diese Problematik im Bereich der Plug-ins. Mittlerweile gibt es für praktisch jede Art von Signalprozessor mehrere sehr ähnliche Alternativen, diese haben dann auch häufig eine erschlagende Anzahl an Features zu bieten – und trotzdem befinden sich viele Leute (ich eingeschlossen!) häufig auf der Suche nach dem nächsten heißen Ding. Eine Selbst-Limitierung kann hier Wunder wirken. Vielleicht versucht man mal bewusst, eine Zeitlang alle Mix-Aufgaben mit den vorhandenen Werkzeugen zu lösen und diese wirklich auszureizen. Wenn man den Workflow oder das Ergebnis dann trotzdem nicht als zufriedenstellend empfindet und man mit einem neuen Werkzeug schneller zu besseren Ergebnissen kommt – super! Dennoch kann man in der Zwischenzeit auf diesem Weg sicherlich eine Menge lernen. Viele kreative Lösungen fallen einem erst ein, wenn man gezwungen wird, diese auch zu finden. Die Parallelen zur Livetontechnik erscheinen mir hier sehr deutlich. Ich entscheide mich auch oft dazu, Szenen für Künstler von Grund auf neu aufzubauen, statt sie einfach nur zu laden. Häufig entdecke ich dabei elegantere und einfachere Wege, etwas umzusetzen oder komme zu überraschenden und interessanten Klangformungsmöglichkeiten.

4.5 Probieren und studieren

In diesem Zusammenhang möchte ich auch für das echte Arbeiten an echtem Material plädieren. Durch das Finden von Problemlösungen per Internetrecherche, durch die traumhafterweise gigantische Zahl an Demos und Tutorials auf Videoplattformen und die zu praktisch allen Themen mehrfach durchgekauten Diskussionen auf verschiedenen Internetseiten kann man schnell in Versuchung geraten, sich selbst gar nicht mehr so intensiv mit der Materie auseinanderzusetzen und sich stattdessen Arbeitsweisen und Strategien quasi passiv anzueignen. Hier möchte ich aber dafür werben, ein gesundes Verhältnis zwischen Studium und Praxis zu entwickeln. Jede Stunde, die in das tatsächliche Abmischen eines Songs oder das ausgiebige Experimentieren mit Sounds oder Gear investiert wird, kann sich als vielfach wertvoller erweisen als die theoretische oder passive Beschäftigung damit. Ganz klar gilt das natürlich auch für das Lesen von Büchern wie diesem. Für jede Minute, die Du in diesem Buch herumstöberst, solltest Du viele, viele Minuten in das tatsächliche Aus- und Einüben der Kunst hineinstecken. Lohnt sich! Zur Sicherheit und um Missverständnissen vorzubeugen, möchte ich noch einmal erwähnen: Die Vorzüge, die sich daraus ergeben, sich heute über Videos, Shootouts und Demos ständig mit immer neuen tollen Tutorials, Rezensionen, Ansichten und Möglichkeiten zu versorgen, können gar nicht genug hervorgehoben werden. Allerdings bringt das absolute Vertiefen in eine Sache und das selbstständige Finden von Lösungen sowie das Durchführen eigener Shootouts ganz eigene Qualitäten hervor. Nicht zuletzt hilft dies auch dabei, seinen eigenen Stil stärker zu definieren, den man irgendwann vielleicht gut gebrauchen kann. Natürlich sollte man gewisse Standards kennen und auch im Sinne des Kunden handeln können, allerdings halte ich persönlich sehr viel davon, eine eigene Vision und einen eigenen Stil zu besitzen, den man bei Bedarf abrufen kann. Beim Nachbauen von Tutorials sollte man daher immer auch mitdenken: Was hat das eigentlich mit mir zu tun? Wie kann ich diese Erkenntnisse nutzen, um meine eigenen Vorstellungen von Klangbearbeitung noch besser umzusetzen? Was an diesem Tutorial erweitert meine Fähigkeiten oder Fertigkeiten als Mischer?

Zusammenfassend kann ich sagen: Es scheint mir häufig wertvoller, mit dem zu arbeiten, was man hat, als immer nach etwas Neuem zu schielen (wobei ich mit »neu« eventuell auch »sehr alt« bzw. »Vintage« meine). Letztendlich kann man durch das oft scherzhaft angeführte Gear Acquisition Syndrome unter Umständen in eine ganz andere fiese Falle geraten: Man macht den Mangel an »richtigem« Equipment dafür verantwortlich, bestimmte Soundvorstellungen nicht umsetzen zu können. Und – oh Schreck – egal was man besitzt, es gibt immer noch besseres oder teureres Equipment. Und obwohl bestimmte Signature-Sounds ganz klar auch (oder sogar ausschließlich) von dem verwendeten Equipment abhängen, besteht ein riesig großer Prozentsatz von dem, was gute Sounds ausmacht, nach wie vor einfach aus einer kreativen Vision, sorgfältiger Arbeit und dem Zusammenspiel von ganz, ganz vielen Basics. Und obwohl in der Musik ständig neue Referenzsounds erschaffen werden, die teilweise vom Einsatz neuer Technologie abhängen, so setzen sich vermutlich etliche Deiner Lieblingssongs oder -alben und Deine Lieblingslivekonzerte womöglich eben aus Sounds zusammen, die mit »altem« oder gar erschwinglichem Kram erzeugt wurden.

4.6 Am Puls der Zeit

Als Freelancer oder häufiger Gastmischer muss man sich selbstverständlich trotzdem in der Lage sehen, mit ständig wechselndem und häufig brandneuem Equipment umzugehen. Mindestens sollte man mit einem Minimum an Recherche oder Einweisung die grundlegende Bedienung beherrschen. Etwas Beschäftigung mit dem Puls der Zeit liegt vielen Tontechnikern ja sowieso und bleibt also auch in gewisser Weise Pflicht – solange es eben nicht zum Selbstzweck oder Smalltalk-Thema verkommt. Man begegnet im Bereich der Tontechnik immer wieder Leuten, die sich damit profilieren möchten, die teuersten und luxuriösesten Marken nicht nur zu kennen, sondern natürlich schon benutzt zu haben – und eigentlich auch nur noch nutzen zu wollen. Solange dabei nicht die Essenz der Musik und die Botschaft des Künstlers aus den Augen verloren wird, kann man dagegen auch kaum etwas einwenden.

4.7 Ich packe meinen Koffer

Obwohl viel von dem, was an Equipment oder Material für einen Gig benötigt wird, vollkommen vom Einzelfall abhängt, so gibt es doch einige Dinge, die ich mitbringe, selbst wenn ich »nichts mitbringen muss«.

Dabei handelt es sich vor allem um Sachen, die sich bei Zeitknappheit als schwer zu beschaffen oder als für meine Arbeit unverzichtbar herausgestellt haben.

- **Wasserdichter, robuster Koffer**
  Dieser beinhaltet in der Regel alles, was ich zu einem solchen Kofferjob mitnehme. Kann zur Not sogar als Safe für empfindliches Equipment bei plötzlich einsetzendem Regen dienen. Ich beschrifte ihn üblicherweise mit meinem Namen und bei Festivals oder in ähnlich unübersichtlichen Settings zusätzlich mit dem Namen der Band oder auch mit meiner Mobilfunknummer. So landet der Koffer auch nicht aus Versehen im falschen Transporter.

- **In-Ear-Hörer**
  Immer mit dabei, platzsparend. Dazu passend immer ein Adapterkabel für 6,3-mm-Kopfhörerbuchsen. Ich benutze sie am FOH-Pult für die üblichen Aufgaben oder verwende die Silikonaufsätze als Gehörschutz. Ersatzaufsätze erweisen sich als praktisch, wenn man peniblerweise die gerade auf den schon gut »benutzten« Saalboden heruntergefallenen nicht direkt wieder in die Ohren stecken möchte.
- **Neon-Markierungstape**
  Gut sichtbar in dunklen Venues oder bei Nacht. Zu viel Veranstaltungsequipment trägt schwarz, mit Leuchtfarben markiert kann ich meinen Kram auch im Dunkeln, in Taschen, Cases und Koffern schnell erkennen und finden. Zusätzlich lässt sich das Tape auch gut als Pultbeschriftungsband sowie als Beschriftungsband für Bühnengeräte, Stageboxen etc. oder zur sehr gut sichtbaren Bodenmarkierung von Positionen für Stative oder Performer verwenden. Auch unveränderliche Stolpergefahren für Musiker oder Publikum innerhalb des Veranstaltungsortes und sogar Backstage-Getränke lassen sich damit gut markieren.
- **Taschenlampen**
  Ich führe eigentlich immer mehrere Taschenlampen mit, wobei ich eine ständig dabei und andere in Koffern etc. deponiert habe. Man weiß nie, wofür man sie braucht, aber alleine zur »Was liegt noch irgendwo rum?«-Kontrolle nach der Show haben sie sich schon mehrfach bezahlt gemacht. Durch eine Art Zoom-Funktion kann man sie auch gut als Zeigeinstrument für weit entfernte Dinge verwenden.
- **Multitool**
  Seit ich eins besitze, frage ich mich, wieso ich jahrelang eine Werkzeugtasche mitgeschleppt habe. Im Laufe einer Veranstaltung ergeben sich eigentlich immer etliche Situationen, die mithilfe eines Multitools schnell gelöst werden können. Am häufigsten nutze ich es vermutlich für Mikrofonklammern und Reduziergewinde.
- **Lösbare Kabelbinder**
  Ich benutze davon Dutzende (in der breiten Variante mit einer leicht lösbaren Verriegelung) in verschiedenen Längen. Sie organisieren Kabel aller Art, sind stabil, wiederverwendbar und dienen zur Not auch zur Befestigung für

Banner oder Backdrops, als temporäre Halterung für eine Taschenlampe, zur Zugentlastung oder Fixierung von Kabeln.

- **Adapter**
  Je nach Einsatz. Praktisch, wenn man zusätzliche Monitorwege aus Multicorekanälen bauen muss oder wenn Monitore oder andere Geräte Klinke-Kabel verlangen. Mit diversen Sex-Changern und mehreren XLR-Klinke-Adapterkabeln kann dann so manches (sonst unter Umständen echt stressiges) Anschlussproblem gelöst werden. Hat schon diverse Künstler vor allem durch überraschend doch realisierbare Monitor- oder IEM-Wege glücklich gemacht. Musiker freuen sich übrigens auch erstaunlich häufig über Kopfhöreradapter.
- **Gehörschutz**
  Für mich Pflicht, sobald ich eine Bühne betrete, auf welcher sich bereits Instrumente oder Monitore befinden. Manchmal laufe ich auch gerne vor der PA lang. Ich habe kein Bedürfnis, mir temporär oder permanent mein Gehör durch einen unachtsamen Schlag auf die Snare oder wildes Pfeifen aus Monitoren oder Cabs beeinträchtigen zu lassen. Auch Konzerte anderer Künstler des Abends, die ich nicht mische, höre ich mir dann zumindest teilweise lieber etwas gefiltert an.
- **Gewebeband**
  Klassiker. Ich habe das für mich richtige gefunden: gut zu reißen, in allen – außer den anspruchsvollsten – Situationen rückstandsfrei zu entfernen, gut klebend und stabil. Tipp: Innen mit dem Namen des Eigentümers beschriften.
- **Handschuhe**
  Ich benutze Arbeitshandschuhe, die eigentlich als Segelhandschuhe verkauft werden. Egal, ob man mit kalten Händen kalte, scharfkantige metallene Dinge tragen will oder einfach nur keine Lust hat, sich beim Kabelwickeln die Hände zu versauen, ich finde die praktisch. Die Fingerkuppen liegen frei, was Feinarbeiten oder das Bedienen von Potis etc. einwandfrei erlaubt.
- **Kontaktspray**
  Zur Reinigung von Kontakten aller Art. Im Zweifelsfall gut geeignet, um die Buchse der Gitarre ohne Ersatz wieder funktionsfähig zu machen.

- **Volle Batterien**
  9 V, AA, AAA. Finden immer Abnehmer. Verschenke ich gerne, wenn dadurch eine Unterbrechung beim Soundcheck oder ein plötzlicher Signalausfall bei der Show verhindert werden kann.
- **Instrumentenkabel/Klinke-Klinke-Patchkabel**
  Siehe »Batterien«. Werden auch gerne von Künstlern genommen.
- **Kabeltester**
  Schont Zeit und Nerven. Nutze ich gerne, um die Kabel kritischer Verbindungen und Notfall-Austauschkabel vor der Show zu überprüfen.
- **Teleskopantenne**
  Benutze ich, um schnell und unkompliziert Mikrofonabstände messen zu können (wie etwa der Abstand der Overheads von der Snare).
- **Talkback-Mikro und Kabel**
  Gerne mit geräuschlosem Schalter. Manchmal am Mischpult nicht vorhanden, finde ich aber angenehm. Dient zusätzlich als Notfall- oder Spare-Mikro.
- **Notfallapotheke**
  Beschränkt sich bei mir auf Kopfschmerztabletten für den Notfall und in der Erkältungszeit auf schleimlösende Tabletten (seit eine fiese Erkältung mir mal fast die Ohren »verstopft« hat).
- **Snacks und Getränke**
  Obwohl beides üblicherweise gestellt wird, kann einem doch manchmal der Zeitplan einen doofen Strich durch die Rechnung machen. Getränke stehen je nach Venue oder Anlass manchmal erst weit nach dem Aufbau bereit. Mir hat jedenfalls schon das ein oder andere Mal ein Riegel oder ein Getränk das Durchhalten erleichtert.

Tipp

Ich behandle mein eigenes Equipment mit Respekt. Schließlich handelt es sich um mein Werkzeug. Ich will ich mich darauf verlassen können und schätze, was es für mich tun kann. Das Equipment anderer Leute behandle ich noch besser.

5 Einstellen der PA

Solange es der Ablauf irgendwie erlaubt, versuche ich immer, die PA mithilfe von Referenzliedern einzustellen. Nur wenn ich weiß, wie die Anlage in ihrer Gesamtheit auf mir bekannte Musik reagiert, kann ich für mich sicherstellen, dass die für einzelne Kanäle gewählten EQ-Einstellungen entsprechend erwartbare Ergebnisse liefern.

Sollte sich die Wiedergabe der PA oder die Einstellung des Summen-EQs in irgendeiner Art und Weise in eine andere als die gewünschte Richtung verbogen zeigen, so muss auch die Einstellung einzelner Kanäle daran angepasst werden. Daraus ergeben sich dann neue Schwierigkeiten oder ein erhöhter Bedarf an Feintuning. Wenn die PA beispielsweise viel zu basslastig abgestimmt wurde, so müsste ich in sämtlichen Kanälen mehr Bässe herausnehmen als gewohnt. Eine einmalige Anpassung am Summen-EQ spart hier viel Zeit – und verfügbare EQs in den Kanälen.

Erste Indizien, wie die PA im Raum klingen wird, kann man auch schon vor dem Aufbau sammeln. Falls man als Gastmischer zu einer Veranstaltung stößt, kann man durch das Hören anderer Soundchecks oder vorher stattfindender Auftritte ebenfalls gewisse Korrekturen mental notieren – oder auch mit einem RTA (»Real Time Analyzer«) herausfinden.

Zu Einstellen der PA habe ich immer eine Anzahl von Referenzliedern als WAVs auf meinem USB-Stick gespeichert, die ich abspielen kann, wenn ich mit meinem eigenen Pult arbeite. Zusätzlich führe ich diese und weitere Songs immer auf meinem Telefon mit mir. Fast überall, wo man als Gastmischer erwartet wird, liegt üblicherweise (immer noch!) ein Miniklinkenstecker vorbereitet herum. Die Anzahl an für diese Aufgabe verfügbaren CD-Playern nimmt meiner Erfahrung nach hingegen stetig ab. Die Bezeichnung »Referenztracks« soll dabei nicht verwirren. Ich meine damit nicht unbedingt Lieder, die sich nach irgendwelchen (sicherlich schwierig zu bestimmenden Merkmalen) objektiv gut dafür eignen, eine PA z.B. möglichst linear einzustellen; ich meine damit Lieder, deren Sound und generelles Klangverhalten ich sehr gut kenne.

Live erlebt

Stell Dir mein Gesicht vor, als ich mich bei meinem ersten Festivalbesuch seit langer Zeit gerade mit meinem Tablet neu vertraut mache und plötzlich mein ziemlich unbekannter Gitarren-Rock-Referenztrack (quasi schon ein Deep Cut von 1989, »The Forgotten (Part 2)«, Track 15 vom Album »Flying in a Blue Dream« von Joe Satriani) aus den Speakern ertönt. Ich habe mich doch gar nicht verbunden und es ist doch alles gemutet und ich habe den USB-Stick doch noch gar nicht – oh, der Tontechniker spielt den gleichen Song gerade selber ab.

Falls Du den Song also auch schon in Deiner Referenzplaylist hast, dann melde Dich gerne!

Je nach Art der PA und der später abzumischenden Musik wähle ich dann einige der Lieder aus, um Anpassungen des Summen-EQs vorzunehmen. Dabei kann es sich auch als nützlich herausstellen, Songs zu wählen, die der (Gitarren-)Stimmung der Band entsprechen. In der Regel wähle ich mindestens einen Song aus, der insgesamt (d.h. über das komplette Spektrum hinweg) »rund« klingen muss. Darüber hinaus verwende ich Lieder, die beispielsweise genauere Einstellungen jeweils im Bassbereich, in den für viele Instrumente und Stimmen interessanten Mittenbereichen oder in den Höhen erlauben. Sollte sich ein Bereich dabei als besonders schwierig herausstellen, so prüfe ich diesen gegebenenfalls noch detaillierter mit einigen wenigen anderen Songs. Wichtig finde ich hierbei allerdings, dass die Einstellungen so langsam und sorgfältig wie nötig, aber doch so zügig wie möglich durchgeführt werden – je länger ich mich damit aufhalte, desto mehr verliere ich den Bezugsrahmen und höre möglicherweise zu sehr auf andere Aspekte. Schnell und intuitiv durchgeführte Korrekturen führen für mich regelmäßig zu besseren Ergebnissen. Während ich großen Wert darauf lege, dass keinesfalls gewisse Frequenzbereiche oder Teile von diesen herausstechen oder sich arg unterrepräsentiert zeigen, ziele ich allerdings insgesamt nie wirklich auf einen linearen Frequenzgang ab, sondern auf einen musikalisch rund und voll und nie harsch klingenden Sound – wobei ich berücksichtige, wie die später abzumischende Musik grundsätzlich klingen soll. Um abzuschätzen, wie PA, Raum und Gehör auf Musik reagieren, sollte das Einstellen auch einmal bei höheren Lautstärken erfolgen, da sich manche Schwierigkeiten des Raumes oder der PA erst dann offenbaren.

Bestimmte Frequenzen, die sich während dieses Prozesses als möglicherweise problematisch für die spätere Show herausstellen, merke ich mir – oder stelle sie mir schon im Board-EQ des LR-Busses ein, ohne sie jedoch zu cutten oder zu boosten. So kann ich später bei Bedarf schnell nötige Korrekturmaßnahmen durchführen.

Für Korrekturen des Frequenzspektrums »im laufenden Betrieb« nutze ich auch schon einmal relativ extreme Cuts bei hoher Flankensteilheit im parametrischen EQ, mit denen ich so lange durch die Frequenzen fahre, bis der Klang quasi »einrastet« und für mich gut wirkt. Dieses Verfahren bleibt für alle, außer die aufmerksamsten Zuhörer, praktisch unhörbar – und führt außerdem, im Gegensatz zu den sicherlich manchmal ebenso nötigen Boosts, normalerweise nicht zu plötzlich auftretendem Feedback.

Tipp

Es kann sich sehr lohnen, das Signal der LR-Speaker im Vergleich zur Bühne zu verzögern. Da der Schall den Zuhörer dadurch später erreicht, werden die Speaker so »virtuell« nach hinten geschoben. Je nach Größe der Bühne kann das den Sound deutlich verschönern. Bei einem unsymmetrischen Aufbau kann eine unterschiedliche Verzögerung der linken und rechten Seite außerdem helfen, den Sweet Spot zu verschieben und das Stereobild zu verbessern. Letztendlich sollten Festlegungen aber erst erfolgen, sobald man die Band über die PA hören kann.

Man sollte beim Einstellen des Summen-EQs berücksichtigen, dass in vielen Fällen nach Beginn der Show eine Anpassung erfolgen muss, da sich der Raum oder die zu beschallende Fläche je nach Größe des Publikums und anderen Faktoren später immer noch anders (und manchmal sogar unberechenbar anders) anhören kann.

6 Mikrofonierung

Die für die üblichen Rock-Instrumente verwendeten typischen Mikrofonierungsweisen ähneln sich und erfreuen sich wohl auch großer Bekanntheit. Meist heißt das Motto: Möglichst nah an die Schallquelle und mit dem Mikrofon auf die Schallquelle zielen, die man abbilden will. Der Griff bzw. die Rückseite des Korbs zeigt in Richtung der Schallereignisse, die man nicht in diesem Mikro haben will. Häufig handelt es sich bei typischen Bühnenmikros um dynamische Mikrofone mit Nierencharakteristik. Becken und akustische Instrumente und Gesang werden gern mit Kondensatormikrofonen abgenommen. Eine genaue Mikrofonierungsanleitung für jedes Instrument möchte ich an dieser Stelle nicht geben. Hier entscheidet im Wesentlichen der Geschmack – und natürlich vor allem auch der ursprüngliche Sound des abzunehmenden Instruments.

Wie bereits im Kapitel »Regeln und Methoden« angesprochen, kann es sich manchmal wirklich lohnen, mit ungewöhnlichen oder zumindest ungewohnten Mikrofonierungstechniken herumzuprobieren. Dadurch lassen sich dann nicht nur ungewöhnliche und einzigartige Sounds erzeugen, manchmal erzielt man damit sogar genau die für diese Situation passenden Ergebnisse, die man auf einem anderen Weg gar nicht oder nur schwer erreichen kann.

6.1 Übersprechen

Den größten »Nachteil« von Livemusik stellt in diesem Zusammenhang die gemeine Tatsache dar, dass auf der Bühne während des Konzerts alles gleichzeitig passiert. Es gibt kaum oder nur in bestimmten Situationen die Möglichkeit, Schallquellen wirklich voneinander zu trennen. Natürlich lohnt es sich immer, schon beim Aufbau auf solche Aspekte zu achten. Leise akustische Instrumente platziert man dann wahrscheinlich nicht in der Nähe von lauten Schallereignissen wie einem Schlagzeug, Bühnenmonitoren oder der PA bzw. gar dem Subwoofer. Es lohnt sich auch, genau darauf zu achten, wie man Mikrofone positioniert und ausrichtet und wie deren Richtcharakteristik ausschaut. Es gibt natürlich theoretisch die Möglichkeit, beispielsweise Gitarrencabs hinter der Bühne zu platzieren oder gleich mit Direktsignalen zu arbeiten, was mittlerweile auch für Schlagzeug und Gitarren eine immer beliebtere Methode darstellt (was aber natürlich nur eine leisere Bühne bedeutet, wenn gleichzeitig In-Ears für Monitoring verwendet und nun nicht alle Direktsignale einfach auf alle Monitore geschickt werden).

Tipp
Gehen viele Signale direkt ins Pult und es wird ausschließlich mit In-Ears gearbeitet, so führt dies fast zwangsläufig zu einem unausgewogenen Sound von der Bühne. Ohne Gitarren, Bässe und Gesang aus den Wedges wird man vor der Bühne vielleicht nur das Schlagzeug hören. Hier sollte man sich in kleineren Räumen Gedanken machen, ob man dies durch zusätzliche Publikumsspeaker (etwa entlang der Bühnenkante) kompensieren möchte.

Eine hundertprozentige Trennung der Signale wird man mit akustischen bzw. auf der Bühne verstärkten und mikrofonierten Instrumenten trotzdem nicht erreichen. Letztendlich sollte man sich von dem zwangsläufigen Übersprechen aber auch nicht zu sehr ängstigen lassen – schließlich macht dies häufig auch den besonderen Charakter eben eines Livekonzerts aus, man muss diese Effekte aber einkalkulieren. Deshalb finde ich es schlau, bereits beim Soundcheck möglichst viele später benötigte Mikrofone bei realistischen Gain Settings offen zu lassen – der Gesamtsound der Band ergibt sich halt aus der Summe aller mikrofonierten Signale. Während der Show werden sich die Becken unweigerlich in das Gesangsmikro verirren, der Bass wird sich in der Bass Drum wiederfinden – also kann man das auch gleich beim Soundcheck passieren lassen, um gegebenenfalls in dieser relativ kontrollierten Situation sinnvolle Gegenmaßnahmen vornehmen zu können. Wenn die Gesangsmikrofone (die auf jeden Fall andere Signale der Bühne einfangen werden) direkt von Anfang an bei einigermaßen realistischem Gain offen auf der PA und den Monitoren liegen, hat das außerdem den Vorteil, dass der Künstler von Beginn an mit dem Livemischer reden kann und der Soundcheck keine kommunikative Einbahnstraße darstellt.

6.2 Einfluss der Richtcharakteristik und Position

Die Richtcharakteristik der Gesangsmikrofone im Besonderen findet manchmal zu wenig Beachtung. Oft liest und hört man über den Frequenzgang eines bestimmten Mikros, die tolle Auflösung, den Sound an sich, die geringe Feedbackanfälligkeit. Hierbei handelt es sich natürlich um essenzielle Punkte, allerdings gibt es einige praktische Aspekte, die in diesem Zusammenhang manchmal vernachlässigt werden. Dabei geht es zum einen um den Zusammenhang zwischen Richtcharakteristik und Monitorplatzierung. Fast alle Bühnengesangsmikrofone gehören zu einem von zwei Typen: Niere oder Hyper-/Superniere. Manchmal sieht man, dass die Mikrofone zwischen zwei Acts getauscht werden – ohne allerdings die Positionierung der Monitore zu verändern. Nun befindet sich die unempfindlichste Seite eines Nierenmikros direkt entgegengesetzt zur Einsprechrichtung, der Mikrofonschaft bzw. der Stecker zeigt praktisch direkt dorthin. Hier findet man auch die optimale Position für den Monitorlautsprecher im Hinblick auf maximale Feedbacksicherheit.

Bei einem Mikrofon mit Hyper- oder Supernierencharakteristik befindet sich die unempfindlichste Seite aber etwa im 45–60-Grad-Winkel von hinten gesehen. Direkt hinter dem Mikrofon zeigt es sich also immer noch einigermaßen empfindlich. Dies sollte man bei der Positionierung der Monitore berücksichtigen – insbesondere dann, wenn das Mikrofon sich fest auf einem Stativ befindet. Hier kann es sich auch als ratsam erweisen, den Künstler gegebenenfalls auf diesen Aspekt hinzuweisen, falls dieser sich darüber bisher keine Gedanken gemacht hat.

Auch die Position des Mikrofons auf der Bühne kann sich als entscheidend für den Sound bzw. die Feedbacksicherheit herausstellen. Befindet es sich beispielsweise in einem Bereich, in welchem sich bestimmte Raummoden besonders ausgeprägt zeigen, kann es sehr viel bringen, das Mikrofon auf der Bühne zu bewegen, um diese Effekte zu minimieren, ohne einen EQ hierfür einsetzen zu müssen. Hier reicht es manchmal, das Mikro nur eine kurze Distanz zu bewegen und es dort neu zu positionieren, um eine dramatische Verbesserung zu erreichen – die häufig dann auch mit einer deutlichen Verbesserung der Monitorsituation einhergeht.

Ein weiterer, nur manchmal berücksichtigter, aber für das Ergebnis noch essenziellerer Punkt: Mikrofone mit Hypernierencharakteristik haben zum Teil einen sehr engen Einsprechwinkel. Darauf zielt das Design ab, dies stellt praktisch die Idee hinter dem Mikrofon dar. Dafür zeigen sie sich fokussierter, wodurch weniger Schall von den Seiten in das Mikrofon gerät, was dabei hilft, das Einsprechen anderer Signale zu reduzieren und damit auch die Feedbackgefahr zu mindern.

Für Sänger ergibt sich dadurch allerdings auch die Herausforderung, möglichst gerade in das Mikrofon zu singen. Bei Mikrofonen, die in der Hand gehalten werden, geschieht dies bei einer halbwegs ausgeprägten Sicherheit im Umgang mit Mikrofonen praktisch automatisch, befindet sich das Mikro allerdings auf einem Stativ und spielt der Sänger gleichzeitig ein Instrument, kann dies unter Umständen schon dazu führen, dass (unabsichtlich) am Mikro vorbeigesungen wird: eine kleine Drehung des Kopfes beim Blick aufs Griffbrett und schon geht der Gesang am Mikro vorbei und klingt auf einmal zu leise und dünn. Deshalb gerne schon beim Soundcheck darauf achten, wie oder ob das Mikro zur Technik des Sängers passt. Ich habe in meinem Koffer richtig schön klingende Kondensatormikrofone, die ich gegebenenfalls gerne gegen ein eigentlich nicht so schön tönendes dynamisches Nierenmikrofon austausche, um den Gesamtsound unterm Strich und über die Zeit besser zu machen. In der Regel führt der oben angesprochene Aspekt nämlich außerdem dazu, dass dem Sänger das Mikrofon als insgesamt »zu leise« vorkommt, und er deshalb mehr Gesang im Monitor fordert als eigentlich nötig. Hier hilft es natürlich enorm, wenn der Sänger das verwendete Mikrofon gut kennt – und gegebenenfalls ein eigenes besitzt.

6.3 Bändchenmikrofone

Wie schon erwähnt setze ich mittlerweile für elektrische Gitarren als erste Wahl fast ausschließlich (günstige) Bändchenmikrofone ein. Im Gegensatz zu den üblichen Verdächtigen klingen diese für mich einfach viel natürlicher. Die harschen Höhen werden sehr schön gezähmt und ich brauche (abgesehen von einem teilweise recht radikalen Hochpassfilter) kaum eine Bearbeitung durch Equalizer vorzunehmen. Die Gitarre klingt damit einfach sofort schön für mich, was eigentlich das Optimum von dem darstellt, was ich von einem Mikrofon erwarte. Von Death Metal bis Blues habe ich da schon in allen möglichen Stilistiken gute Erfahrungen gesammelt.

Die Ausrichtung erfolgt meist direkt auf die Mitte des Speakers/der Kalotte – das Mikrofon zielt also genau dahin, wo der Sound üblicherweise viel zu grell, kreischend und schrill wirkt. Das Bändchen klingt aber nun mal sehr gedrosselt in den Höhen, und eine Ausrichtung zum Rand oder auch nur zum üblicherweise gerne genommenen Übergang zwischen Kalotte und Membran erscheint mit oft als etwas zu viel des Guten. Die allermeisten Bändchenmikros haben bauartbedingt eine Achtercharakteristik, was ich zunächst für problematisch im Livebetrieb gehalten habe. Die meisten Gitarrenspeaker können aus der Nähe eben doch ordentlich laut wirken, wodurch die Rückseite des Mikros unter dem Strich sehr, sehr wenig andere »störende« Signale aufnimmt (vorausgesetzt man richtet die Rückseite nicht direkt in Richtung einer Monitorbox oder des Schlagzeugs). Alles, was jetzt noch in das Mikro kommt, klingt für mich dann höchstens luftig oder offen und dem Gitarrenklang eher förderlich – quasi wie ein leise dazugemischtes Raummikro. Durch die Richtcharakteristik ergibt sich aber auch, dass die Seiten (90° zur Mikrofonausrichtung) praktisch komplett tot wirken. Richtet man diese dann dementsprechend aus, so kann man effektiv das Einsprechen von anderen Amps oder dem Schlagzeug unterdrücken. Steht der Amp nahe einer Wand, kann man so auch die eventuell störenden ersten Reflexionen deutlich abmildern.

6.4 Ein Mikro für alle

Für eine Akustikband, die im Stil von Bluegrassbands für einige Songs nur ein einzelnes Mikrofon für alle Gesänge und Instrumente auf der Bühne benutzen wollte, habe ich einmal ein Großmembranmikro mit Achtercharakteristik verwendet – in Kugelstellung klang es vielleicht noch einen Tick natürlicher, allerdings war die Feedbackanfälligkeit enorm. Da sich die zwei Sängerinnen im Wesentlichen gegenüberstanden, funktionierte das Achtermikro super dafür – die unempfindliche Seite zeigte Richtung Saal, und damit ließen sich einige Dezibel mehr an Gain herausholen. Der Klangeindruck erscheint durch diese Art der Abnahme relativ räumlich, weil die Künstler den Mix jedoch »selbst steuern« ergibt sich so aber auch ein sehr natürlicher, intimer und homogener Sound.

Mittlerweile habe ich mit dieser Technik etwas weiter experimentiert und setze das Hauptmikrofon tatsächlich mit Kugelcharakteristik ein. Mit etwas sorgfältiger Positionierung und dem detaillierten Herausziehen der feedbackanfälligen Frequenzen aus der Summe kann man so einen noch schonungsloseren, organischen Sound erzielen, den man dann lediglich durch Spotmikrofone an den zu weit entfernten oder zu leisen Quellen unterstützt.

6.5 Wurst-Mikrofon

Eine von mir mittlerweile fast immer verwendete Lieblingsmikrofonierungsart besteht darin, ein Mikrofon am Schlagzeug anzubringen, welches das komplette Kit aus einiger Distanz (oder von einem Punkt innerhalb des Schlagzeugaufbaus) aufnimmt. Dieses Mikro komprimiere ich sehr schnell und hart und mische es dem Rest hinzu. Laute Schläge werden so effektiv unterdrückt und alles, was »zwischen den Schlägen« am Schlagzeug geschieht, wird so deutlich nach vorne geholt. Man kann auch noch sehr schön mit diesem Kanal experimentieren, indem man ihn zum Beispiel deutlich anders mit einem Equalizer bearbeitet oder etwas sättigt bzw. anzerrt. Für bestimmte Schlagzeugsounds kann man sich so die Parallelkompression sparen oder diese zumindest um eine weitere Facette ergänzen. Wie bei der »regulären« Parallelkompression sollte man hier aber immer die Feedbackanfälligkeit dieses Kanals im Blick behalten. Sonst wird aus einem »voll fett« schnell ein »voll nervig«. Sollte ich kein spezielles Mikro für diese Anwendung zur Verfügung haben, benutze ich häufig eines oder beide Overheadmikrofone in einer ähnlichen Weise. Zuerst erfahren habe ich von dieser Technik und der Bezeichnung »Wurstmikro« im Buch von Moses Schneider, den ich der Vollständigkeit halber hier als »Erfinder« nennen möchte.

6.6 Mehrere Varianten

Sollte man die Zeit und das nötige Equipment dafür zur Verfügung haben, lohnt es sich eigentlich immer, für einzelne Instrumente gegebenenfalls mehrere Mikrofone aufzubauen, um sich dann für eines oder eine Mischung aus beiden zu entscheiden. Mindestens sollte man die Positionierung oder Mikrofonierungsart aber wenigstens ein Mal ändern, falls man nicht sofort mit dem ersten Versuch zu einem absolut genialen Sound gelangt. Stellt sich die neue Variante als besser heraus, freut man sich, falls nicht, ändert man es zurück und freut sich, dass man mit dem ursprünglichen Instinkt nicht voll daneben gelegen hat.

Natürlich kann und sollte man auch abseits der Liveshow mit verschiedenen Mikrofonierungstechniken experimentieren, aber die Klangbedingungen auf einer echten Livebühne und die damit einhergehenden Aufgaben und Herausforderungen lassen sich eben nur schwer duplizieren.

Live erlebt

Ein AI-Textgenerator hat mir mal folgende Mikrofonierungstechnik vorgeschlagen:

»Place microphones in an equidistant triangle, where the drummer is at the center«

Ich habe diese Technik noch nicht ausprobiert, klingt aber spannend. Auf jeden Fall steht hier der Mensch mal im Mittelpunkt und nicht das Instrument. Falls Du diese Mikrofonierung testest, berichte mir gerne von den Ergebnissen und mach einen Namensvorschlag!

Es lohnt sich auch immer, die Musiker selber zu fragen, ob (und warum!) sie eine bestimmte Mikrofonierungsart für ihr Instrument kennen oder bevorzugen. Manchmal erfährt man da die interessantesten Dinge – über das Instrument oder andere Arbeitsweisen. Inwieweit sich diese Art der Mikrofonierung dann lohnt, muss man im Einzelfall entscheiden.

6.7 Unterwegs hören, was die Mikros hören

Bei wirklich ausreichend Zeit für einen entspannten Aufbau benutze ich gerne meinen tragbaren Rekorder mit XLR-Eingängen (mit einzeln an- und abschaltbarer Phantomspeisung) und meine In-Ears, um damit auf der Bühne oder im Raum Möglichkeiten der Mikrofonierung zu erkunden. Mir gefällt die direkte und unkomplizierte Art und Weise, mit der ich so schnell die Wirkung von Mikrofonen, Positionierungen und schließlich auch das Funktionieren der Mikrofonkabel checken kann. Die Eingänge besitzen außerdem Hardware-Potis, man kann also jederzeit schnell die Kopfhörerlautstärke anpassen.

7 Kompression

Kompression wird häufig dazu eingesetzt, den Dynamikumfang des Audiomaterials zu begrenzen, um dafür zu sorgen, dass die lautesten und die leisesten Stellen sich einander annähern. Das führt dann in der Regel zu einem gleichmäßigeren Klangeindruck. Allerdings lässt sich mithilfe des Kompressors durch entsprechende Einstellungen die Dynamik auch erhöhen, zum Beispiel im Bereich einzelner Drumhits. Kompressoren (oder Limiter) in der Summe können auch sehr schön dafür benutzt werden, die Einzelsignale »zusammenzukleben«.

7.1 Arbeitsweise

Der typische Kompressor schaut nach Spitzen im Signal und regelt diese herunter. Üblicherweise findet man an einem Kompressor die einstellbaren Parameter Threshold, Attack, Release, Ratio und Makeup Gain. Threshold zeigt dabei die Schwelle an, ab welcher der Kompressor überhaupt arbeitet; Attack regelt, wie schnell der Kompressor die Lautstärke bei Überschreitung der Schwelle reduziert; Release bestimmt, wie schnell die Lautstärke wieder auf ihr ursprüngliches Level hochfährt, nachdem das Signal die Schwelle unterschritten hat; Ratio bestimmt, wie drastisch die Reduktion bei Überschreitung des Threshold erfolgt, und Makeup Gain regelt den Pegel der Ausgangslautstärke des Kompressors (je nach Kompressordesign bezeichnen die Attack-

und Releasezeiten die Zeiten bis zur vollständigen oder bis zur fast vollständigen Reduktion bzw. Wiederherstellung des Pegels).

Viele Kompressoren bieten eventuell noch zusätzliche Einstellmöglichkeiten wie beispielsweise »Soft Knee« (die Ratio ändert sich »weicher« im Bereich um den Threshold, oft auch genau regelbar ausgelegt) oder einen Dry/Wet- bzw. Mix-Regler, der es erlaubt, das unbearbeitete und das komprimierte Signal zu mischen (»Parallelkompression«), sowie diverse Einstellmöglichkeiten für die »Sidechain« (wobei dann ein alternatives Signal für die Ansteuerung des Kompressors verwendet wird) und möglicherweise noch weitere Parameter.

7.2 Einstellungen

Die »richtigen« Einstellungen hängen vom zu bearbeitenden Instrument, dem Tempo und dem Feel des Songs sowie von der Arbeitsweise oder dem Klangcharakter des Kompressors selbst sowie natürlich dem Einsatzziel ab. Standardeinstellungen zu empfehlen, stellt sich deshalb als sehr schwierig dar. Um beim Einstellen des Kompressors besser zu hören, was er überhaupt macht, hilft es enorm, die Einstellungen für Threshold und Ratio zunächst sehr zu übertreiben, sodass der Kompressor ständig kräftig zupackt, man ihn also deutlich arbeiten hört. Dann spielt man vielleicht mit dem Attackregler herum, wobei man genau darauf hört, wie viel Attack bzw. Transienten des Originalsignals bewahrt werden sollen.

Tipp

Es kann helfen, sich den Attackregler quasi als klassischen Lautstärkeregler oder eine besondere Art von Gate vorzustellen:

Linksanschlag des Attackreglers bedeutet: Attack super leise oder komplett rausgedreht.

Je weiter man den Attackregler nach rechts (also im Uhrzeigersinn) dreht, desto mehr Attackanteil des Signals wird durchgelassen.

Das stimmt natürlich nur, wenn der Kompressor Drehregler besitzt und Linksanschlag auch die schnellste Attackzeit bedeutet. Für die meisten (aktuellen) Kompressoren dürfte das aber so gelten.

Faustregel: Je schneller die Attack des Kompressors, desto weniger Attack des Originals bleibt übrig, je langsamer die Attack des Kompressors, desto mehr Attack des Originals bleibt erhalten.

Danach kann man über Release einstellen, wie das Signal »zurückschwingt«. Grob: Je schneller der Song, desto schneller die Releasezeit. Je länger die Releasezeit gewählt wird, desto eher erzeugt man auch hörbare Kompression oder das viel zitierte Pumpen – womit man allerdings auch sehr bewusst eine Art Groove erzeugen kann, der möglicherweise genau die Art der Bearbeitung bedeutet, die man vom Kompressor erwartet.

Tipp
Wenn man eine Releasezeit gefunden hat, die gut zu Instrument und Songtempo passt, sollte man auch unbedingt mal die Hälfte oder das Doppelte der gefundenen Releasezeit ausprobieren.

Scheinen Attack und Release zu stimmen, kann man Threshold und Ratio wieder so weit zurückregeln, dass das Ganze geschmackvoll klingt. Gerade auch mit der genauen Stellung des Threshold kann man hier sehr gut experimentieren. Arbeitet der Kompressor ständig oder nur manchmal? Welche Auswirkungen hat das auf den Sound? Während ich gerade aber den Threshold im Laufe der Show häufig kontrolliere (weil sich beispielsweise etwas am Gain oder Sound eines Kanals geändert hat) regele ich die Kompressorzeiten während eines Sets selten ständig nach, sondern wähle bereits beim Soundcheck Einstellungen, die dem Großteil der Songs entsprechen. Wer hier detaillierter arbeiten möchte, kann sich ja mal mit den Möglichkeiten seines Pults beschäftigen, die Releasezeiten bestimmter Kompressoren z.B. per Tap zu ändern.

7.3 Kompressorvarianten

Viele Kompressoren in heutigen Digitalpulten bieten verschiedene Kompressormodelle sowie die Simulation von unterschiedlichen Kompressortypen oder Betriebsarten wie RMS und Peak an. Es lohnt sich, auch damit zu experimentieren. RMS (»Root Mean Square«) schaut hierbei nach der durchschnittlichen Lautheit des Signals über einen etwas längeren (und möglicherweise einstellbaren) Zeitraum, der Kompressor reagiert also normalerweise insgesamt träger, ein Peak-Kompressor schaut nach Spitzen und arbeitet in der Regel schneller. Obwohl sich Peak-Kompressoren also vielleicht besser für perkussive Sounds eignen, können sie sich aber eventuell gerade genau als das passende Werkzeug erweisen, um einen superdynamischen Sänger mit expressiver Phrasierung etwas einzufangen.

Hinweis
Alle Kennzahlen oder Betriebsmodi oder Designdetails eines Kompressors sagen erst einmal praktisch nichts über den Klangeindruck aus, den man durch den Einsatz dieses Kompressors erzielen kann. Hier sollte man seinen Ohren vertrauen und letztendlich den eigenen Geschmack entscheiden lassen.

7.4 Sidechain und Ducking

Viele Kompressoren bieten die Möglichkeit, einen Filter oder sogar ein alternatives Steuersignal für die Sidechain zu definieren. Der Kompressor bearbeitet dann immer noch das Eingangssignal, »sieht« aber ein frequenzbearbeitetes Eingangssignal oder z.B. das Signal eines anderen Kanals. Für den Filter kann man dann häufig den Frequenzbereich bestimmen, welchen der Kompressor überhaupt beobachtet. Je nach Einstellung des Filters arbeitet der Kompressor also dann am stärksten, wenn das Originalsignal in, über oder unter einem bestimmten Bereich lauter klingt. So kann man z.B. eine Sidechainfrequenz in den hohen Mitten wählen, um damit den Kompressor für eine Stimme dann am stärksten arbeiten zu lassen, wenn die Stimme am schrillsten klingt. Andersherum könnte man z.B. als Steuersignal für den Basskompressor einen Bereich in den Bässen wählen, in dem sich das Signal besonders unruhig zeigt. Dann regelt der Kompressor lediglich die lautesten Basstöne am meisten herunter und der Bass klingt insgesamt runder. Es handelt sich bei dieser Technik natürlich nicht um echte Multibandkompression, welche einzelne Frequenzbereiche unterschiedlich absenken kann, aber gerade bei monophonen Quellen bekommt man so problematische Bereiche des Instruments oder Gesangs häufig sehr gut in den Griff und das Resultat klingt erheblich ruhiger oder runder.

Manchmal benutze ich in Instrumenten- oder Backing-Gruppen Kompressoren, die als Steuersignal die Hauptvocals »sehen«. Dadurch werden diese Gruppen dann bei Einsatz der Vocals »automatisch« heruntergezogen, was für etwas mehr Transparenz oder Kohärenz sorgt, welche zusätzlich mit den Fadern herausgearbeitet werden können.

Ebenso kann Sidechain-Kompression beispielsweise dabei helfen, die einzelnen Elemente des Schlagzeugs zu sortieren oder ein Übersprechen zu verringern. Ein möglicher Anwendungsfall wären beispielsweise das Ducking der Kick oder der Overheads durch die Snare. Hier hängt aber wieder einmal alles vom gewünschten Sound und der Spielweise des Musikers ab.

Hinweis

Sidechain-Kompression kann sehr dabei helfen, Platz zu schaffen oder Dichte im Mix zu erzeugen, stellt allerdings selten einen Ersatz für ein gutes Arrangement und gutes Zusammenspiel oder manuelle Faderfahrten dar!

7.5 Monitoring

Die meisten Digitalpulte bieten glücklicherweise die Möglichkeit, den Kompressor im Signalweg hinter den Abgriff für die Monitore zu legen. Zur Sicherheit aber noch der Hinweis: Falls sich im Monitorweg an irgendeiner Stelle ein Kompressor befindet, sollte man darauf achten, dass sich nicht mit dem Rückkehren auf die Originallautstärke Schwierigkeiten durch mögliches Feedback ergeben. Gerade bei langen Releasezeiten kann das unter Umständen zu Problemen führen – besonders wenn der Kompressor beim Spielen eines Instruments ständig stark arbeitet. Zu einem gewissen Grad kann dies eventuell auch für Kompressoren auf der Front gelten.

Tipp

Obwohl viele IEM-Systeme über eigene Limiter verfügen, sichere ich das Ohr des Künstlers immer bereits im Pult durch einen (bei »Normalbetrieb« nicht arbeitenden) Limiter im Weg ab.

7.6 Parallel- und Multibandkompression

Eine besondere Form der Kompression stellt die Parallelkompression dar. Hierbei mischt man das Originalsignal mit einem (üblicherweise eher stark) komprimierten Signal. Hier verhält es sich nun so: Solange das Originalsignal sehr laut klingt, arbeitet der Kompressor stark und der Output des Kompressors wird nur sehr leise zum Original hinzugemischt. Verhält sich das Originalsignal aber relativ leise, dann passiert wenig oder gar keine Kompression und das Signal des Kompressors mischt sich relativ unbehandelt zum Original. Dies führt dann dazu, dass leise Passagen lauter wirken, während sich an lauten Stellen relativ wenig ändert – und auch sämtliche Peaks und Transienten vollständig erhalten bleiben. Dadurch kann diese Art der Kompression sehr natürlich klingen und wirkt eher schon wie ein automatisches Nachregeln des Faders.

Immer wenn man also versucht, gerade auch leise Nuancen, »Dreck« oder den Raum mit nach vorne zu holen, sollte man unbedingt mal mit dieser Art der Kompression herumprobieren. Gerade ein Schlagzeug kann davon extrem profitieren – je nach Einstellung werden so die Geräusche zwischen den Schlägen, das Sustain, der Raumklang deutlich nach vorne gebracht, was zu einem knalligen bis aggressiven oder fetten Drumsound führt. Aber auch bei sehr dynamisch gesungenen Vocals, etwa in leisen akustischen Stücken mit lauteren Refrains, denen eine übermäßige Zusammenquetschung nicht besonders gut stehen würde, kann man diese Arbeitsweise sehr gut nutzen. Ich setze Parallelkompression eigentlich ständig irgendwo ein, von einzelnen Kanälen über Gruppen bis hin zum Stereobus. Falls gewünscht, kann man hinter die Parallelkompression auch noch einen regulären Kompressor oder Limiter hängen, um eventuell auftretende Pegelspitzen abzufangen. Und gerade hier gilt: erhöhte Feedbackgefahr!

Vorsicht
Leise Passagen werden durch Parallelkompression eventuell stark hochgezogen, das bedeutet aber auch, dass der Kanal gerade dann voll aufgerissen wird, wenn vor dem Mikro gar nichts passiert. Und dann passiert schnell Feedback.

Gerade wenn man auf mehreren Kanälen Gebrauch davon macht, holt man sich auch schnell zu viel Raum in die Mikrofone – und das führt unter Umständen zu einem ungewollten Sound oder zu Rückkopplungen in Spielpausen. Besonders Sänger lassen sich auch manchmal von den nun super heiß wirkenden Mikrofonen irritieren, weil sie denken, dass diese automatisch insgesamt zu laute Vocals bedeuten. Zusätzlich sollte man berücksichtigen, dass je nach Kompressor und je nach Board die Busse eventuell über keine Delaykompensation verfügen. Durch die daraus möglicherweise resultierenden Phasenauslöschungseffekte scheidet diese Arbeitsweise dann aus. Kanalkompressoren mit einstellbarem Mischverhältnis sollten dieses Problem hoffentlich nicht haben.

Multibandkompressoren oder dynamische Equalizer können enorm helfen, gewisse Frequenzbereiche aufzuräumen oder unter Kontrolle zu kriegen.

Typische Anwendungsbereiche wären zu dominante Bassfrequenzen in Palm Mutes bei verzerrten Gitarren, kreischende, harsche Vocals oder insgesamt zu volle oder sich aufschaukelnde Frequenzbereiche in den unteren Mitten – etwa aus Gründen der Instrumentierung oder des Arrangements oder hervorgerufen durch ungünstige Raumresonanzen.

Auch in der Summe kann der Multibandkompressor enorm dazu beitragen, einen konsistenten Sound zu erhalten, mehr dazu weiter unten. Hier sollte man natürlich besonders sorgfältig darauf achten, dass – jeder – Threshold stimmt und der Kompressor mit einem passenden Signal angefahren wird, da dies sonst schnell zu einer heftigen und unerwünschten Verfremdung des Signals führen kann.

7.7 Kompressor vs. Fader

Kompression ersetzt live nicht das Arbeiten mit den Fadern auf der Makroebene, aber es kann einem dennoch sehr viel Arbeit abnehmen und zu einem insgesamt ausgewogeneren Sound verhelfen. Letztendlich stellt es sich aber auch als praktisch unmöglich dar, alle gewünschten Pegeländerungen auf der Mikroebene manuell durchzuführen – da gehen einem schlicht die Finger aus. Unterm Strich macht man also vielleicht mit dem Kompressor den Sound und mit den Fingern spielt man möglichst musikalisch die Fader.

7.8 In den Kompressor mischen

Ich lasse gerne einzelne Instrumentengruppen oder die Summe über einen gemeinsamen Bus laufen. Mit einem eingeschliffenen Kompressor oder Limiter im Bus bietet sich dann die Möglichkeit, mit den Kanalfadern den Input des Dynamikprozessors anzufahren. So kann man dann Phrasen oder Passagen in die Kompression fahren oder zurücknehmen. Dadurch bieten sich schöne Möglichkeiten zur Klanggestaltung. Manchmal schicke ich die Summe durch einen weiteren Bus (beispielsweise über die Matrix) und schleife dort einen Multibandkompressor ein. Sofern dieser mit einiger Sorgfalt eingestellt wird, kann er sich dort als wunderbares Werkzeug herausstellen, das dabei hilft, unweigerlich hin und wieder auftretende Schwierigkeiten mit bestimmten Frequenzen sanft zu korrigieren. So kümmert sich dieser Kompressor dann im Hintergrund beispielsweise um das stellenweise auftretende Aufschaukeln von Frequenzen im Bereich des Basses oder der unteren Mitten, welche beispielsweise durch (zu) dynamisch gespielte Instrumente im Bassbereich oder durch sporadisch auftretende Überhöhungen durch den Nahbesprechungseffekt bei verschiedensten Signalquellen entstehen. Ebenso kann er sehr dynamisch agierende Sänger (oder Sprecher) etwas einfangen und so zum Beispiel als De-Esser arbeiten, um Zischlaute zu reduzieren oder die hohen Mitten bei gewissen Passagen etwas zu entschärfen.

Tipp

Da ein Multibandkompressor nur dann arbeitet, wenn der Pegel im entsprechenden Frequenzbereich überschritten wird, arbeitet er bei konservativer Einstellung weitestgehend unsichtbar und sorgt nur durch das Einfangen gewisser »Ausreißer« für einen etwas weicheren und homogeneren Sound. Unbedingt mal damit experimentieren! Gain Reduction nach Geschmack, für mich häufig nur einige Dezibel. Falls das nicht ausreicht, gehe ich davon aus, dass es sich um grundlegendere Schwierigkeiten im Mix handelt, die beispielsweise über Änderungen der Balance oder der Kanal-EQs besser behoben werden können.

7.9 Zurückhaltung

Gerade als kreatives Mittel, um den Sound eines Instruments radikal zu verbiegen, kann ein Kompressor durch fast nichts ersetzt werden. Die Tatsache, dass in modernen Digitalpulten meist in jedem Kanal und Bus Kompressoren zur Verfügung stehen, bietet einem unglaublich viele Möglichkeiten Einzel- und Summensignale noch besser nach den eigenen Wünschen zu formen. Allerdings verführt es auch schnell dazu, Kompressoren eventuell zu oft und zu viel einzusetzen. Und obwohl man bei gut oder transparent klingenden Kompressoren mit einer Menge Gain Reduction wegkommt, ohne dass das Signal »kaputt« klingt, gilt hier wie so häufig: Weniger bedeutet möglicherweise mehr. Ein paar Dezibel Pegelreduktion im Kanal, ein paar Dezibel in der Subgruppe, ein paar Dezibel im Stereobus, jeweils mit einer eher niedrigen Ratio – dann klingt das Ergebnis wahrscheinlich unterm Strich runder und natürlicher, als wenn jeder Kanal ständig um ein Dutzend dB heruntergezogen wird. Das gilt natürlich nur, wenn man ein natürliches und rundes Ergebnis erzielen möchte.

Bei Musikern, die mit ihrem Instrument oder ihrer Stimme sehr gekonnt mit der Dynamik spielen, heißt es aufzupassen, dass man den Ausdruck nicht durch übermäßigen Gebrauch von Kompressoren zerstört.

8 Eigenschaften eines Mixes

Welche Eigenschaften kann ein Mix überhaupt besitzen? Welche sollte er nicht besitzen? Worauf legt man selbst besonderen Wert?

Grundsätzliche Klangeindrücke wie »grell« oder »dumpf« kann man relativ schnell erfassen – sollte sich aber bewusst machen, dass sich diese mit der Lautstärke, aber besonders auch mit der Gewöhnung ändern. Ein super dunkel oder super grell klingender Mix kann so schon nach kurzer Zeit »normal« und ausgewogen erscheinen. Deshalb habe ich an anderer Stelle darauf hingewiesen, hin und wieder sein Gehör neu zu »kalibrieren«. Dies funktioniert natürlich nur in einem gewissen Maße, aber ich finde es sehr hilfreich, wenn man möglichst oft am Abend versucht, einen neuen »ersten Eindruck« zu gewinnen. Korrekturen erfolgen dann häufig über den Summen-EQ oder durch eine andere Ausbalancierung der Klanganteile mithilfe der Kanal- oder Gruppenfader.

Ich möchte darauf hinweisen, dass sich die Kommunikation besonders über diese grundsätzlichen Klangeindrücke als äußerst herausfordernd darstellen kann. So meint ein Hörer oder Künstler mit »zu grell« eventuell einfach »mehr Fundament in den Bässen«. Mit »zu bassig« könnte er »zu viele Bässe« oder »zu wenige Höhen« meinen.

Dies alles sollte man stets im Hinterkopf haben und sich bewusst machen, dass ähnlich gemeinte Änderungen des Frequenzspektrums grundsätzlich immer auf mindestens zwei verschiedene, gegensätzliche Arten stattfinden können, und sich je nach Situation für die entsprechend passendere Maßnahme entscheiden.

Tipp

Manchmal können nicht besonders geschulte Hörer im Gesamtsound nicht genau zwischen Frequenzbereichen und Instrumenten, die diese Frequenzbereiche besetzen, unterscheiden. So kann »zu viele Höhen« auch einfach »zu laute Overhead-Mikros« bedeuten. Und zur Sicherheit sollte man auch immer abklären, ob man dieselben Vokabeln in identischer Bedeutung benutzt. So hatte ich neulich mit einem Künstler zu tun, mit dem ich eigentlich schon lange zusammenarbeite, der eigentlich mehr Bässe auf den Monitoren wollte, aber »mehr Präsenz« gefordert hat. Solche Missverständnisse können schnell zu Unstimmigkeiten führen.

8.1 Balance

Ein gut ausbalancierter Mix bietet in der Regel ein ausgewogenes und angenehmes (oder zum Genre der Musik passendes!) Klangspektrum und entsprechend abgestimmte Verhältnisse aller Instrumente zueinander. Nichts erscheint zu laut oder aufdringlich, nichts erscheint zu leise oder versteckt. Die Transparenz geht einher mit einem runden Gesamtsound. Das heißt nicht unbedingt, dass jedes Instrument wirklich gleich laut dargestellt wird, sondern dass das Verhältnis der einzelnen Instrumente passt. Man sollte eventuell darauf achten, dass der Mix nicht »zu ausbalanciert« und damit gegebenenfalls glatt, langweilig und belanglos wirkt. Außerdem gilt es, genretypische Besonderheiten zu berücksichtigen. Eine akustische Folkband wird gegebenenfalls einen anderen Klangeindruck hinterlassen wollen als eine Metalcore-Combo.

Live erlebt

Genretypische Besonderheiten sollte man auch nicht überinterpretieren. Ich habe einmal das Konzert eines »Gitarrengottes« besucht, der natürlich mit einer grandiosen Band und vor allem einem außergewöhnlich exzellenten Schlagzeuger unterwegs war. Im Publikum fand akustisch aber eigentlich nur eine extrem präsente Leadgitarre statt. Abgesehen davon, dass ich es schade fand, die anderen Weltklasse-Musiker kaum zu hören, kam so letztendlich auch die Gitarre nicht wirklich zur Geltung, da sie so präsentiert, wie aus ihrem Kontext gerissen wirkte.

8.2 Arrangieren durch den Mix

Für das Finden der optimalen Balance finde ich es wichtig, ständig auf die Musik, den jeweiligen Charakter des momentan gespielten Songs und ebenso auf die Musiker auf der Bühne zu achten. Es kann dem Gesamtsound helfen, einzelne Instrumente etwas im Mix zu verstecken – etwa weil sie im Arrangement ohnehin nur eine füllende Funktion haben oder weil sie (selbstverständlich nur ausnahmsweise heute) einfach nicht so grandios gespielt werden – aber etwaige Soloparts sollten trotzdem das Ohr des Zuhörers erreichen. Eine Faustregel könnte lauten: Alles, was man sieht, sollte man auch hören können. Hier bediene ich mich auch häufig eines Tricks, damit einem nicht irgendwann der Headroom für Akzente ausgeht: Wenn man gewisse Parts nur für einige Sekunden akzentuiert und die Wahrnehmung der Zuhörer damit auf sie richtet, kann man sie dann direkt unauffällig wieder zurücknehmen, ohne dass sie aus der Wahrnehmung verschwinden.

8.3 Räumlichkeit

Ein weiterer – und manchmal vernachlässigter – Aspekt stellt die Tiefe oder auch Dimensionalität des Mixes dar. Während die allgemeine Balance vielleicht im Wesentlichen durch Lautstärkeunterschiede hergestellt wird, geht es hier um die Darstellung des Klangs in den verschiedenen räumlichen Dimensionen.

Für die Darstellung der einzelnen Instrumente im Stereobild kann man sich grundlegend schon einmal am Bühnenbild und der Aufstellung der Musiker orientieren. Daraus ergibt sich vieles dann schon rein logisch und intuitiv. Ein Gitarrist, der rechts auf der Bühne steht, dessen Gitarre aber ausschließlich aus den linken Lautsprechern schallt, wirkt da zum Beispiel vielleicht eher ungewöhnlich. Über die Sinnhaftigkeit der Stereodarstellung bei einem Livekonzert kann viel gestritten werden, ich sehe es meistens so: Solange der Raum oder die zu beschallende Fläche generell die Darstellung eines Stereobilds erlauben, so möchte ich dieses auch gerne nutzen. Vielleicht achte ich darauf, dass man auch auf der linken Zuschauerseite noch Instrumente hören kann, die auf der gegenüberliegenden Bühnenseite gespielt werden, sodass der Mix zu den Seiten hin nicht völlig auseinanderfällt. Aber die Platzierung einzelner Instrumente im Stereobild bietet so viele Möglichkeiten, Raum zu schaffen und damit den Mix zu sortieren, dass es in vielen Fällen fast fahrlässig erscheint, dieses aufzugeben, nur damit der Mix überall im Zuschauerraum gleich klingt – was er effektiv sowieso niemals tut. Freie Platzwahl bedeutet dann für mich (neben den ganzen technischen Herausforderungen, einen eben möglichst uniformen Klang zu zaubern) aber auch, dass ich dem Zuhörer verschiedene Mixe anbieten kann. Diesen grundsätzlichen Bug kann man also auch als Feature verstehen. Eine Ausnahme stellen vielleicht spezielle Events wie etwa Kopfhörerkonzerte dar. Wenn die PA keinen Stereoeinsatz erlaubt, handelt es sich streng genommen eventuell auch um ein Versäumnis beim Systemdesign. Als Livemischer nutze ich jedenfalls so gut es geht den Panregler, um Instrumente zu sortieren und um Platz in der Mitte für wichtige Sounds zu schaffen. Außerdem verwende ich gerne Effekte wie Hall, Microshifts (also geringes Pitchshifting im Centbereich, häufig gegensätzlich im linken und rechten Kanal) oder besonders auch Delays, um gewisse Klänge zu verbreitern und auf diese Weise etwas weicher in den Mix einzubauen. Hierbei gilt auch wieder etwas Vorsicht – so können hart auseinandergezogene Stereodelays mit unterschiedlichen Delayzeiten (z.B. Achtel links, Viertel rechts) schnell verwirrend wirken, wenn man tatsächlich nur eine Seite der PA wahrnimmt.

8.4 Tiefenstaffelung

Neben der seitlichen Ausrichtung versuche ich auch immer, der Tiefenstaffelung viel Aufmerksamkeit zu widmen. Hier hängt auch wieder vieles vom Genre und der Intention der Musik oder des Künstlers ab. Was soll nach vorne geholt, was soll weiter in den Hintergrund gestellt werden? Was soll scharf oder weit vorne wirken? Ich vergleiche das gerne mit der Komposition eines Fotos, dessen Tiefenwirkung ja eigentlich auch in lediglich zwei Dimensionen eingefangen wird. Hier arbeitet man viel mit Schärfe und Unschärfe, Schattierungen, Beleuchtung, Kontrast und Farbsättigung, um eine Tiefenwirkung zu erzielen. Analog gilt dies auch in ähnlicher Weise für einen Mix. Wenn alles gleich präsent und vorne scheint, dann befindet sich nichts mehr hinten, die Dimensionalität kommt also völlig abhanden. Wenn hingegen alle Elemente gleich verwaschen im Hintergrund liegen, dann gibt es keine Möglichkeit, ein bestimmtes Element wirklich zu fokussieren. Im Gegensatz zu einem Foto kann und sollte sich die Komposition aber im Laufe eines Songs oder Abends ändern und der jeweiligen Stimmung angepasst werden. So zieht man dann zum Beispiel für einen Part wichtige Elemente nach vorne, um diese in den Fokus zu rücken.

8.5 EQ

Es gibt zahlreiche Werkzeuge, die man als Mischer für die Bewältigung dieser Aufgaben einsetzen kann. Allerdings kann man schon mit einigen wenigen Basics eine Menge an Tiefe schaffen. Am einfachsten gelingt dies vielleicht mit der Absenkung der Höhen mithilfe eines Shelving- oder Tiefpass-Filters. Man orientiere sich einfach an der Natur: Je weiter man sich von einem Klang entfernt, desto weniger Höhen erreichen einen. So kann man mit dem Absenken der Höhen beispielsweise schnell und bequem eine Gitarre oder Snare hinter den Sänger stellen. Ähnlich kann man je nach Funktion auch beispielsweise Backgroundgesänge etwas mehr in den Hintergrund rücken.

Für Präsenz und Vordergründigkeit kann man auch Frequenzen in den oberen Mitten um 3 kHz betrachten. Hier kann man (ruhig auch relativ breitbandig) durch einen Boost Signale etwas anspitzen, um sie nach vorne zu holen, oder durch Absenken »weicher machen«, um sie mehr in den Hintergrund einzuarbeiten.

8.6 Effekte

Am bekanntesten für die Arbeit mit Tiefe scheint mir der Einsatz von Hall. Auch hier gilt im Wesentlichen: je mehr Hall, desto weiter weg. Besonderes Augenmerk lege ich hier aber neben der Hallzeit auf das Predelay. Welche Verzögerung vor dem eigentlichen Hall eintritt, bestimmt direkt die (virtuelle) Position der ursprünglichen Schallquelle. Hier gibt es sehr viel Raum (!) für Experimente. Ich arbeite live gerne auch mit längeren Predelayzeiten (jenseits von 40 ms), da dann das Original gut verständlich und klar bleibt, aber der Raum um das Signal trotzdem relativ groß wirkt. Allerdings können diese Predelayzeiten auch durchaus kürzer werden, wenn man ein Signal mehr mit dem Hintergrund verschmelzen will. Hier entscheidet letztendlich wieder die eigene Klangästhetik.

Möchte man einzelne Signale etwas mehr miteinander oder mit dem Gesamtarrangement verbinden, bieten sich (neben der grundsätzlichen Möglichkeit, mithilfe eines Gruppen- oder Summenkompressors oder Limiters »Glue«, also Zusammenhalt zu erzeugen) eventuell auch Delays an. Vor allem kurze Delays (mit wenig oder gar keinem Feedback) eignen sich hervorragend dafür, Einzelsignale mit dem Gesamtsound zu verschmelzen, ohne wie ein Hall das Gesamtbild zu sehr zu füllen. Will man ein Monosignal verbreitern, kann man dies auch gegebenenfalls auf zwei verschiedene Kanäle des Pults routen und im »duplizierten« Kanal dann mit anderen Kompressoreinstellungen, einem veränderten EQ oder zusätzlich noch dem Channel Delay arbeiten.

Ein weiteres Tool, das ich gerne nutze, um ein Signal zu schärfen oder weicher zu machen, stellt der Transientendesigner dar, mit welchem man Attack und Sustain des Signals bearbeiten und hervorheben oder reduzieren kann. Gerne forme ich damit typischerweise die Kick und Snare nach meinen Wünschen. Lohnen kann sich aber auch das Experimentieren mit dem Einsatz des Transientendesigners bei anderen, vielleicht weniger naheliegenden Sounds wie beispielsweise einer cleanen E-Gitarre, um etwa die Anschläge etwas unter Kontrolle zu kriegen, oder einem Bass, um dessen Definition zu bearbeiten. Die Anwendung beschränkt sich also nicht auf perkussive Klänge. Allerdings gilt hier ja auch: Je schärfer und definierter ein Sound wirkt, desto weiter im Vordergrund erscheint er. Umgekehrt gilt: je weicher, desto weiter hinten.

Mittlerweile liebe ich besonders die Art von Soundveränderung, die man mit dem Sustainregler eines Transientendesigners bei der Snare erreichen kann. Fast halte ich das für den besseren Room/Ambience-Effekt. Zudem kann man hier mit einem Regler den Sound der Snare fundamental verändern, was gerade live natürlich sehr praktisch daherkommt. Mein liebstes Transienten-Plug-in für die Nachbearbeitung erlaubt sogar, den EQ des Sustain- und Attacksignals separat zu ändern, und so das Ausklingen heller, dunkler oder resonanter klingen lassen.

In ähnlicher Form kann man auch einen »regulären« Kompressor oder Limiter einsetzen – etwa um die Hüllkurve des Signals zu bearbeiten oder Klänge so in der Dynamik einzuschränken, dass sie nicht durch plötzliche Spitzen aus dem Hintergrund heraustreten.

Andere Effekte wie Sättigung/Distortion, Phaser, Flanger, (Micro-)Shifter, Tap Delays und so weiter möchte man wahrscheinlich nutzen, um ein Signal farbiger oder interessanter oder spektakulärer erscheinen zu lassen. Hier gilt für mich: je offensichtlicher die Klangformung, desto wichtiger der Abgleich mit dem Musiker. Wenn Künstler derartige Bearbeitungen wünschen, so geschehen sie auch häufig schon vor dem Mikrofon. Ich setze diese Effekte im Allgemeinen nur sehr sparsam oder wohldosiert ein. Allerdings können gezielt eingesetzte Sättigungen so manches Signal deutlich aufwerten und werden eventuell vom Künstler auch vorausgesetzt, ohne es explizit zu fordern. Dem Sound eines Rockbasses steht etwas Verzerrung einfach sehr gut! Auch Toms profitieren sehr von etwas gesättigten Höhen – live könnte es hier allerdings einige Herausforderungen bei der Umsetzung geben.

Hinweis

Welches Signal sieht der Hall eigentlich genau? Für die Wirkung und Dimensionalität kann es riesige Unterschiede machen, ob der Send zum Effekt vor oder nach dem Kompressor erfolgt. Oder ob vor dem Eingang des Effekts vielleicht sogar ein Expander liegt. Manche Varianten wirken vielleicht zu drastisch, manche passen besser zu dem einen Künstler, manche besser zu einem anderen. Experimentieren.

8.7 Multiplikation und Division

Nicht nur bei Timingeinstellungen des Kompressors oder Halls bzw. Delays kann man viel mit Verdoppelungen oder Halbierungen anstellen, auch und gerade der Equalizer bietet hier wunderbare Möglichkeiten. Die Mathematik dahinter kennt vermutlich jeder Mischer, aber es lohnt, sich daran ab und an mal bewusst zu erinnern. Egal, ob es um die Klangformung einer Tom oder des Summen-EQs geht: Falls man eine gute Korrektur- oder Charakter-Frequenz gefunden hat, lohnt es sich eigentlich immer, mindestens mit den Oktaven (also hier den verdoppelten oder halbierten Frequenzen) herumzuspielen. Häufig findet man so weitere Möglichkeiten, den Klangcharakter des Signals effektiv und musikalisch zu beeinflussen.

Tipp
Wer noch mehr darüber erfahren will, kann sich ja mal mit ungeradzahligen Multiplikationen der Frequenz beschäftigen.

8.8 Leih Dir ein Ohr

Um die Eigenschaften eines Mixes zu beurteilen, hilft es enorm, bereits beim Soundcheck ein Bandmitglied oder einen für diesen Job mitgebrachten Vertrauten des Künstlers zu befragen, ob man den gewünschten Sound getroffen hat. Wenn man im Wesentlichen freie Hand bei der Wahl des Klangs hat, so bedeutet es einen unbedingten Vorteil, die typischen Klangcharakteristiken verschiedener Genres zu kennen und seinen eigenen Stil zu haben. Eine Person, der man vertraut, oder eine Person, die den Raum und den Sound der Shows dort gut kennt, nach ihrer Meinung zu fragen, kann sich auch als sehr hilfreich erweisen, um die eigene Einschätzung abzugleichen. Hierfür eignen sich natürlich auch oder sogar besonders Personen, die eben kein »geschultes« Ohr besitzen und trotzdem hören, wenn etwas mit dem Mix grundlegend nicht stimmt, weil zum Beispiel die Stimmen nicht gut durchkommen oder etwas »komisch« klingt.

9 Soundcheck

Beim Soundcheck geht es vor allem um drei grundlegende Dinge: Die Band soll sich gut auf der Bühne hören können, um sich wohlzufühlen und um optimal zu spielen, der Mischer soll die Gelegenheit bekommen, alle Signale gut einzupegeln, abzumischen und zu bearbeiten und man will – besonders in kleineren Venues – herausbekommen, wie der Raum mit dem Bühnensound interagiert.

9.1 Struktur

Die genaue Struktur eines Soundchecks hängt sicherlich zu einem Großteil von den Vorstellungen des Künstlers ab. Bei Bands, mit denen man schon öfter zusammengearbeitet hat, ergibt sich die Struktur häufig automatisch. Vielleicht hat man auch schon eine passende Szene als Ausgangsbasis vorbereitet, die es dann nur noch nachzujustieren gilt. Bei Bands, die ich gut kenne, wirkt die Struktur des Soundchecks vielleicht sogar ein wenig chaotisch, da ich häufig ohne vorher festgelegte Reihenfolge einfach verfügbare Signale von spielbereiten Musikern checke. Dadurch spart man enorm Zeit, allerdings fügt sich der Gesamtsound so eher wie ein Puzzle zusammen und dies kann eigentlich nur dann gelingen, wenn man sowohl den Bandsound als auch den Sound der einzelnen Instrumente bzw. ihren Platz im Arrangement und Frequenzspektrum sehr gut kennt.

Wenn man das erste Mal mit einem neuen Künstler zusammenarbeitet, dann hilft es, vorher zu besprechen und abzuklären, was die Ziele des Soundchecks darstellen, ob man eine bestimmte Vorgehensweise für sinnvoll hält und so weiter.

9.2 Vorbereitung

Wenn möglich, mache ich direkt nach dem Aufbau und der Mikrofonierung eventuell sogar mit einem Assistenten einen Linecheck, um sicherzustellen, dass alle Kanäle funktionieren, und pfeife gegebenenfalls schon einmal grob die Monitore ein, indem ich feedbackanfällige Frequenzen aus den entsprechenden Wegen herausziehe. Falls überhaupt erforderlich, kann dies detailliert ohnehin erst erfolgen, wenn Mikrofone und Pegel feststehen.

Ein Tablet auf der Bühne erlaubt es, lautlos und schnell alle Mikrofone »abzuklopfen« und so den Linecheck ohne Assistenz – und damit auch ohne lange und häufig nervige Aushandlungs- und Abstimmungsprozesse über das Talkbackmikro und die PA – durchzuführen. Danach mache ich üblicherweise in Absprache mit dem Künstler eine kleine Pause, um mich auf die nun beginnende kreative Arbeit einzustellen. Ein kleines Break nach dem ganzen technischen und organisatorischen Gestecke wirkt hier oft Wunder für die Effektivität und Produktivität.

Falls ich dafür vorher noch keine Zeit gefunden habe, stelle ich nach dieser Pause dann meist den Summen-EQ anhand einiger Referenzsongs ein. Häufig nutze ich dafür einen 31-Band-EQ, und, falls vorhanden, bereite ich mir noch einige Bänder, die sich eventuell als besonders schwierig oder hilfreich zeigen könnten, im parametrischen Mains-EQ vor. Damit ich sie später schnell im Zugriff habe, bereite ich diese üblicherweise nur anhand der Frequenzen und Flankensteilheit vor und lasse erst einmal alle Gains auf 0. Oft nutze ich die Referenzsongs auch einfach nur, um zu überprüfen, ob bei den Main Outs eventuell links und rechts vertauscht wurden. Ein überraschend häufiges Phänomen.

Zur entspannten Kommunikation mit der Bühne bietet sich ein Talkback-Mikrofon an.

9.3 Ich kenne Deinen Namen!

Bei Bands, die ich bisher nicht kenne, schreibe ich mir gerne die Namen der Musiker mit auf den digitalen oder analogen Scribble Strip (also die Stelle am Mischpult, wo sich die Kanalbeschriftungen befinden). Ich finde es zum Beispiel beim Soundcheck einfach netter, wenn ich den Musiker mit seinem Namen anspreche, als mit seiner Funktion in der Band. Menschen schätzen es üblicherweise, als Menschen und Individuen wahrgenommen zu werden. Zumal es so auch zu weniger Verwechslungen und zu weniger Nachfragen nach dem Motto »Mein Links oder Dein Links?« kommt. Musiker äußern Monitorwünsche auch gerne unter der Nennung des Namens des entsprechenden Musikers statt des Instruments. Da finde ich es einfach praktisch, die Namen direkt auf dem Pult stehen zu haben – gerade auch bei Veranstaltungen mit mehreren Künstlern. Selbst wenn ich die Band lange nicht gesehen und die Namen dummerweise schon wieder vergessen habe, habe ich sie sofort parat, wenn ich die Bandszene lade. Das finde ich praktisch.

9.4 Bühnensound

Eine Band wird zunächst ihren Bühnensound einstellen – damit dieses nicht während des Soundchecks geschehen muss. Gerade in kleineren Veranstaltungsorten gilt häufig: Je besser die Band sich auf der Bühne schon ohne PA und Monitore hört, umso vertrauter erscheint ihnen die Situation und umso ausgewogener klingt das Ganze dann auch nach vorne. Falls die Band zur Unterstützung und Einschätzung etwas Monitorsound benötigt, so sollte man ihnen auch in dieser Situation schon helfen, selbst wenn noch nicht alle Pegel einwandfrei stimmen. Je kleiner der Raum, desto höher stellt sich der Anteil des Bühnensounds am Gesamtsound dar, und dies gilt es zu berücksichtigen. Viele erfahrenere Bands nehmen diese Korrekturen von sich aus vor und wissen auch schon, wie und wie laut sie auf der Bühne klingen wollen, unerfahrenere Künstler muss man eventuell mal bitten, die Lautstärke der Amps nach unten oder oben anzupassen und Ähnliches. Wie an anderer Stelle erwähnt, hilft hier häufig eine einfache Schilderung der Wirkung des Gesamtsounds für das Publikum.

9.5 Die Bühne klingt mit

Je kleiner der Raum, desto mehr Bedeutung kommt dem Sound zu, der auf der Bühne entsteht. Da auch kleine Bassamps häufig bereits ausreichend Pegel produzieren, um im Raum bei bestimmten Frequenzen ein störendes Dröhnen zu erzeugen, lohnt es sich hier besonders, mit dem in Bassamps häufig integrierten grafischen oder parametrischen Equalizer auf die Suche nach entsprechenden Resonanzfrequenzen zu gehen, um diese abzuschwächen. Sofern die Bühne es zulässt, kann auch eine Änderung des Aufstellungsortes große Unterschiede machen. Erfahrene Musiker nehmen solche Maßnahmen vielleicht automatisch vor, allerdings habe ich auch öfter die Erfahrung gemacht, dass sich dadurch die Transparenz und Wahrnehmbarkeit des Basses auch bei geringen Bühnenlautstärken verbessert und sich der Musiker dankbar für etwas Unterstützung zeigt. In ähnlicher Form kann dies natürlich auch für Gitarrenamps oder Monitore gelten.

9.6 Reihenfolge

Viele Soundchecks beginnen mit dem Schlagzeug. Aus meiner Erfahrung führt das häufig dazu, dass am Ende der Headroom gar nicht mehr für alle anderen Instrumente reicht. Ich persönlich starte den Soundcheck auch gerne mit den leisesten Instrumenten und den Stimmen und baue den Mix dann darum auf. Dabei erscheint es mir vorteilhaft, dass man dadurch zumindest grob und für alle gut hörbar bereits eine passende Balance für die Monitore zusammenschrauben kann, die dann nur noch in der Lautstärke angepasst werden muss, sobald die ganze Band loslegt. Außerdem baut man so den Mix um die möglicherweise wichtigsten Elemente herum auf, und stellt diese so wahrscheinlich noch besser dar. Allerdings sollte man auch darauf achten, welche Reihenfolge die Band für den Soundcheck für sinnvoll hält. Das Verlassen gewohnter Pfade kann sonst unter Umständen auch zu einem Verlust von Vertrauen und damit wichtiger Wohlfühlatmosphäre führen.

9.7 Vorgehensweise

Der Soundcheck an sich beginnt dann mit dem üblichen Einpegeln der Kanäle etc. Wie bereits in einem anderen Teil beschrieben , versuche ich meist, so viele Mikros wie möglich bereits offen zu haben – da dies den Gesamtsound deutlich beeinflusst und so auch beispielsweise Feedbackprobleme schneller offenkundig werden und behoben werden können.

Wichtig finde ich eine schnelle, möglichst intuitive Klangeinstellung der einzelnen Kanäle, damit ich mich nicht in zu viel Soundschrauberei verirre und womöglich die Perspektive verliere.

Falls bestimmte Schwierigkeiten bei Instrumenten auftreten (Resonanzen beim Schlagzeug oder Ähnliches), dann lohnt sich ein bisschen detailliertes Schrauben natürlich. Genauso sollte man sich bei entsprechend vorhandener Zeit auch ruhig trauen, verschiedene Mikrofonpositionen auszuprobieren etc., insgesamt versuche ich aber möglichst schnell, alle Kanäle so weit vorzubereiten, dass die Band noch einige Songs anspielen kann. Hier gilt es natürlich auch, die Monitore im Blick zu haben, sofern das in meiner Verantwortung liegt. Ich starte meist mit so wenig Signalen auf den Monitoren wie möglich und füge behutsam etwas hinzu, sobald sich jemand dies wünscht (oder ich an Körpersprache, Intonation oder Timing merke, dass jemandem etwas zur Orientierung fehlt).

Meist finde ich es sinnvoll, dass nur gewisse Passagen kurz angespielt werden, um dann mit der Band kurz den Monitor- bzw. In-Ear-Klang anzupassen. Hierfür muss nicht immer ein kompletter Song durchgespielt werden. Dies bitte aber auch im Zweifel immer mit dem Künstler besprechen. Erstaunlich viele viel beschäftigte Musiker nutzen tatsächlich den Soundcheck, um letzte Dinge abzustimmen und zu proben, hierbei sollte man dann nicht stören.

Meist ergibt sich nach dem Soundcheck mit der gesamten Band noch die Möglichkeit, einzelne Instrumente, die noch besser klingen könnten, mit dem entsprechenden Musiker noch einmal durchzugehen – ohne dass die ganze Band warten muss. Die Fähigkeit, einen Soundcheck sehr schnell durchzuführen, hilft einem auch in Situationen wie beispielsweise Festivals, in denen meist sowieso nur die Möglichkeit besteht, einen schnellen Linecheck durchzuführen. Hat man bereits Erfahrung damit gesammelt, in möglichst kurzer Zeit einen guten Grundsound hinzubekommen, so kann das in derartigen Situationen nur helfen.

Gerne lasse ich die Band mindestens einen lauten und einen leisen Song spielen. Letzte Feineinstellungen beispielsweise an einzelnen Kanal-EQs nehme ich gerne während von der ganzen Band gespielter Musik vor, da man im Gegensatz zum »Solo«-Modus während des Soundchecks so die Wirkung der Änderungen im Kontext hören kann. Wenn die Band sich bei beiden Songs gut hört und ich das Gefühl habe, mit allen Fadern eine gute Reichweite nach oben und unten zu haben, und wenn mich außerdem der Gesamtsound aus der PA und die Balance auch an verschiedenen Orten innerhalb der Venue zufriedenstellen, dann betrachte ich die größte Arbeit als getan. Gerne lasse ich die Band dann zum Abschluss noch den Song spielen, mit dem sie ihre Show beginnt, um sicherzustellen, dass die Balance direkt beim Beginn des Konzertes stimmt und ich dann zunächst hauptsächlich die Gesamtlautstärke betrachten und schauen kann, ob eventuell durch die Anwesenheit des Publikums etwas am Summen-EQ verändert werden muss. Allerdings sollte man bedenken, dass es üblicherweise zu dem Phänomen kommt, dass eine Band ihre richtige Show lauter spielen wird als den Soundcheck – dieser Effekt äußert sich auch von Künstler zu Künstler unterschiedlich stark.

Ich fahre den Soundcheck wie auch das Einstellen der PA mit Referenzsongs zwischendurch gerne relativ laut – lauter, als ich später das Konzert haben möchte. Etwaige Schwierigkeiten mit der Raumakustik oder mögliche Feedbackprobleme treten so viel deutlicher hervor. Häufig gilt es dann aber, den besorgten Veranstalter oder Inhaber oder auch den Musiker zu beruhigen dass diese Lautstärke nur zu Analysezwecken gewählt wurde. Häufig wirkt allerdings eine hohe Lautstärke der PA in Anwesenheit eines Publikums eben gar nicht mehr so hoch und etwaige Gain-Reserven stellen sich als sehr hilfreich heraus.

Wichtig erscheint es mir weiterhin, die Wünsche und speziellen Bedürfnisse der Band während des gesamten Soundchecks so gut es geht zu berücksichtigen und auftretenden Schwierigkeiten und Herausforderungen nie hektisch oder hysterisch, sondern immer ruhig und lösungsorientiert zu begegnen. Die Band hat ein Recht darauf, dass ihre Musik bestmöglich verstärkt und dargestellt wird, und diese Verantwortung sollte der Livemischer auch voll annehmen. Dies funktioniert nur über Zusammenarbeit und transparente und ehrliche Kommunikation, damit man gemeinsam das bestmögliche Ergebnis erreichen kann. Ein Konkurrenzdenken oder ein Gegeneinanderarbeiten empfinde ich hier als völlig deplatziert.

Tipp

Erfahrene Bands wissen, wann wer beim Soundcheck erscheinen muss, damit man die Zeit optimal nutzen kann, aber auch sonstige Aufgaben, die ein Konzert mit sich bringt, erledigt werden können. Nichtsdestotrotz sollte man auch als Tonmensch sensibel darauf achten, dass sich beim Soundcheck niemand langweilt. Sollte sich herausstellen, dass man sich etwa für einen ausgiebigen Schlagzeug-Soundcheck noch eine halbe Stunde Zeit nehmen möchte, so könnte man den anderen Musizierenden beispielsweise anbieten, sich derweil doch um den Merchstand zu kümmern oder einen Kaffee im Backstage zu genießen.

9.8 Abschluss

Nach dem Soundcheck speichere ich (häufig auf den internen Speicher des Pults und zur Sicherheit auf einen USB-Stick, falls jemand anders das Pult in der Zwischenzeit bedient) – und freue mich darüber, dass Recall Sheets fast vollständig der Vergangenheit angehören.

Falls die Band erst in einem Slot im späteren Verlauf des Abends auftritt, sollte man darauf achten, dass man sämtliche Änderungen an Monitor- oder PA-Sound, die man im Laufe des Abends bei anderen Künstlern vornimmt (und die sich als nötig oder nützlich herausgestellt haben), genau protokolliert und nachhält und nach Aufruf der Soundcheck-Szene berücksichtigt oder implementiert (falls man nicht beispielsweise mit Safes arbeitet und Änderungen an Monitor oder PA somit ohnehin global und unabhängig von Szenenwechseln wirken).

Falls das Set Besonderheiten beinhaltet, die ich unbedingt bedenken muss, dann mache ich mir üblicherweise mit dem Künstler zusammen Notizen auf der Setlist. Hier kann es um Gastmusiker, bestimmte Gesangseffekte oder das Vorkommen einzelner Sounds gehen. Hier notiere oder merke ich mir im Besonderen die Sachen, die ich während der Show nicht sehen (oder leicht verpassen) kann. Auch lohnt es sich an dieser Stelle, mit dem Musiker vorab zu klären, woran man das tatsächliche Ende der Show bzw. des Zugabenteils erkennt, damit man nicht aus Versehen vorzeitig – oder zu spät – Kanäle mutet oder die Pausenmusik startet.

Hinweis

Ob man Monitor- und Effektbusse nun per Sends-on-Fader oder mit Send-Encodern im Kanal beschickt, bleibt Geschmackssache. Ich persönlich finde die SOF-Variante erheblich schneller und übersichtlicher – allerdings führt das natürlich unter Umständen zu peinlichen Situationen, wenn man den Modus nicht wieder verlassen hat und denkt, man würde gerade den FOH-Sound mischen.

9.9 Der Sound macht nicht die Musik

Für einen möglichst schönen Sound müssen viele Faktoren günstig zusammentreffen, und die meisten davon passieren vor dem Mikrofon. Ich gebe mir natürlich immer Mühe, jede Band bestmöglich klingen zu lassen, aber es erstaunt mich jedes Mal, wie unterschiedlich verschiedene Bands selbst mit fast identischen Einstellungen klingen können (etwa beim Linecheck über dieselbe Backline). Das fängt beim Schlagzeug an, und geht quer durch alle Instrumente so durch bis zum Gesang. »Gut« gespielte und gestimmte Instrumente, timingfestes Zusammenspiel der Musiker, sinnvoll ausgewählte Sounds, technisch und emotional herausragender Gesang, schön transportierte Emotionen, geschickte Arrangements, Feel, Groove und viele, viele weitere Aspekte machen einen wesentlich größeren Unterschied für die Wirkung der Musik als der Unterschied zwischen einem Kompressor und dem nächsten, einem Mikro und dem nächsten oder einem Kabel und dem nächsten. Das bedeutet natürlich, dass man als Mischer jederzeit nur die verbleibenden paar Prozent an Wirkung beeinflussen kann. Deshalb sollte man so gut es geht bereits beim Soundcheck genau nach Möglichkeiten der Klangverbesserung Ausschau halten. Dies kann beispielsweise Änderungen des Aufbaus, der Mikrofonierung oder der Soundeinstellungen der Instrumente bedeuten. Ins Songwriting eingreifen will man vielleicht nicht unbedingt, aber wenn allein beispielsweise ein Zurücknehmen der Verzerrung der Gitarren das Ganze etwas transparenter und sortierter und trotzdem voller klingen lässt, werden Künstler, Mischer und Publikum sich über diese Verbesserung freuen.

Wenn also eine nicht ganz so gute Band trotzdem »o.k.« klingt, kann das natürlich unterm Strich trotzdem eine wesentlich bessere Arbeit eines

Mischers bedeuten, als wenn eine exzellente Band sehr gut klingt. Dass viele Leute das möglicherweise gar nicht bemerken, kann man schade finden, sollte es aber einfach mit etwas Humor so hinnehmen, solange man selber weiß, dass man den Sound optimal aufbereitet hat. Und es gibt immer Menschen, denen so etwas auffällt.

10 Live mischen

Was macht denn ein Livemischer während der Show, also während die Musik spielt? Eigentlich gibt es doch jetzt nichts mehr zu tun, Zeit zum Kaffeetrinken.

In Wirklichkeit verhält es sich natürlich hoffentlich ein wenig anders. Gerade die Liveshow bietet die Möglichkeit, durch aktive Mitarbeit kreativ und künstlerisch die Intention des Künstlers bestmöglich zu übersetzen, und stellt für mich den Höhepunkt des Konzerts dar – deshalb nenne ich mich ja Livemischer.

10.1 Letzte Vorbereitungen

Einige Zeit vor Beginn der Show überprüfe ich meist noch einmal den Aufbau der Bühne, die Ausrichtung der Mikrofone und besonders den Zustand von Stativen, Mikrofonklammern, Kabeln und Steckverbindungen und korrigiere etwaige Unzulänglichkeiten.

Daraufhin informiere ich den Künstler, dass ich mich für eventuell notwendige letzte Absprachen am Pult befinde.

Dort überprüfe ich vielleicht noch einmal die geladene Szene, schaue in die Kanaleinstellungen der wichtigsten Kanäle, überprüfe die Parametereinstellungen der Effektgeräte und Kompressoren, lese die Setlist mit meinen Notizen oder schaue, welche Kanäle ich wann und wie entmute. Dies hängt sehr vom jeweiligen Künstler und der Show ab. Spielt sofort die komplette Band, gibt es ein Intro, gibt es eine Ansage, spielen bestimmte Instrumentalisten ein eigenes Intro? Besonderes Augenmerk verdienen hierbei die direkt abgenommenen Instrumente, die frühestens dann freigeschaltet werden, sobald der Künstler diese eingestöpselt hat.

Tipp
Um Situationen unangenehmer Stille zwischen Auftritten zu vermeiden, hilft es, Pausenmusik vorbereitet zu haben, die man dann mit herabgezogenem Fader an einem günstigen Punkt während der Zugabe startet. Natürlich darf diese Musik nicht Pre-Fader auf den Monitoren liegen.

10.2 Die Show beginnt

In den ersten Sekunden des Konzerts achte ich darauf, dass man vitale Elemente sofort gut hören kann (sofern ich den Soundcheck mit dem ersten Song der Show abgeschlossen habe, sollten hier hoffentlich keine großartigen Probleme auftreten) und regele eventuell die Gesamtlautstärke nach, welche sich durch die Anwesenheit des Publikums deutlich von der Lautstärke beim Soundcheck unterscheiden kann. Auch achte ich in dieser Phase verstärkt auf Zeichen der Band, was den Monitorsound angeht. Oft stellt sich nämlich jetzt erst heraus, ob man beim Soundcheck gemeinsam richtig »geraten« hat. Stimmen PA- und Monitorsound so weit, gehe ich vermutlich als Nächstes visuell die Kanäle durch, die erfahrungsgemäß in der Hitze des Liveauftritts plötzlich doch erheblich lauter ins Pult kommen, als beim Soundcheck getestet (und dort vielleicht schon vorausschauend kompensiert wurden). Stimmt das Input Gain noch, werden die Kompressoren stimmig angesprochen? Die Augen sollten aber besonders in der Anfangsphase des Konzerts nie zu lange auf dem Pult oder Display ruhen, immer schön vorausschauend fahren und weiter auf Zeichen der Band achten.

10.3 Beurteilung des Sounds für das Publikum

Für alle diese grundlegenden Einstellungen oder Nachführungen nehme ich mir vielleicht den kompletten ersten Song Zeit (wobei hier auch schon etwaige Lautstärkeanpassungen über die Fader der Kanäle geschehen dürfen). Stimmt der Gesamtsound beim zweiten Song immer noch, begebe ich mich meist kurz vom Mischpult weg und überprüfe den Sound an anderen Positionen im Saal. Je nach Location hat man vielleicht schon beim Soundcheck entsprechende Spots festgestellt, die sich als akustisch herausfordernd erweisen können. Diese befinden sich vielleicht in Bühnennähe, nahe von Wänden und Ecken oder auch weit hinter dem FOH-Platz. Entweder habe ich eine Fernbedienung für das Pult dabei oder ich merke mir die vorzunehmenden Änderungen am Summen-EQ oder am EQ oder an der Lautstärke einzelner Kanäle. Hier gilt es häufig, einen annehmbaren Kompromiss zu finden – meist lande ich bei einem Mix, der für den Großteil der interessierten Leute gut funktioniert. Der Mix klingt höchstwahrscheinlich kurz vor der Bühne immer anders als am anderen Ende des Veranstaltungsorts, dies geben die akustischen und physikalischen Gesetze vor, deshalb sollte man hier meiner Meinung nach auch nicht allzu viel um einen überall gleichen Sound kämpfen. Außerdem haben ja schließlich die Leute in der Regel die Möglichkeit, sich ihren Hörplatz selbst auszusuchen – und tun dies möglicherweise auch aus guten Gründen. Kann man einzelne Elemente des Mixes an bestimmten Stellen gar nicht wahrnehmen, so sollte man dies gegebenenfalls korrigieren.

10.4 Dramaturgie

Wenn ich ein gutes Gefühl dafür habe, wie der Mix im Raum klingt, nutze ich den Rest des Sets dazu, dynamisch in das Klanggeschehen einzugreifen. Bei Sets, die ich gut kenne, läuft das mehr oder weniger automatisch ab. Je besser man die Songs kennt, umso besser kann man die Fader benutzen, um im Zweifelsfall so detailliert zu arbeiten, dass man einzelne Wörter oder Phrasen anhebt oder absenkt. Bei Künstlern, deren Sets ich weniger kenne, agiere ich etwas defensiver, achte aber ständig darauf, was auf der Bühne passiert. Welches Instrument spielt gerade was, gibt es Soli, gibt es Raum und Notwendigkeit für Effekte etc. Bei mir unbekannten Bands achte ich besonders bei musikalischen Übergängen darauf, was gerade passiert. Oft erkennt man mit ein bisschen Aufmerksamkeit und Erfahrung bereits an der Körpersprache der Band, welcher Instrumentalist als nächstes einen relevanten Part spielen wird.

Gerne nutze ich DCAs (also »zusammengefasste Fader«) für bestimmte Instrumentengruppen, um die wechselnde Intensität zwischen Strophe und Refrain herauszuarbeiten. Da es nach oben nicht unbegrenzt Raum gibt, fahre ich zu diesem Zweck häufig Instrumente, die ausschmückende oder begleitende Parts spielen, während der Strophe etwas zurück, um sie für den Refrain wieder hochzufahren. Dies resultiert praktischerweise auch in einer besseren Durchsetzungsfähigkeit des Gesangs.

Tipp

Das Akzentuieren oder Zurückfahren bestimmter Instrumente funktioniert auch über Änderungen des Kanal-EQs. Es gibt vielfältige Möglichkeiten.

Bestimmte Parts, Akzente oder Songenden kann man auch gut mit dem Masterfader unterstreichen, hierbei gilt natürlich, ein wenig Vorsicht walten zu lassen. Vielleicht legt man sich auch einen Limiter hinter den Masterfader und hat so ein wenig Polster für überambitionierte Betonungen. Generell sollte man sich für die Benutzung des Masterfaders eine gewisse Dramaturgie überlegen. Häufig bringt es Vorteile, den Gesamtpegel für leisere Songs etwas abzusenken, um eine noch deutlichere Steigerungsmöglichkeit für lautere Songs zu haben, auch möchte man vielleicht den Maximalpegel erst gegen Ende der Show erreichen. Ein paar Dezibel in der Hinterhand zu haben, kann sich hier als sehr vorteilhaft erweisen – da eine gleichbleibende Intensität ja doch eher ermüdet und dann als abfallend empfunden werden könnte.

Auch den Einsatz von Effekten gilt es hier zu berücksichtigen. Vielleicht setzt man gegen das Ende des Sets doch noch einige etwas plakativere oder bisher gar nicht genutzte Effekte ein.

Tipp

Die Stimme vieler Sänger ändert sich im Laufe des Konzerts und wird häufig etwas schwächer und kratziger. Hier kann man gerne mit etwas mehr Input Gain und einem angepassten EQ nachhelfen, sofern es nötig erscheint.

10.5 Live mischen

Live mischen bedeutet weit mehr, als »alles funktioniert«. Gerade das händische Anpassen des Klangbilds in Echtzeit gehört für mich zu den wichtigsten, interessantesten und schönsten Aspekten der Tätigkeit als Mischer. Wenn die Musik gut gespielt in die Mikros kommt, wenn man sich physisch und technisch gut vorbereitet hat, kann man die meisten rationalen Gedanken ganz fallen lassen, um sich ganz auf den Moment einzulassen, wodurch Mixentscheidungen so gut wie automatisch von den Fingern in Handlungen am Mischpult übersetzt werden. Dadurch gerät man im besten Fall in einen Zustand absoluter Konzentration und Versenkung und in einen »«. Am ehesten lässt sich dieser Zustand vielleicht mit dem Spielen eines Instruments vergleichen. Auch hier will man sich schließlich nicht von technischen Fragestellungen oder Schwierigkeiten ablenken lassen, sondern sich ganz auf das Spiel und die Performance konzentrieren. Man kann nicht über das Greifen eines Akkordes nachdenken, wenn man diesen emotional und geschmackvoll gestalten möchte. Auch hier gilt es, gelernte Theorie, alle Fingerübungen niemals ins Gedächtnis zu rufen oder sie gar nur abzuspulen, sondern darauf zu vertrauen, dass Gefühl, Training und Erfahrung die Darbietung quasi automatisieren. In der Livemusik bekommt man außerdem eine sofortige akustische Rückmeldung aller Entscheidungen und Aktionen, deshalb muss man in dieser Phase eigentlich nicht viel bewusst analysieren. Wenn man sich auf den Moment konzentriert und den eigenen Fähigkeiten vertraut, geschehen alle Handlungen so auch um ein Vielfaches schneller und präziser. Von Zeit zu Zeit sollte man aber aus diesem Zustand heraustreten, um beispielsweise nötige technische Korrekturen vorzunehmen oder sich über die Setlist über anstehende Besonderheiten innerhalb der nächsten Songs zu informieren.

10.6 Die Ohren

Sollte ich das Gefühl haben, dass mein eigenes Gehör Ermüdungserscheinungen zeigt, so versuche ich, es im Laufe des Sets so gut es geht neu zu »kalibrieren«. Weiter oben geschilderte Ortswechsel stellen eine Möglichkeit dar, oft höre ich aber auch das Konzert durch meine eigenen In-Ears, wobei ich entweder die Summe oder einzelne Kanäle oder Gruppen im Solo-Modus abhöre. Wenn man dann nach einiger Zeit die In-Ears entfernt, bekommt man einen wertvollen neuen »ersten Eindruck«, wie der Gesamtsound eigentlich klingt. Man gewinnt praktisch die Möglichkeit, das Konzert mit frischen Ohren zu hören. Ich mache von dieser Arbeitsweise recht häufig Gebrauch – auch weil die isolierenden Hörer einen guten Schutz vor zu hohem Schalldruck bieten. Je öfter ich den Eindruck der Summe über die In-Ears mit dem realen Klangeindruck im Zuschauerraum vergleiche, umso besser kann ich auch Mixentscheidungen mit den In-Ears treffen. Gerade Sets, die ich gut kenne, habe ich mit dieser Methode – vor allem bei ungünstigem Aufbau des Pultes wie etwa neben der Bühne – schon teilweise ausschließlich so abgemischt. Generell bevorzuge ich in solchen Situationen aber eigentlich Nahfeldmonitore. Das zwischenzeitliche Abhören der Show über In-Ears bietet aber auch eine gute Möglichkeit, Abstand zum Mix zu gewinnen oder die Ohren zu schonen, ohne etwas zu verpassen. Man hört gewisse Details sogar deutlicher. Alternativ halte ich mir (unauffällig, um den Künstler nicht zu verunsichern oder falsche Signale ans Publikum zu senden) für einige Sekunden die Ohren zu und beurteile das Klangbild danach neu.

10.7 Aufmerksamkeit

Generell versuche ich, ständig mit rotierender Aufmerksamkeit zu hören, wenn ich das Klangbild analysiere – also meine Konzentration auf bestimmte Aspekte des Sounds ständig hin- und herwandern zu lassen. Sollte man sich beispielsweise ausschließlich auf den Snaresound konzentrieren, verliert man logischerweise den Überblick über den Gesamtsound und die Wirkung beispielsweise des Verhältnisses zwischen Instrumenten und dem Gesang.

Auch läuft man bei zu viel Fokussierung auf Details eventuell Gefahr, zu viel Zeit und Aufmerksamkeit mit Tweaks an für den Gesamteindruck relativ unerhebliche Kleinigkeiten zu verschwenden. Wichtige Korrekturen sollten sich ohnehin intuitiv ergeben und schnell ausgeführt werden, sofern man dies nicht bereits beim Soundcheck erledigt hat – den ich aus denselben Gründen möglichst schnell abwickle.

Hinweis

Ich möchte aber in keinster Weise von der nachträglichen Veredelung gewisser Sounds abraten. Feinschliff bleibt selbstverständlich erlaubt, aber bitte nicht den Einsatz eines Sängers oder des Keyboardsolos verpassen, weil man gerade ausprobiert, ob eine Handvoll Millisekunden mehr dem Hold des Basskompressors guttun.

Ich finde es insgesamt häufig wichtiger, die Gesamtdramaturgie des Sets sowie meine Mitwirkung beim »Arrangement« der Songs im Auge oder Ohr bzw. unter den Fingern zu behalten.

Ein Teil meiner Aufmerksamkeit gilt außerdem ständig eventuellen Zeichen der Band, welche mir signalisieren, dass sie irgendetwas von mir benötigen. Es kann sich dabei um offensichtliche Zeichen – wie das Zeigen auf das Instrument und das anschließende Deuten zur Zimmerdecke – oder eher subtile handeln. Wenn beispielsweise ein Gitarrist häufig ein Ohr in Richtung PA hält oder sich ständig zu seinem Amp bewegt, kann das darauf hindeuten, dass er sich selbst im Monitor nicht gut hört. Falls bestimmte Musiker ungewöhnliche Schwankungen im Timing haben, brauchen sie vielleicht mehr Schlagzeug im Monitor. Sänger, die einfach zu laut oder gepresst singen oder sich in schwierigen Passagen ein Ohr zuhalten, hören sich vielleicht einfach nicht gut auf der Bühne. Hier hilft es enorm, die Musiker besser zu kennen, um ihre unbewussten Signale sicherer wahrzunehmen und deuten zu können.

11 Livemitschnitt

Mit den heutigen Livekonsolen kann man dank der häufig integrierten Interfaces so einfach Mehrspurmitschnitte herstellen wie nie zuvor. Oft entsteht deshalb bei Künstlern der Wunsch, ein Konzert aufzunehmen. Sei es fürs Archiv, als Audiospur für die Vertonung von Videos oder für die Veröffentlichung einer Liveaufnahme. Bands, die ohnehin komplett mit Klick spielen, können sogar gute »Takes« von Livekonzerten als Schmutz- oder Zusatzspuren fürs Studio verwenden.

Aber auch für den Livemischer selbst kann das Anfertigen eines Mitschnitts einige Vorteile mit sich bringen: So kann man im Nachhinein noch einmal in seinen Mix hineinhören, um Mixentscheidungen zu bewerten, oder man kann die Aufnahmen benutzen, um in Ruhe per virtuellem Soundcheck einen Showfile für die zukünftige Verwendung mit dem Künstler zu erarbeiten.

Der Mehraufwand im Gegensatz zu einem reinen Livekonzert hält sich sehr in Grenzen – oft heißt dies lediglich, dass man zusätzlich ein Notebook und ein USB-Kabel mitnehmen muss. Neuere Pulte besitzen ja sogar schon integrierte Schreibgeräte, die Multitrackaufnahmen auf USB oder SD ermöglichen. Allerdings gibt es einige spezifische Faktoren, die über die Abmischung eines reinen Livekonzertes hinausgehen und die es zu beachten gilt.

Wichtig

Man sollte eine Aufnahme immer mit dem Künstler abklären. Viele schätzen die Möglichkeit, unkompliziert eine Aufnahme zu bekommen, manchen gefällt es gar nicht, sich auf diesen zusätzlichen Aspekt konzentrieren zu müssen (»Red Light Fever«).

11.1 Pegel

Gerade für einen Livemitschnitt sollte man beim Soundcheck besonders sorgfältig auf das Einpegeln der Kanäle achten. Kann man während eines Livekonzerts Kanäle, die eventuell clippen, meist unproblematisch nachregeln, können sie eine Aufnahme unter Umständen komplett ruinieren. Deshalb bietet es sich an, gerade bei kritischen Kanälen wie den Vocals oder aber auch bei Kanälen, die typischerweise doch noch etwas mehr Pegel produzieren als beim Soundcheck – wie beispielsweise die Kick Drum oder der Bass –, ein paar Dezibel mehr Headroom als Sicherheitsreserve offen zu lassen. Obwohl eine vernünftige Gainstruktur natürlich für einen möglichst sauberen Mix eigentlich schön erscheint – wenn man mit 24 Bit aufnimmt, kann man die eventuell auftretenden Verluste durchaus verschmerzen. Üblicherweise ziele ich also etwa in Richtung –12 bis –8 dB als Peak. Für manche Bands braucht man eventuell sogar noch etwas mehr Headroom, etwa für Shouts und Rimshots.

Die Gelehrten streiten sich vielleicht über Sweet Spots der Wandler etc. und während es dort wahrscheinlich noch viel Raum für Optimierung und Forschung gibt, habe ich bisher wenige Schwierigkeiten mit zu leise aufgenommen Signalen gehabt – clippende Kanäle stellen einen jedenfalls vor deutlich schwierigere Aufgaben. Außerdem führt das Nachgainen bei digital gesteuerten Preamps auch je nach Pult eventuell zu dem typischen Klickern (»Zipper noise«), was meist relativ unauffällig klingt, sich aber auch so in den Aufnahmen niederschlagen kann. Falls also ein Nachpegeln nötig erscheint, so empfiehlt es sich, dieses an strategisch günstige Stellen zu legen (z.B. zwischen Songs oder in Spielpausen während eines Stückes, jedenfalls nicht während wichtiger Passagen der Performance!) Bitte also während der Aufnahme immer mal wieder die Clipping-Indikatoren auf dem Pult bzw. in der DAW beachten. Natürlich bedeutet ein Nachgainen immer auch eine eventuelle Korrektur der Monitorverhältnisse.

11.2 DI

Leise akustische Instrumente wie Streicher, Akustikgitarren und so weiter könnte man eventuell zusätzlich über eine DI-Box abgreifen, selbst wenn sie live vielleicht mit einem Mikrofon abgenommen werden. Wenn auch der pure DI-Sound nicht so gut klingt wie ein mikrofoniertes Instrument, entfällt bei dem DI-Signal die Problematik des Einsprechens. Egal, welchen Sound man für die Liveshow bevorzugt, das Hinzumischen (oder ausschließliche Verwenden) des DI-Signals kann sich für die spätere Abmischung solcher Spuren als hilfreich oder lebensrettend erweisen.

Auch von verstärkten Instrumenten wie E-Gitarren kann man ein DI-Signal mitschneiden, um dann später per Re-Amping einen passenden Sound auszusuchen, ebenso kann man Trigger an Drums anbringen usw. Ab einem gewissen Punkt stellt sich allerdings die Frage, inwieweit es sich dann noch um einen Livemitschnitt handelt. Solange man mitschneidet, was die Band live spielt, handelt es sich vermutlich um eine Liveaufnahme. Schnell gerät man (gerade bei besonders clean getrennten Einzelsignalen!) aber auch in Versuchung, gewisse Aspekte der Performance zu »verbessern« – was ich persönlich problematisch finde. Allerdings gibt es hier natürlich viel Raum für Diskussion. Ich persönlich bevorzuge, meine Aufnahmen »so live wie möglich« zu machen, allerdings bedeutet die Abmischung einer Liveaufnahme ja ohnehin die Rekreation eines einmaligen Ereignisses und die interpretierte Darstellung des Geschehenen in einem anderen Medium – weswegen man dann wohl auch mit solchen Hilfsmitteln arbeiten kann. Es handelt sich hier auch um eine Frage des Geschmacks oder der eigenen Philosophie.

Hinweis

Ich mochte eines meiner bis dato liebsten Livealben (das ich vor allem deshalb schätzte, weil einige wenige Spielungenauigkeiten eben nicht »repariert« wurden) plötzlich nicht mehr so sehr, als ich erfuhr, dass der Gitarrensound komplett im Studio neu aufgebaut worden war.

11.3 Monitore

Wenn man davon ausgeht, dass viel des Mitschnittes über echte Mikrofone geschieht, die das reale Geschehen vor Ort aufzeichnen, sollte man auch dem Bühnen-Monitorsound besondere Aufmerksamkeit widmen. Das betrifft einerseits das Einsprechen der Monitore in offene Mikrofone, andererseits gilt es für eine Aufnahme eventuell noch mehr als ohnehin schon, ungewollte Feedbacks zu vermeiden – welche dann für alle Zeiten mit auf die Aufnahme geraten würden. Für Künstler mit In-Ear-Systemen besteht diese Schwierigkeit glücklicherweise nicht. Im Allgemeinen gilt aber wie beim Übersprechen von Signalen bei der Abnahme ohnehin: Ein gewisses Einfärben der Signale durch den Monitor stört mich nicht, solange es im Rahmen bleibt. Es kann unter Umständen sogar den Livecharakter noch hervorheben und den Mitschnitt »stimmiger« machen.

11.4 Raum- und Publikumsmikrofone

Um einen Eindruck des gesamten Konzertgeschehens einzufangen, bietet sich außerdem der Einsatz von Raummikrofonen an. Für die Positionierung dieser Mikrofone gibt es eine Vielzahl von Möglichkeiten. Um die Reaktionen des Publikums einzufangen, kann man beispielsweise Mikrofone von der Decke hängen. Gute Erfahrungen habe ich mit Mikrofonen gemacht, die auf beiden Bühnenseiten jeweils hinter oder neben der PA in die ersten Reihen des Publikums zeigen. Hier bietet es sich üblicherweise an, mit gerichteten Mikrofonen zu arbeiten, um die Geräusche der Bühne möglichst zu unterdrücken.

Unterstützen kann man diese Crowdmikros mit weiter hinten im Raum platzierten Mikrofonen, die eher den Charakter des Raumes wiedergeben. Für eine ansprechende Atmosphäre empfiehlt es sich, jeweils Stereopaare zu verwenden, da sich dadurch ein viel räumlicherer Eindruck ergibt. Zusätzlich kann man nach Gusto noch einzelne Spezial- oder Spotmikros einsetzen, um gewisse akustische Besonderheiten des Raumes wiederzugeben oder um weitere Möglichkeiten in der Nachbearbeitung zu erhalten. So habe ich bei einem meiner letzten Mitschnitte ein Kontaktmikrofon an die Holzdecke des Veranstaltungsorts geklemmt, wodurch besonders sehr tieffrequentes »Rumpeln« sehr gut eingefangen wurde.

Wichtig

Wichtig bei der Positionierung aller Mikrofone finde ich: Die Mikrofone nicht unbedingt für das Publikum klar sichtbar oder gar erreichbar anbringen, weil dies doch einen gewissen Aufforderungscharakter haben und zum »Ausprobieren« der Mikrofone einladen könnte.

Die Mikros sollten weit genug vom Publikum entfernt hängen, um nicht einzelne Gespräche etc. aufzufangen, da es hier ja vor allem um ein Einfangen der gesamten Atmosphäre gehen soll. In kleineren Locations mit Barbetrieb etc. sollte man die Raummikros auch möglichst weit von der Theke entfernt aufhängen, das Geklimper von Gläsern und Besteck setzt sich sonst in der Aufnahme viel zu stark durch.

Da sehr viele unterschiedliche Herangehensweisen an eine Raummikrofonierung bestehen, gibt es auch sehr viele unterschiedliche Möglichkeiten, was Bauart und Richtcharakteristik der verwendeten Mikros betrifft. Hier möchte ich zum Experimentieren einladen, da wieder mal der persönliche Geschmack und der gewünschte Raumeindruck entscheiden.

11.5 Busse und Fader

Um für die spätere Abmischung einen Eindruck der Liveperformance zu bekommen, kann man zusätzlich z.B. die Summe des Mischpults aufnehmen oder die Summe einzelner Busse oder der eingesetzten Effekte. Obwohl ich bisher damit nicht viel experimentiert habe – weil ich hier davon ausgehe, dass »meine Performance« über die Raummikrofone eingefangen wird –, kann das bei der Nachbearbeitung helfen.

Da mein Pult mir die Möglichkeit gibt, alle Faderbewegungen als MIDI-Controller-Daten auszugeben, werde ich in Zukunft bei Livemitschnitten diese ebenfalls mit aufzeichnen. Für den Mixdown kann man dann auf diese Faderbewegungen zugreifen und die entsprechenden Kurven nutzen, wie man möchte – zum Beispiel, um einfache Lautstärkefahrten, die man live ja nun ohnehin schon einmal unternommen hat, ohne viel Aufwand zu reproduzieren. Vielleicht machen diese Automationskurven auch als Inputlevel für einen Kompressor oder Ähnliches Sinn. Man kann auch noch weitergehen und die Kurve spiegeln, um dann beispielsweise mit den gespiegelten Controllerdaten der Vocals die Instrumentengruppe zu steuern – sofern man live den Fader vor allem genutzt hat, um das Signal möglichst auf einem gleichbleibenden Pegel zu halten, kann man so zum Beispiel auf eine andere Art ebenso dafür sorgen, den Gesang ständig hörbar zu halten. Jedenfalls lädt diese Möglichkeit zum Experimentieren ein und erspart einem gegebenenfalls das manuelle Neuerstellen der ein oder anderen Automationskurve.

Sollte man nur einen Mitschnitt der Summe machen wollen, so sollte man berücksichtigen, dass auf der Aufnahme je nach Größe des Raumes manche Instrumente oder Stimmen wesentlich anders klingen, als man sie im Raum hört – je lauter diese von der Bühne kommen, desto weniger werden sie sich vielleicht auf der Summe befinden. Deshalb kann ein »Boardtape« einer Kneipenshow dann im Extremfall wirklich fast nur aus Vocals und Bassdrum bestehen. Auch EQ-Einstellungen können eventuell etwas daneben wirken, da vielleicht im Summenmix lediglich Unzulänglichkeiten des Bühnensounds behoben wurden. Für den Mitschnitt der Summe würde es sich also anbieten, etwas Zeit zu investieren, um eine Art »Ü-Wagen-Mix« zu erstellen. Hierfür kann man also eine separate Abmischung erzeugen, die alle Elemente ausgewogen beinhaltet. Diese Vorgehensweise bietet sich auch an, wenn die Show beispielsweise mit einer Videokamera mitgeschnitten wird, die einen Line-Eingang besitzt, um unkompliziert Audio aufzunehmen oder einen Livestream des Konzerts anzubieten.

Tipp

Nicht vernachlässigen sollte man den zeitlichen Aspekt, den der Aufbau von zusätzlichen Mikrofonen und das Einrichten der Hard- und Software für die Aufnahme bedeuten. Dies sollte man bei der Planung von Soundcheck- und Aufbauzeiten definitiv mit einkalkulieren.

Die Aufnahme starte ich für gewöhnlich bereits einige Zeit vor dem eigentlichen Beginn der Show. So laufe ich nicht Gefahr, das Starten der Aufnahme zu vergessen, weil irgendwelche Last-Minute-Ereignisse die Aufmerksamkeit auf sich ziehen. Außerdem kann ich so auch etwas Publikums- und Bühnengeräusche-Atmo einfangen, die ich gegebenenfalls später benutzen will.

12 Abmischen eines Livemitschnitts

Für die Abmischung des Mitschnitts eines Livekonzerts stellen sich einige besondere grundlegende Fragen, insbesondere bezüglich des Sounds, den man anstrebt. Darüber hinaus gibt es Überlegungen, was überhaupt mit der Aufnahme passieren soll (also beispielsweise das sogenannte Zielformat). Das, zusammen mit einigen anderen Mixing Basics, stellt einen vor besondere Aufgaben, die sich von der Liveabmischung einer Show oder auch der Abmischung einer Studioaufnahme teilweise recht gründlich unterscheiden.

12.1 Liveatmosphäre

Wie soll die Liveaufnahme eigentlich vom Grundcharakter her klingen? Versucht man, die Aufnahme so wie das Konzert klingen zu lassen? Oder interessiert einen eher eine möglichst transparente Wiedergabe? Wenn man die Aufnahme mithilfe von Raum- und Publikumsmikros realisiert hat, dann hat man bei der späteren Abmischung praktisch die freie Auswahl: Das Spektrum reicht dann von fast komplett trocken bis voll verwaschener Raumklang. Beide Varianten haben ihre klaren Vor- und Nachteile, der trockene Mikroklang klingt vielleicht transparenter, der Raumsound hat vermutlich mehr Atmosphäre.

Häufig wird der gewünschte Sound wahrscheinlich irgendwo zwischen beiden Extremen liegen.

12.2 Vorbereitung des Mixes

Ich lege in der Regel ein Projekt für das komplette Set an. Sollten einige Parts oder Songs Einzelbearbeitung erfordern, so realisiere ich diese per Automation oder über duplizierte Spuren. Diese Arbeitsweise finde ich hilfreich, um einen möglichst homogenen Sound über die gesamte Dauer des Sets zu erhalten.

Hat man bei der Aufnahme einigermaßen disizipliniert gepegelt (und möglicherweise bereits schon für den Livemix eine Situation geschaffen, bei der alle Fader irgendwo bei 0 dB ihre Grundstellung haben), dann kann man erst einmal alle Spuren in das Projekt importieren und im Zusammenhang hören. Die Raummikros werden jetzt im Verhältnis vermutlich zu laut wirken, deshalb muss man diese vielleicht etwas herunterregeln.

Da die Aufnahmen üblicherweise über die »Direct Outs« der einzelnen Spuren abgegriffen wurden (also quasi direkt aus den Mikros kommen), benötigen die einzelnen Spuren wahrscheinlich ähnliche Korrekturen, wie man sie auch für den Livemix verwendet hat. Natürlich kann man hier ohne Zeitdruck etwas chirurgischer und sorgfältiger zur Sache gehen. Änderungen am Klangcharakter kann man häufig etwas anders anlegen als bei der Wiedergabe über eine PA.

12.3 Automationen

Im besonderen Maße wird man bei der Abmischung vielleicht von Lautstärkeautomationen Gebrauch machen, da man live vermutlich vieles über die Fader einzelner Instrumente oder ganze Instrumentengruppen via DCAs geregelt hat. Ein statischer Mix funktioniert gerade bei einem Livemitschnitt wahrscheinlich eher nicht so gut.

Diese Lautstärkefahrten kann man auch für die Raummikros unternehmen, wenn diese hauptsächlich zum Einfangen der Atmosphäre zwischen den Songs oder bestimmter Parts benutzt werden sollen. Hier kann man unter Umständen auch wunderbar mit einem Kompressor mit Sidechain arbeiten, der von der Summe der Instrumentenspuren gesteuert wird. So verschwinden die Raummikros immer mehr, je lauter die Band spielt – ein Effekt, der das Erleben des Konzertes vor Ort schön simulieren kann.

Tipp

Je nachdem, welche Insert-Effekte man benutzt, macht es einen riesigen Unterschied, ob Lautstärkeautomationen vor der Effektkette oder danach (oder irgendwo innerhalb der Kette) erfolgen. Wenn die DAW keine »Pre-FX«-Lautstärkekurven erlaubt, kann man an den Anfang der Kette ein Gain-Plug-in legen, das man automatisiert. So kann man später sowohl das Nachpegeln über die Gain-Potis als auch Faderbewegungen simulieren. Ähnlich lässt sich das auch über das (automatisierte) Senden der einzelnen Spuren auf Busse, in denen die Effekte liegen, realisieren.

Tipp

Falls einem mal die Raummikrofone ausgehen: Bei der Abmischung des Mitschnitts eines Künstlers habe ich eine wunderbare Publikums-Atmo aus den Overhead-Mikrofonen des Schlagzeugs hinbekommen, welches für den betreffenden Song nicht gespielt wurde.

12.4 Phase, Zeit und Raum

Die Feineinstellung der Phasenlage einzelner Spuren sollte ruhig einmal unter die Lupe genommen werden. Hat man beispielsweise einzelne Instrumente mit DI und Mikrofon aufgenommen, muss möglicherweise das DI-Signal zwangsläufig etwas verzögert werden, um eine passende Phasenlage hinzubekommen. Dies lohnt sich beim Schlagzeug und besonders auch bei den Raummikros zu betrachten. Bei den Raummikros kann es sich außerdem lohnen, generell mit einem Delay für einzelne Paare zu experimentieren, um beispielsweise den Raum etwas zu »verlängern«. Alternativ kann man auch alle mikrofonierten Signale im Vergleich zu den Raummikros verzögern. Hier gibt es viel Gelegenheit für Experimente.

12.5 Interpretation oder Dokumentation

Generell stellt sich die Frage, wie man ein Konzertereignis eigentlich glaubhaft auf einem anderen Medium wiedergeben kann. Letztendlich bleibt für die nachträgliche Aufführung eigentlich nur eine Neu-Interpretation des Ereignisses. Man versucht dann vielleicht eher, die generelle Wirkung oder den Eindruck der Energie der Liveshow wiederzugeben, als wirklich realistisch oder dokumentarisch zu arbeiten.

Zu diesem Zweck bietet es sich dann an, gewisse Soundaspekte zu übertreiben und andere eher zu beschönigen. Zum Vergleich kann man auch immer wieder die Raummikros zurate ziehen – meine Erfahrung zeigt mir aber, dass das reale Erleben vor Ort selten durch Mikrofone allein eingefangen wird.

Sollte es zu dem Livemitschnitt ein Video geben – welches vielleicht hinterher mit Audio des Konzertes unterlegt werden soll – so kann es enorm helfen, dieses während der Abmischung immer mal wieder zu betrachten. Etliche Mixentscheidungen werden dadurch beeinflusst werden. So kann z.B. der Einsatz von Hallgeräten in Bezug auf Bühnen- oder Raumgröße viel besser eingeschätzt werden. Oder man merkt, dass man ein bestimmtes Solo eben nicht höher ziehen muss, weil sich der entsprechende Musiker momentan sowieso im Fokus der Kameras befindet und die Aufmerksamkeit der Zuschauer dadurch ausreichend gewinnt. In ähnlicher Weise gilt dies auch für Aspekte wie etwa die Sprachverständlichkeit oder generell die Lautstärke des Gesangs. Sobald man Lippenbewegungen sieht, versteht und hört man den Gesang automatisch besser. Diese eventuell auftretenden Auswirkungen eines Videos sollte man kennen und berücksichtigen und gegebenenfalls damit herumprobieren. Dies kann teilweise sehr interessante Erkenntnisse zutage fördern.

12.6 Effekte

Effekte setze ich bei der Abmischung in ähnlicher Weise ein wie auch schon bei der Liveshow. Wobei ich mich meist auf eher wenige Effekte beschränke. Gerne verwende ich hier regelmäßig etwa einen kleinen Raum für die Drums, einen schönen Hall und gelegentlich ein rhythmisches Tap-Delay für die Vocals. Der Einsatz von Effekten kann sich jedoch je nach Genre und Soundvorstellung auch komplett verändern.

Gerne mache ich bei der Abmischung einige Instrumente etwas breiter. Wenn es passt, »doppele« ich zum Beispiel die Gitarren gerne und lege sie mit etwas Delay und anderem EQ auf die entgegengesetzte Seite des Stereobilds und mische sie leicht dazu, um dadurch (inklusive der daraus eventuell resultierenden Phasenauslöschungen) den Raumeindruck zu verstärken. Ansonsten steht es einem frei, den allgemeinen Raumeindruck generell durch Hall zu unterstützen oder zu verändern.

12.7 Mid-Side-EQ

Gerade für Liveaufnahmen bietet es sich an, mit den Möglichkeiten von Mid-Side-Processing herumzuprobieren. Um einem kleinen, engen, topfigen Klang entgegenzuwirken, kann es zum Beispiel enorm helfen, die tiefen Bässe ausschließlich in der Mitte passieren zu lassen und die Bässe sowie Raumresonanzen in den Seiten abzusenken. In der Mitte kann man vielleicht etwas an Präsenz für die Vocals herauskitzeln, besonders wenn man andere Instrumente in einem ähnlichen Frequenzbereich etwas oder etwas mehr aus der Mitte herausgenommen hat. Vielleicht hebt man dann ausgleichend die Höhen im Seitenanteil des Signals etwas an. Natürlich spielen hier der Geschmack und die darzustellende Musik eine viel zu große Rolle, als dass es realistisch erscheint, hier erschöpfend alle möglichen Szenarien zu erörtern.

Tipp

Es kann sich als äußerst lehrreich erweisen, kommerzielle Liveaufnahmen bzw. persönliche Referenzmischungen mal auf diese Aspekte hin zu überprüfen, indem man mit einem MS-Decoder und einem Bandpassfilter mal überprüft und analysiert, was eigentlich in welchem Frequenzbereich in der Mitte und den Seiten so passiert.

12.8 Beurteilung durch den Künstler

Zur Endabnahme des Künstlers hat es sich für mich bewährt, zunächst einen ersten Mix zu schicken, der mir persönlich zusagt und welchen ich auch relativ schnell und intuitiv angefertigt habe (»Rough Mix«). Während der Künstler diesen hört und begutachtet, wodurch vielleicht einige Zeit vergeht, versuche ich in der Regel Abstand vom Mix zu gewinnen, indem ich mich erst einmal nicht mehr mit dem Material beschäftige. Mit einigem Abstand höre ich dann wieder herein und vergleiche meinen ersten Eindruck mit etwaigen Änderungswünschen des Künstlers. Diese arbeite ich dann ein und schicke daraufhin zwei verschiedene neue Versionen, die sich beispielsweise in der grundlegenden Bearbeitung der Summe oder hinsichtlich des Einsatzes von EQs und Kompressoren etwas voneinander unterscheiden.

Falls es danach noch weitere Änderungswünsche am Mix gibt, arbeite ich für die Endabmischung mit der Version weiter, welche dem Künstler von beiden besser gefallen hat. Generell halte ich es in der Kommunikation über Mixe für hilfreich, jeweils zwei Versionen anzubieten, da so eine Entscheidung für eine Variante leichter fällt, als jeweils nur eine Version abzunicken oder abzulehnen, und es mir so außerdem leichter fällt, etwaige Anmerkungen des Künstlers zu interpretieren. Falls Version A dem Künstler zu tiefenbetont und Version B etwas zu hell erscheint, dann liegt der »richtige« Mix wohl irgendwo dazwischen, und man muss nicht anhand eines erneuten Reviewprozesses lange im Dunkeln herumstochern und raten. Unterm Strich spart diese Vorgehensweise für mich viel Zeit und Nerven und führt am Ende meist zu einem für beide Seiten guten Ergebnis.

Glücklicherweise gibt es mittlerweile auch einige Onlinelösungen, die den direkten, synchronisierten Vergleich zwischen verschiedenen Versionen eines Mixes erlauben. Auch kann dort direkt sekundengenau unter der Waveform kommentiert werden oder es können ganze Bereiche markiert werden. All das macht das Finden und Bearbeiten von fraglichen Stellen deutlich übersichtlicher.

Wie viele Änderungen und Revisionen es überhaupt geben soll, hat man hoffentlich bereits vor der Anfertigung des Mixes geklärt und festgelegt – da sich dieser Prozess für beide Seiten unnötig und unangenehm in die Länge ziehen kann, was nur in seltenen Fällen zu einem guten Ergebnis führt.

Tipp
Sollte die Anzahl der Revisionen eine gewisse Zahl übersteigen, kann man den Mix vielleicht schneller von Grund auf neu aufbauen, anstatt ihn ständig weiter nachzukorrigieren.

Teil 2

Fragen

Im folgenden Teil findest Du allerlei Fragen, die ich mir im Laufe einer Veranstaltung so stelle. Einige habe ich eher allgemein gehalten, einige gehen sehr ins Detail, manche beschäftigen sich mit der Musik und Tontechnik aus einer sehr weiten Perspektive.

Bitte begreife diese Fragen nicht nur als bloße Checkliste. Du solltest die Fragen unbedingt erweitern oder weiterspinnen und an Deine spezielle Situation anpassen. Es lohnt sich außerdem (besonders bei Fragen, bei denen die Antwort offensichtlich erscheint!), ein »Warum?« oder »Warum nicht?« hinterherzuschieben. Aus welchen Gründen machst Du die Dinge, die Du als Livemischer tust, eigentlich? Warum machst Du sie genau so und nicht anders? Vielleicht helfen Dir Deine Antworten auf diese Fragen, häufig auftretende Schwierigkeiten grundlegend zu lösen, oder Klischees und alte Routinen zu durchbrechen.Vielleicht findest Du neue, schönere, geeignetere Methoden, oder Du findest einfach nur heraus, dass Du den betreffenden Aspekt bereits ausgiebig durchleuchtet hast und für Dich passend behandelst.

13 Vorbereitung

Um welche Art von Veranstaltung handelt es sich?

Welche Rolle spielt die Musik bei dieser Veranstaltung?

Kennst Du Deine genaue Rolle im Rahmen der Veranstaltung?

Kennst Du Deine Verantwortlichkeiten im Rahmen der Veranstaltung?

Kennen die anderen Beteiligten Deine Rolle?

Kennen die anderen Beteiligten Deine Verantwortlichkeiten?

Kennst Du die Verantwortlichkeiten der anderen Beteiligten?

Was sind Erwartungen des Auftraggebers an Dich?

Welche Erwartungen hat der Veranstalter an Dich?

Hast Du einen Zeit- und Ablaufplan der gesamten Veranstaltung?

Weißt Du, wer für Änderungen oder Einhaltung des Ablaufplans zuständig ist?

Gibt es hinsichtlich des Ablaufs ungewöhnliche Anforderungen oder sonstige Besonderheiten?

Hast Du Dir aktuelles Material der Bands angehört und Dich so mit dem vermutlich angestrebten Klangbild vertraut gemacht?

Hast Du Stageplots aller Bands?

Hast Du Tech Rider aller Bands?

Musst Du die Tech Rider erfüllen?

Kannst Du die Tech Rider erfüllen?

Musst Du Equipment leihen oder zumieten?

Wie kommunizierst Du mit dem Künstler bei eventuellen Unklarheiten über Inhalte des Riders?

Gibt es hinsichtlich der Bühnenshow spezielle Anforderungen oder sonstige Besonderheiten?

Ist ein vorheriges Treffen oder persönliches Gespräch mit dem Künstler sinnvoll?

Soll dieses Treffen bei einer Probe des Künstlers stattfinden?

Kennst Du das bei der Veranstaltung verwendete Mischpult?

Kennst Du die für Dich wichtigsten Funktionen dieses Mischpultes?

Hast Du bereits mit diesem Mischpult gearbeitet?

Hast Du das Handbuch des Mischpultes gelesen?

Hast Du das Handbuch des Mischpultes in gedruckter oder elektronischer Form dabei?

Wie reagierst Du, wenn das vereinbarte Mischpult durch ein anderes ersetzt wurde?

Wird jemand vor Ort sein, der mit dem Mischpult sehr vertraut ist und Zeit hat, eine kurze Einweisung vorzunehmen?

Kennst Du die bei der Veranstaltung verwendeten Mikrofone?

Kennst Du die verwendete PA?

Wird jemand vor Ort sein, der mit der PA vertraut ist?

Kennst Du die verwendeten Monitore?

Hast Du Mobiltelefonnummern der Künstler?

Hast Du Mobiltelefonnummern des Veranstalters?

Hast Du Mobiltelefonnummern der Tontechnik-/Verleihfirma?

Ist am Veranstaltungsort ein Internetzugang oder mobiles Internet verfügbar?

Weißt Du, welche Möglichkeiten der Stromversorgung es vor Ort gibt?

Wird jemand vor Ort sein, der mit der Elektrik vertraut ist?

Hast Du die Mobiltelefonnummer eines Elektrikers?

Weißt Du die Adresse des Veranstaltungsortes?

Kennt Dein Navi den Veranstaltungsort?

Wie sehen die Parkmöglichkeiten vor Ort aus?

Wie sind dort die Möglichkeiten zum Be- und Entladen?

Weißt Du, wann Du den Veranstaltungsort betreten kannst?

Wann beginnt offiziell der Aufbau oder »Load-in«?

Macht es Sinn, einige Zeit vor dem Aufbau am Veranstaltungsort zu sein?

Kennst Du den Ansprechpartner vor Ort?

Weißt Du, wer Dir im Rahmen der Veranstaltung »etwas zu sagen hat«?

Hast Du im Vorfeld alle finanziellen Fragen mit dem Auftraggeber besprochen?

Hast Du eine Equipmentversicherung?

Hast Du eine Haftpflichtversicherung?

Kennst Du die für die Veranstaltung relevanten Vertragsdetails Deiner Versicherungen?

Hast Du es nur mit deutschsprachigen Künstlern und Ansprechpartnern zu tun oder könntest Du im Bedarfsfall angemessen und verständlich mindestens auf Englisch (oder in der Muttersprache des Künstlers oder Ansprechpartners) kommunizieren?

Gibt es gewisse Besonderheiten hinsichtlich des Veranstaltungsortes?

Kennst Du Livemischer, die bereits dort gearbeitet haben?

Was hatten sie von vergangenen Veranstaltungen zu berichten?

Kennst Du Gäste, die bereits dort ein Konzert besucht haben?

Was hatten sie zu berichten?

Kennst Du Bands, die bereits dort gespielt haben?

Was hatten sie zu berichten?

Hast Du online Rezensionen oder Beschreibungen des Veranstaltungsortes gelesen?

Weißt Du, ob Du ein Anrecht auf Catering hast und wie dieses in den Zeitplan passt?

Hast Du selber etwas zu essen und zu trinken dabei?

Hast Du ein Anrecht auf Plätze auf der Gästeliste für Begleitpersonen?

Gibt es einen Dresscode für die Veranstaltung?

In welchem Umfang bist Du für Aufbauarbeiten verantwortlich?

Gibt es Stagehands/Backliner?

Gibt es fähige Stagehands/Backliner?

Wie kannst Du Stagehands/Backliner angemessen in die Arbeitsabläufe einbinden?

Hast Du eine Packliste für Dein Equipment?

Hast Du diese gewissenhaft kontrolliert?

Hast Du für die Veranstaltung absolut unverzichtbare Gegenstände der Liste doppelt kontrolliert?

Ist das Equipment zu jeder Zeit ausreichend vor der Witterung geschützt?

Wie ist das Equipment vor dem Zugriff durch das Publikum gesichert?

Hast Du eigenes Equipment sicher gekennzeichnet oder markiert?

Brauchst Du Helfer beim Load-in oder Aufbau?

Sind diese Helfer über alle wichtigen Zeiten informiert?

Wirst Du mindestens pünktlich sein?

14

Aufbau

Ist der FOH-Platz sinnvoll positioniert?

Kannst Du die Position des FOH-Platzes selbst bestimmen?

Warum ist diese Position günstig?

Ist der FOH-Platz und alles Equipment, was sich dort befindet, akzeptabel vor Regen, Sonne und Wind geschützt?

Ist der FOH-Platz vor dem Publikum geschützt?

Wo können Wertsachen gelagert werden?

Ist der FOH-Platz für Dich gut begehbar?

Kannst Du vom FOH-Platz gut zur Bühne gelangen?

Kann die Band Dich von der Bühne aus sehen?

Ist die Bühne für den Aufbau beleuchtet?

Ist der FOH-Platz mit einer unabhängigen Stromversorgung ausgestattet?

Ist die Bühne akzeptabel vor Regen, Sonne und Wind geschützt?

Hast Du Stageplots der Bands dabei?

Können die Stageplots vor Ort realisiert werden?

Könntest Du kurzfristige Änderungen vornehmen?

Kannst Du einen für Band und Venue angemessenen Stageplot spontan entwerfen?

Hast Du Änderungen am Bühnenaufbau mit den Künstlern besprochen?

Hast Du alles für den Aufbau Nötige griffbereit?

Kannst Du aufbauen, ohne andere Künstler zu stören?

Hast Du eine »Notfalltasche« mit wichtigen Utensilien und Werkzeugen?

Sind ausreichend Monitore vorhanden?

Kennst Du die Richtcharakteristika der verwendeten Gesangsmikros?

Lassen die Kabellängen ein eventuelles Verrücken der Monitore im Verlauf der Veranstaltung zu?

Sind Stromanschlüsse an allen für den Künstler wichtigen Stellen vorhanden?

Liegen Bühnenstrom und FOH-Strom auf der gleichen Phase?

Wird das Licht über einen getrennten Stromkreis versorgt?

Hast Du einen Kabeltester?

Hast Du alle Kabel vor dem Verlegen getestet?

Sind alle Kabel möglichst zugentlastet und gut fixiert?

Sind alle Kabel gegen versehentliches Herausziehen gesichert?

Wie sind die Kabel gesichert?

Können die Kabelsicherungen bei Bedarf schnell entfernt werden?

Nutzt Du gewinkelte Stecker als zusätzliche Sicherung?

Wo können verriegelbare Buchsen eingesetzt werden?

Gibt es Stolperfallen?

Sind Kabel im Weg?

Hast Du Sub-Multicores/Snakes?

Hast Du die Ein- und Ausgänge der Multicores beschriftet?

Hast Du einen Patchplan?

Hast Du diesen logisch und leicht nachvollziehbar aufgebaut?

Wie gut kennst Du den Patchplan und das Routing auswendig?

Sind alle Steckplätze an Multicores, Amps, Monitoren usw. vor Tritten, Getränken, Hitze etc. geschützt?

Sind all diese Steckplätze auch während des Konzerts gut erreichbar?

Sind all diese Steckplätze auch während des Konzerts bei Bedarf gut beleuchtet?

Hast Du eine Taschenlampe?

Sind Kabel markiert und beschriftet?

Passen die verwendeten Kabelfarben zum Bühnenaufbau und zum Künstler?

Sind Kabel ausreichend vor Hitze, Verknicken, Tritten etc. geschützt?

Verlaufen Kabel nahe an Hitzequellen?

Verlaufen Kabel über scharfe Kanten wie Treppen, Lüftungsschlitze etc.?

Könntest Du bei Bedarf für jedes Kabel schnell Ersatz liefern bzw. dieses austauschen?

Kennen die Musiker die für sie relevanten Steckplätze am Multicore oder an den DI-Boxen etc.?

Sind Kabel so verlegt, dass Einstreuungen möglichst vermieden werden?

Benutzt Du ausschließlich symmetrische Signalkabel?

Sind Stative im Weg?

Sind die Stative von der Bühne entkoppelt?

Berühren Mikrofone die Bühne?

Berühren Teile von Stativen Lautsprecherboxen?

Berühren Mikrofone Lautsprecherboxen?

Berühren Teile von Stativen das Schlagzeug?

Berühren Mikrofone das Schlagzeug?

Sind momentan nicht genutzte Stative gut erreichbar?

Sind Stative oder Clips am Schlagzeug sicher und für den Künstler nicht störend angebracht?

Sind Stative am Schlagzeug im Weg?

Sind Stative dem Schlagzeuger im Weg?

Sind Clips dem Schlagzeuger im Weg?

Sind Mikrofone dem Schlagzeuger im Weg?

Können die Becken frei schwingen, ohne Mikrofone oder Kabel zu berühren?

Hast Du die Positionierung der Stative, Clips und Mikros mit dem Schlagzeuger oder anderen eventuell betroffenen Musikern abgeklärt?

Wo lagern momentan nicht genutzte Clips und Mikros?

Ist die Ausrichtung der verwendeten Gitarren- und Bassboxen sinnvoll?

Wie beeinflusst die Ausrichtung der Cabs den Bühnensound?

Wie beeinflusst die Ausrichtung der Cabs den Sound für das Publikum?

Hast Du Beambreaker bzw. Stellwände ausprobiert?

Wären spezielle Clips oder Halterungen an den Gitarrenboxen besser geeignet als Stative?

Passen alle verwendeten Mikrofonklammern zu den Mikrofonen?

Sitzen alle Mikrofone ausreichend fest in den Klammern?

Sind die Klammern stabil und in einwandfreiem Zustand?

Sind Gesangsmikrofone bei Bedarf durch den Künstler leicht und geräuscharm entnehmbar?

Sind die Mikrofonklammern richtig arretiert?

Sitzen Reduziergewinde fest?

Sind die Feststellschrauben der Stative richtig arretiert?

Funktioniert die Verriegelung der Mikrofonkabel richtig?

Funktioniert die Verriegelung besonders der Gesangsmikrofonkabel richtig?

Sind die Gesangsmikrofonkabel ausreichend lang für den Künstler?

Wären Funkmikrofone für diese Anwendung besser geeignet?

Kannst Du bei Bedarf schnell zusätzliche Backgroundgesangsmikrofone realisieren?

Wären Funkmikrofone für diese Anwendung besser geeignet?

Sind die Monitore angeschlossen?

Sind die Monitore gut ausgerichtet?

Sind die Level der Monitore sinnvoll eingestellt?

Haben die Monitore Strom?

Sind Boxen etc. gegen ein eventuelles Umkippen gesichert?

Solltest Du bei der Mikrofonierung die 3:1-Faustregel beachten?

Wie werden die Subwoofer angesteuert?

FOH

Kann man den FOH-Platz gut erreichen?

Kommst Du vom FOH-Platz gut zur Bühne?

Sind alle Eingänge korrekt gepatcht?

Sind alle Monitorwege korrekt gepatcht?

Sind alle Effektgeräte korrekt gepatcht?

Sind Gates und Kompressoren korrekt gepatcht?

Sind EQs korrekt gepatcht?

Ist das Panning korrekt?

Hast Du eine Referenz-CD o.Ä. ?

Hast Du den Summen-EQ der Anlage nach Deinen Bedürfnissen eingestellt?

Hast Du den Systemlimiter überprüft?

Hast Du einen Assistenten auf der Bühne?

Sind die Monitore eingepfiffen?

Ist ein Kopfhörer angeschlossen?

Kennst Du den Kopfhörer?

Hast Du einen eigenen Kopfhörer oder ein eigenes In-Ear-System?

Brauchst Du eine Pultbeleuchtung?

Brauchst Du einen Sitzplatz?

Hast Du Pultbeschriftungsband?

Sind alle Kanäle beschriftet?

Sind die Monitorwege beschriftet?

Sind die FX-Sends beschriftet?

Ist ein Talkback-Mikro angeschlossen?

Kennst Du die Namen der Bandmitglieder?

Sind die Kanäle resettet bzw. entsprechend vorbereitet?

Benötigst Du Recall Sheets?

Befindet sich ein Kompressor im Monitorweg?

Sind die Kanäle der wichtigsten Eingangssignale während der Show am Pult gut und schnell erreichbar?

Sind FX-Sends und Returns am Pult gut erreichbar?

Sind Monitorsends am Pult gut erreichbar?

Sind alle Eingangskanäle logisch auf der Layer angeordnet?

Sind Monitorwege logisch angeordnet?

Sind FX-Sends und Returns logisch angeordnet?

Welche Wege sind Pre/Post-Fader geschaltet?

Sind DCAs oder POP-Groups vorbereitet?

Sind Mutegruppen vorbereitet?

Liegen alle wichtigen Fader auf einer Layer?

Würdest Du zu jeder Zeit der Show blind die Gesangsfader finden?

Kannst Du Effektprogramme schnell neu laden und anpassen?

Wie kannst Du die Effekt-Returns über Kopfhörer vorhören?

Wo ist der Tap-Delay-Button?

Funktioniert das Laden von Szenen einwandfrei?

Benutzt Du ein Tablet als Remote?

Funktioniert die Remote einwandfrei?

Funktioniert die Kommunikation zwischen Remote, Konsole und Router einwandfrei?

Funktioniert die Kommunikation überall im Zuschauerbereich einwandfrei?

Funktioniert die Kommunikation auch kurz vor der Show noch einwandfrei?

Ist der Akku der Remote geladen?

15 Soundcheck

Kennt die Band ihre Soundcheck-Zeit?

Kennst Du die Soundcheck-Zeit?

Müssen alle Bandmitglieder gleichzeitig erscheinen?

Wie viel Zeit steht insgesamt für den Soundcheck zur Verfügung?

Wie wirst Du dafür sorgen, dass diese Zeit eingehalten wird?

Auf welche Aspekte willst Du Dich konzentrieren, wenn nur Zeit für einen Linecheck ist?

Hat die Band spezielle Wünsche für den Ablauf des Soundchecks?

Hast Du spezielle Wünsche für den Ablauf des Soundchecks?

Lassen sich diese Wünsche gemeinsam umsetzen?

Kannst Du umgangssprachliche Begriffe in Mixentscheidungen umsetzen?

Kannst Du mixrelevante Aspekte in umgangssprachlichen Begriffen ausdrücken?

Fragst Du bei möglichen Missverständnissen über Begrifflichkeiten beim Künstler nach?

Wer leitet den Soundcheck?

Beginnt der Soundcheck mit dem Gesang?

Beginnt der Soundcheck mit dem Schlagzeug?

Beginnt der Soundcheck mit etwas anderem?

Bringen die unterschiedlichen Vorgehensweisen unterschiedliche Ergebnisse?

Können sich die Instrumentalisten auch ohne Monitore gegenseitig ausreichend hören?

Sind wichtige Quellen für die Einstellung des Bühnensounds durch die Band bereits auf den Monitoren?

Hast Du Wünsche und Anregungen der Band aufgenommen?

Kannst Du diese Wünsche und Anregungen umsetzen?

Auf welche Dinge wirst Du beim Soundcheck besonders achten?

Kick Drum

Wie ist die Positionierung des Mikrofons?

Könnte eine Anpassung der Stimmung der Felle den Sound verbessern?

Braucht die Kick Drum Dämpfung?

Benutzt Du mehrere Mikrofone?

Sind diese Einzelkanäle für unterschiedliche Frequenzbereiche verantwortlich?

Hast Du die Polarität bzw. die Kanaldelays der beiden Kick-Drum-Kanäle überprüft?

Hat der Kicksound genug Fundament?

Hat der Kicksound genug oder zu viel Attack?

Hat die Kick genug oder zu viel Sustain?

Kannst Du Platz in den Mittenfrequenzen für andere Instrumente schaffen?

Braucht die Kick ein Gate?

Braucht die Kick einen Ducker?

Braucht die Kick Kompression?

Hilft ein Transientendesigner zur Einpassung des Sounds?

Benutzt Du einen Subbassgenerator?

Was passiert, wenn die Kick während des Konzertes doch lauter oder dynamischer als beim Soundcheck gespielt wird?

Wie reagiert das Kick-Drum-Mikro auf Signale des Bassamps?

Wie reagiert das Mikro, wenn die Kick auf Monitore geschickt wird?

Wie reagiert der Summenlimiter auf die Kick?

Brauchst Du für gewisse Songs einen anderen Grundsound?

Wie kannst Du das erreichen?

Snare

Wie ist die Positionierung des Mikrofons?

Ist eine Snare-Bottom-Mikrofonierung nötig?

Hast Du die Polarität des Kanals überprüft?

Hat die Snare genug Fundament?

Braucht die Snare einen LoCut?

Braucht die Snare einen HiCut?

Hat die Snare genug oder zu viel Attack?

Hat die Snare genug oder zu viel Sustain?

Würden bestimmte Frequenzen der Snare den Gesang stören?

Braucht die Snare Kompression?

Braucht die Snare ein Gate?

Braucht die Snare einen Ducker?

Wie viel Bleed von der Hi-Hat ist auf dem Snaremikro?

Musst Du dagegen etwas unternehmen?

Hilft Dir ein Gate mit Key-Filter dabei?

Wie reagiert das Gate auf Ghost Notes, Sidestick-Sounds, das Spielen mit Rods o.Ä. ?

Solltest Du für bestimmte Songs/Parts einen extra Snare-Kanal mit angepasstem Klang einrichten?

Hast Du einen passenden Room oder Hall für die Snare eingestellt?

Hast Du ein Gated Reverb ausprobiert?

Was bringt eine Transientenbearbeitung des Snaresounds?

Macht es in einer kleineren Location Sinn, eventuell nur den Hall oder nur komprimiertes Signal der Snare auf die PA zu schicken?

Toms

Wie ist die Positionierung des Mikrofons?

Stimmt die Ausrichtung und Distanz der Mikrofone?

Hast Du den Grundton der Tom gefunden?

Wie hast Du die Frequenzen von Grundton und Obertönen mit EQ behandelt?

Wie ist das Abklingverhalten der Tom?

Muss dieses modifiziert werden?

Benötigt das Fell der Tom Dämpfung?

Müssen die Felle anders gestimmt werden?

Wie ist das Schlagfell in Bezug auf das Resofell gestimmt?

Brauchst Du ein Gate oder einen Expander?

Wie reagiert beispielsweise das Gate auf leisere Schläge?

Bringt ein Keyfilter bessere Ergebnisse?

Bringt Ducking bessere Ergebnisse?

Wie viel Bleed der Becken gerät in die Tommikros?

Wie viel Snare ist in den Tommikros?

Wie ist das Panning der Toms?

Tut etwas Raum oder Hall dem Klang der Toms gut?

Wie ist die Anordnung der Tomkanäle auf dem Pult?

Wie ist das Verhältnis von Close Miking und z.B. Overheads bei den Toms?

Hi-Hat

Wird ein Hi-Hat-Mikrofon benötigt?

Wie ist die Positionierung des Mikrofons?

Welche Unterschiede gibt es zwischen Over- bzw. Underhead-Mikrofonierung?

Wie hoch ist der LoCut gesetzt?

Hat die Hi-Hat genug Top-End?

Klingt die Hi-Hat zu scharf?

Klingt die Hi-Hat zu schwer?

Wie klingt die Hi-Hat offen?

Wie klingt die Hi-Hat geschlossen?

Nützt ein von der Snare getriggerter Ducker auf dem Hi-Hat-Kanal?

Wie fängt Parallelkompression oder ein »Wurst«-Mikro die Hi-Hat ein?

Overheads

Wird eine Overhead-Mikrofonierung benötigt?

Welche Art der Overhead-Mikrofonierung nutzt Du?

Welchen Abstand haben die Overhead-Mikrofone jeweils von der Snare?

Welche Mikrofontypen benutzt Du als Overhead-Mikros?

Gibt es noch andere Arten?

Sollen die Overheads das gesamte Schlagzeug oder nur die Becken abbilden?

Benutzt Du Overhead-, Underhead- oder Spotmikrofone?

Wie kann das Panning aussehen?

Wie hoch kann der LoCut gesetzt werden?

Klingen die Becken zu scharf oder zu blechern?

Klingen die Becken zu schwer?

Klingen die Becken zu dünn?

Klingen die Becken zu glockenartig?

Haben die Overheads genug »Air«?

Welche Ergebnisse bringt Kompression auf den Overheads?

Wie feedbackempfindlich sind die Overheadkanäle?

Welche anderen Signale der Bühne geraten in die Overheads?

Drums

Welche Rolle übernimmt das Schlagzeug in der Band?

Liegen die Drums auf einem DCA?

Liegen die Drums auf einer Subgruppe?

Braucht diese Subgruppe einen Gesamt-EQ oder Kompression oder einen Limiter?

Hast Du Parallelkompression auf den Drums ausprobiert?

Wird die Parallelkompression in der Subgruppe oder über Sends realisiert?

Wie feedbackempfindlich wird das Schlagzeug durch Parallelkompression?

Hast Du ein »Wurst«-Mikrofon ausprobiert?

Wie ist das Verhältnis von Schlagzeug und Bass?

Passen Kick Drum und Bass zusammen?

Liegt die Kick über oder unter dem Bass?

Klingt der Bassbereich sortiert, aufgeräumt oder dünn?

Klingt der Bassbereich schwammig, mulmig oder dröhnend?

Wie klingen verschiedene Hallarten für das Schlagzeug?

Welche Elemente des Schlagzeugs werden zu welchem Hall geschickt?

Hast Du ein Gated Reverb ausprobiert?

Ist die Snare den Vocals im Weg?

Sind die Becken in den Overheads den Vocals im Weg?

Klingt das Schlagzeug »natürlich«?

Soll das Schlagzeug natürlich klingen?

Passt der Schlagzeugsound zur Charakteristik der Band?

Gibt es Phasenprobleme?

Können diese durch ein Ändern der Mikrofonierung behoben werden?

Können diese durch Ändern der Polarität oder durch den Einsatz von Channel Delays gemildert werden?

Können die anderen Musiker die für sie wichtigen Elemente des Drums überall auf der Bühne hören?

Müssen an bestimmten Bühnenpositionen Elemente des Schlagzeugs auf den Monitoren liegen?

Bass

Welche Rolle übernimmt der Bass in der Band?

Wird der Bass per DI oder mit einem Mikro abgenommen?

Funktioniert der DI-Out des Bassamps einwandfrei?

Arretiert das XLR-Kabel richtig im DI-Out?

Wo wird der DI-Out innerhalb des Amps abgegriffen (Pre- oder Post-EQ, Pre- oder Post-Compression)?

Welche Frequenzbereiche wird der DI-Kanal abdecken?

Benötigt der DI-Kanal ein Channel Delay?

Welche Frequenzbereiche wird der Mikrokanal abdecken?

Wie viel Kompression benötigt der Bass?

Welches Ergebnis bringt Parallelkompression?

Wie reagiert der Raum auf verschiedene Töne vom Bass?

Stechen gewisse Frequenzen oder Frequenzbereiche zu deutlich heraus?

Könnten sich Modifikationen an der Klangeinstellung des Amps positiv auf den Sound im Raum auswirken?

Wie wirkt der Bass an unterschiedlichen Positionen im Raum?

Wie klingt das Low-End in Verbindung mit der Kick?

Liegt der Bass über oder unter der Kick?

Wie viele Höhen braucht der Bass?

Wie viele Mittenanteile braucht der Bass?

Braucht der Bass Präsenz in den Mitten?

Braucht der Bass Knurren in den tieferen Mitten?

Passen EQ-Entscheidungen zur Saiten-Stimmung des Basses?

Bringt von der Kick gesteuerte Sidechainkompression etwas?

E-Gitarren

Wird ein Amp gespielt oder eine digitale Simulation?

Welche Rolle übernimmt die Gitarre in der Band?

Wie sind die Lautheitsunterschiede zwischen Clean- und Verzerrkanal?

Wie sind die Lautheitsunterschiede zwischen Rhythmus- und Leadkanal?

Sollte man hier Änderungen an der Lautstärkeregelung am Amp bzw. an den Pedalen vornehmen?

Sind Anpassungen in den Kanal-EQs des Amps nötig?

Wird ein Volumepedal eingesetzt?

Wie wird dieses eingesetzt?

Braucht die Gitarre Kompression?

Wie hoch ist der LoCut gesetzt?

Überdeckt die Gitarre Frequenzen des Basses?

Welche Frequenzen klingen zu scharf?

Welche Frequenzen der Gitarre sind vielleicht dem Gesang im Weg?

Hast Du von den Vocals gesteuerte Sidechainkompression der Gitarre ausprobiert?

Wie klingt ein LoPass auf der Gitarre?

Wie klingen Palm-Mutes?

Haben die Palm-Mutes zu viele Tiefmittenanteile?

Wäre dafür spezielle Kompression hilfreich?

Welche Frequenzen in den Mitten sind für den Charakter des Gitarrensounds verantwortlich?

Klingt die Gitarre offen?

Klingt die Gitarre zu aggressiv?

Klingt die Gitarre nicht aggressiv genug?

Klingt die Gitarre dünn oder mulmig?

Klingt die Gitarre breit genug?

Passen EQ-Entscheidungen zur Saiten-Stimmung der Gitarre?

Kann eine Reduktion des Gains am Amp eine Verbesserung des Zerrsounds oder der Transparenz bewirken?

Hast Du eine spezielle Gitarren-DI-Box ausprobiert?

Wie klingt der Amp-Sound im Vergleich zum Sound über die PA?

Klingt die Gitarre aus der PA wie aus dem Amp?

Sind Unterschiede zwischen beiden Sounds gewollt und vom Künstler gewünscht?

Gibt es Phasenprobleme bei Mehrfachmikrofonierung/Benutzung von DI-Boxen?

Kannst Du diese durch ein Channel Delay in den Griff bekommen?

Keyboards

Welche Rolle übernimmt das Keyboard in der Band?

Wie sind die Lautheitsunterschiede zwischen verschiedenen Patches?

Kann der Keyboarder diese angleichen?

Geschieht dies während der Show live oder müssen einzelne Patches neu programmiert werden?

Wie reagieren die Monitore auf die unterschiedlichen Patches?

Wird ein Volumepedal o.Ä. eingesetzt?

Wie wird dieses eingesetzt?

Wie ist die Kompression des Keyboardkanals eingestellt?

In welchem Frequenzbereich arbeitet das Keyboard im allgemeinen und maximal?

Hast Du einen LoCut gesetzt?

Hast Du einen LoPass gesetzt?

Benötigt das Keyboard einen einheitlichen Korrektur-EQ?

Funktioniert der EQ auch für Patches unterschiedlicher Charakteristik oder die Tonarten verschiedener Songs?

Welche Patches werden am häufigsten gespielt?

Welche Patches werden außerdem gespielt?

Sind separate/gesplittete Kanäle für diese unterschiedlichen Sounds sinnvoll?

Ist das Keyboard dem Gesang im Weg?

Überlagern sich tiefe Frequenzen der Kick oder des Basses und der Keys?

Welche Effekte benötigt der Keyboard-Sound zur Einpassung in den Sound der Band?

Elektroakustische Gitarre

Welche Rolle übernimmt die Gitarre in der Band?

Passt eine aktive oder eine passive DI-Box besser zur benutzten Gitarre?

Wie reagiert die Gitarre auf den Monitor?

Sind für den Monitor Korrekturen am Monitorweg-EQ nötig?

Wie reagiert die Gitarre aufs »Wegstellen«?

Sollte die Gitarre beim Wegstellen an der Gitarre oder im Pult stummgeschaltet werden?

Wird dies vom Musiker übernommen?

Ist eine Schalllochabdeckung sinnvoll, um die Feedbackgefahr zu reduzieren?

Wird der Monitorsend vor dem Kanalkompressor abgegriffen?

Braucht die Gitarre ein Gate?

Wie reagiert die Gitarre auf Kompression?

Wie klingt die Gitarre mit Parallelkompression?

Welche Frequenzen klingen zu grell?

Sind Transienten zu ausgeprägt?

Wie hoch soll der LoPass sein?

Ist die Gitarre beim Strumming und bei Single Notes hörbar?

Wie reagiert der Kompressor auf diese unterschiedlichen Spielweisen?

Überdecken gewisse Frequenzen den Gesang?

Klingt die Gitarre natürlich?

Wie klingt die Gitarre, wenn sie alleine gespielt wird?

Welchen Raum oder Hall braucht der DI-Kanal, um die Gitarre ins Gesamtklangbild einzupassen?

Wie ändert sich Sound oder Feedbackanfälligkeit bei der Benutzung eines Capos?

Andere Instrumente

Welche Rolle übernimmt das Instrument in der Band?

Kennst Du für das Instrument typische Abnahmearten?

Kennst Du für das Instrument typischerweise verwendete Mikrofone?

Will der Künstler ein eigenes Mikrofon benutzen?

Welche Vor- und Nachteile ergeben sich daraus?

Wie ist der Dynamikumfang des Instruments?

Wie kann man für das Instrument am besten Monitoring herstellen?

Welche Frequenzen klingen störend?

Welche Frequenzen sind charakteristisch für das Instrument?

Welche Frequenzen sind unwichtiger oder unnötig?

Welche Frequenzen überlagern wichtige Frequenzen anderer Signale?

Was gibt es sonst bei der Verstärkung dieses Instruments zu beachten?

Vocals

Welche Rolle übernimmt der Gesang in der Band?

Wie laut wird höchstens gesungen?

Wie ist der Dynamikumfang der Stimme allgemein?

Hast Du das Gain dementsprechend eingestellt?

Hast Du das Gain eingestellt, bevor du den Gesang zum Monitor schickst?

Ist der Abgriff des Monitorsends vor dem Kompressor?

Wie ist der Kompressor eingestellt?

Wie hoch wird der LoCut gesetzt?

Wie ausgeprägt ist der Nahbesprechungseffekt des Mikrofons?

Passt die Richtcharakteristik des Mikrofons zur Gesangstechnik?

Wie ist die Verständlichkeit?

Wie klingen die Höhen?

Wie feedbackempfindlich wird das Mikro durch zu viele Höhenanteile?

Wie dumpf klingen die Vocals?

Wie blechern klingen die Vocals?

Wie nasal klingen die Vocals?

Wie natürlich klingen die Vocals?

Wie klingt Parallelkompression bei den Vocals?

Wirst Du den Input-Level des Kompressors manuell nachregeln?

Wie kannst Du das am besten machen?

Wie feedbackempfindlich wird der Kanal durch Parallelkompression?

Welches Reverb oder Delay passt den Gesang ins Klangbild ein?

Braucht der Gesang einen De-Esser oder Ähnliches?

Wie klingt der Gesang mit etwas Röhrensättigung oder Röhrensimulation?

Ist der Abgriff des Reverb-Sends vor oder nach dem Kanalkompressor?

Wie ist der FX-Send-EQ eingestellt?

Welche Effekte wünscht sich der Künstler?

Braucht der Künstler Effekte auf dem Monitor?

Wie feedbackempfindlich wird der Kanal dadurch?

Welche Instrumente braucht der Sänger zur Orientierung auf dem Monitor?

Welche Polarität funktioniert für Bühnenmonitor-Sends am besten?

Wie viel LoCut braucht der Monitor-Send?

Wie viel Reserve hast Du für die Monitorlautstärke?

Werden von verschiedenen Sängern Mikrofone mit unterschiedlichem Klang benutzt?

Wie laut sind andere Signale der Bühne in den Gesangsmikrofonen?

Sollte hinsichtlich des Klangs die Position des Mikros bzw. des Stativs auf der Bühne verändert werden?

In-Ear-Monitoring

Benutzt der Künstler ein IEM-System?

Ist es angenehmer für den Künstler, wenn der IEM-Send verzögert wird?

Welche Polarität funktioniert für IEM-Sends am besten?

Braucht der Künstler etwas Raumatmosphäre im In-Ear?

Stellst Du diese über Hall oder ein Raummikro her?

Musst Du ein separates Hallgerät hierfür verwenden?

Welche Position und welcher Mikrofontyp eignen sich hierfür am besten?

Benötigt die Summe des IEM-Sends einen EQ?

Ist das IEM-System durch einen Limiter geschützt?

Gesamtsound

Wurde für den Soundcheck der kompletten Band ein aussagekräftiger Song gewählt?

Ist dieser Song typisch für die Band?

Beinhaltet dieser Song möglichst viele Elemente der späteren Show?

Stimmen die Input Gains der Kanäle noch?

Stimmt der Threshold der Kompressoren noch?

Stimmt die Reichweite der Fader?

Befindet sich die »Normalstellung« der Fader im Bereich der größten Auflösung des Faders?

Kann jedes Instrument bei Bedarf nach vorne geholt werden?

Kann der Gesang bei Bedarf nach vorne geholt werden?

Stimmen die Effekt-EQs?

Stimmt der Effektanteil?

Benötigt der Monitor- oder PA-Sound Anpassung an Raumresonanzen?

Wie hoch ist der Pegel der Mains?

Ist ein Kompressor auf der Summe?

Wie reagiert dieser?

Was stört am Gesamtsound?

Was gefällt am Gesamtsound?

Welche Elemente klingen gut?

Welche Elemente könnten besser klingen?

Ist der Gesamtsound druckvoll?

Ist der Gesamtsound transparent?

Ist der Gesamtsound zusammenhängend?

Ist der Gesamtsound zu warm oder zu kalt?

Ist der Gesamtsound zu brav?

Ist der Gesamtsound zu aggressiv?

Wie ist die Gesamtlautstärke?

Passt der Sound zur Stilistik der Band?

Wie räumlich klingt es?

Stimmt der Dynamikunterschied zwischen verschiedenen Parts?

Ist der Mix eher Mono oder eher Stereo?

Könnte das Panning anders sein?

Stellst Du in vielen Kanälen ähnliche problematische Frequenzen fest?

Kannst Du die Korrekturen besser im Summenequalizer durchführen?

Sind sonstige Equalizer-Anpassungen nötig?

Sind Anpassungen am Summenequalizer nötig oder sinnvoll?

Klingen alle Frequenzbereiche passend?

Wie ergänzen sich Direktsound von der Bühne und PA-Sound?

Bringt ein kurzes Delay der PA-Lautsprecher bessere Ergebnisse?

Ist eine Änderung des Bühnenaufbaus sinnvoll?

Sind die Becken zu laut für die Location?

Kann der Drummer dies durch seine Spielweise kompensieren?

Helfen spezielle Beckenfilze oder sonstige Maßnahmen zum Abdämpfen der Becken?

Sind die Amps zu laut für die Location?

Hilft eine Neuausrichtung der Cabs?

Hört die Band sich gut?

Hören die Sänger sich gut?

Hört die Band sich wirklich gut?

Hören die Sänger die Band gut?

Hört die Band den Gesang?

Wie beeinflusst ein Delay der Monitore die Feedbackfrequenzen?

Weißt Du, wie der Raum mit Publikum klingen wird?

Hast Du Zeit für Experimente?

Auf welche Notfallsituation wärst Du nicht vorbereitet?

Was würdest Du tun, wenn diese Situation einträte?

Nach dem Soundcheck

Hast Du noch offene Fragen mit der Band besprochen?

Hast Du alle Einstellungen am Pult gespeichert oder notiert?

Solltest Du Mikrofon- oder Stativpositionen markieren?

Hast Du Einstellungen an Side- oder FX-Rack notiert?

Bist Du sicher, dass die Band an ihrem Bühnensound nichts verändert?

Kann der Changeover zügig erfolgen?

Gibt es finale Absprachen mit der Band?

Habt Ihr Euch auf eine Zeichensprache geeinigt?

Was könnte sich während des Konzerts als problematisch erweisen?

Musst Du das Pult zwischenzeitlich an einen anderen Mischer übergeben?

Müssen dafür Absprachen getroffen werden?

Müssen noch Absprachen mit dem Veranstalter getroffen werden?

Kannst Du nachfolgenden Technikern oder Acts assistieren?

Muss auf der Bühne oder im Saal noch aufgeräumt werden?

Welche Aufgaben hast Du noch bis zum Konzertbeginn?

Kannst Du vor Beginn des Konzerts eine Pause einlegen?

Wie nutzt Du diese?

16 Showtime

Sind die richtigen Einstellungen geladen oder wiederhergestellt?

Funktioniert die Remote?

Sind die benötigten Kanäle und DCAs rechtzeitig entmutet?

Sind nicht benötigte Kanäle gemutet?

Kennst Du den ersten Song der Band?

Musst Du ein Intro starten?

Musst Du das Intro muten oder stoppen?

Was tust Du, wenn die Band wesentlich lauter spielt als beim Soundcheck?

Kannst Du die entsprechenden Gains schnell anpassen?

Kannst Du den Monitorsound schnell entsprechend anpassen?

Benutzt der Sänger das richtige Mikrofon?

Kannst Du bei Bedarf den Gesang sofort nach vorne holen?

Sind alle Instrumente zu hören?

Achtest Du auf Zeichen der Band?

Achtest Du auf subtile Zeichen der Band?

Hast Du die Band jederzeit im Blick?

Hältst Du Blickkontakt mit der Band?

Hast Du eine konkrete Vorstellung davon, wie der Gesamtsound klingen soll?

Woran merkst Du, dass der Sound »stimmt«?

Hörst Du mit rotierender Aufmerksamkeit und achtest auf verschiedene Aspekte des Mixes?

Überprüfst Du sporadisch Kanäle mit der Solofunktion?

Kannst Du die Gesamtlautstärke entsprechend der Dramaturgie des Konzertes variieren?

Achtest Du permanent auf Soloparts, die gut hörbar sein sollten?

Greifst Du mit Mixentscheidungen in das Arrangement ein?

Nimmst Du beginnendes oder latentes Feedback schnell wahr?

Kommt das Feedback von den Monitoren oder der PA?

Kannst Du Feedbackfrequenzen per Gehör identifizieren?

Kannst Du Feedback jederzeit schnell unterdrücken?

Weißt Du, wie der Sound abseits des FOH-Platzes klingt?

Weißt Du, wie der Sound vor der Bühne klingt?

Was ist die passende Lautstärke für einen Kanal, wenn Du den Fader heraufschiebst?

Was ist die passende Lautstärke für einen Kanal, wenn Du den Fader herabziehst?

Woher weißt Du, dass Du etwas am Sound ändern musst?

Woher weißt Du, dass Du am Sound nichts ändern musst?

»Kalibrierst« Du Deine Ohren von Zeit zu Zeit neu?

Hilft Dir das Zuhalten der Ohren dabei?

Hilft Dir das Tragen eines Gehörschutzes dabei?

Hilft das Tragen eines geschlossenen Kopfhörers oder IEM dabei?

Kommen Leute mit Anmerkungen bezüglich des Sounds auf Dich zu?

Wie gehst Du damit um?

Kennst Du die Motivation für diese Anmerkungen?

Kannst Du eine Vertrauensperson nach einer Einschätzung des Sounds fragen?

Machst Du einen Mitschnitt, um Deine Mixentscheidungen später zu rekapitulieren?

Mischst Du nach Gehör?

Mischst Du visuell?

Mischst Du technisch?

Mischst Du mechanisch?

Mischst Du musikalisch?

Mischst Du künstlerisch?

Mischst Du spontan?

Mischst Du routiniert?

Mischst Du kreativ?

Mischst Du intuitiv?

Mischst Du mutig?

Mischst Du für Dich?

Mischst Du für den Veranstalter?

Mischst Du für die Band?

Mischst Du für das Publikum?

17 Nachbereitung

Warst Du zu allen Beteiligten der Veranstaltung fair und freundlich?

War Deine Kommunikation stets klar und verständlich?

Waren Deine Kommunikation und Dein Vorgehen immer nachvollziehbar und lösungsorientiert?

Waren Verbesserungsvorschläge konstruktiv und sachlich?

Wen oder was hast Du für Defizite im Sound verantwortlich gemacht?

Hast Du versucht, den besten Sound für den jeweiligen Künstler zu realisieren?

Wie zufrieden war der Künstler mit Deiner Arbeit und Deinem Auftreten?

Wie zufrieden waren andere Beteiligte mit Deiner Arbeit und Deinem Auftreten?

Musst Du Deine Packliste anpassen?

Musst Du Deine Vorgehensweise beim Auf- oder Abbau anpassen?

Musst Du Deine Vorbereitung anpassen?

Musst Du Deinen Tech Rider anpassen?

Hattest Du genügend Equipment dabei?

Hattest Du das passende Equipment dabei?

Musst Du Equipment ersetzen?

Hattest Du ausreichend Ersatzmaterial dabei?

War das Routing innerhalb und außerhalb des Mischpultes sinnvoll und effizient?

Könntest Du das Routing in Zukunft anders gestalten?

Gab es im Laufe des Konzertes oder der Veranstaltung Situationen, mit denen Du überfordert warst?

Wie bist Du damit umgegangen?

Wie kannst Du in Zukunft mit ähnlichen Situationen umgehen?

Nützt Dir Recherche oder eigene Fortbildung dabei, solche Situationen künftig zu vermeiden?

Helfen bessere Absprachen dabei, solche Situationen künftig zu vermeiden?

Welche Dinge hast Du bei der Vorbereitung gelernt?

Welche Dinge hast Du im Laufe der Veranstaltung gelernt?

Welche Dinge hast Du über den Veranstalter gelernt?

Welche Dinge hast Du über die Musiker gelernt?

Welche Dinge hast Du über das Publikum gelernt?

Welche Dinge hast Du im Laufe der Veranstaltung über Dich oder Deine Arbeitsweise gelernt?

Was hast Du über den Sound gelernt?

Wie kannst Du das Gelernte für zukünftige Veranstaltungen nutzen?

Was willst Du beibehalten?

Was willst Du ändern?

Teil 3

Interviews

In diesem Teil findest Du Interviews, die ich mit Künstlern der verschiedensten Genres und Größenordnungen über ihre Erfahrungen mit Live-Tontechnik und Livemischern geführt habe. Manchmal sagen die Musiker ähnliche Sachen, manchmal gehen sie an einzelne Herausforderungen vollkommen unterschiedlich heran. Einige Antworten werden Dir bereits bekannt vorkommen, manche werden Dich vielleicht überraschen und bestimmt begegnet Dir hier auch das ein oder andere Detail, über das Du bisher noch nicht so intensiv nachgedacht hast.

Vielleicht bemerkst Du auch, was Du als Livemischer bereits sehr gut kannst, aber auch welche Aspekte Du bei Deinen nächsten Konzerten noch mehr beachten oder anders lösen könntest. Bestimmt lohnt es sich außerdem, die eine oder andere Antwort der Musiker einmal mit »Deinen« Künstlern zu diskutieren. Wahrscheinlich findet Ihr dann zusammen heraus, wie Ihr bisherige Schwierigkeiten besser lösen könnt, oder wie Ihr Euren bisherigen Weg für die Zukunft noch stimmiger gestalten könnt.

Stefan Klebingat

von UNDER THE PLEDGE OF SECRECY

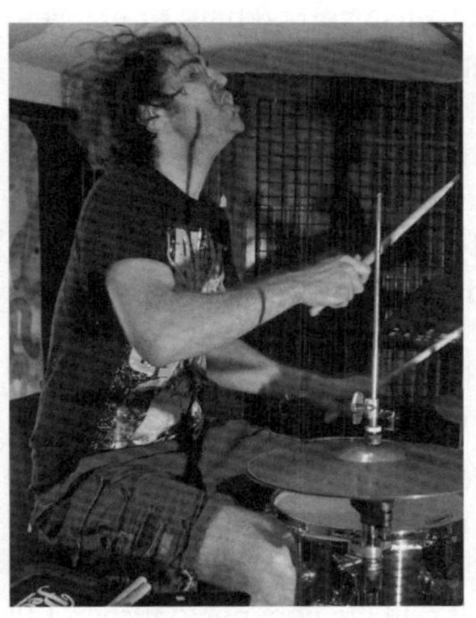

Was macht für Dich oder für Deine Band einen guten Livemischer aus?

Er vertont die Live-Performance in der Art, dass sie idealerweise Suchtcharakter beim Publikum auslöst.

Welche Fähigkeiten und Fertigkeiten oder Eigenschaften sollte ein Livemischer für Dich besitzen?

Ein guter Livemischer zeichnet sich vor allem durch eine schnelle Soundauffassungsgabe aus und versteht es, die Gesamtintention des Künstlers/der Band bereits nach kurzem Einhören umzusetzen. Im Idealfall bekommt der Livemischer auch die feinen Akzente und Nuancen der einzelnen instrumentalen bzw. Vocal-Performance mit und versteht es, dieser durch Feintuning den letzten Schliff zu geben. Dazu ist es oft ratsam, sich von Song zu Song im Set vorzuarbeiten und nicht allein hinter dem Pult zu verharren, sondern unterschiedliche Hörproben aus verschiedenen Ecken der gegebenen Räumlichkeiten zu nutzen, um die entscheidenden Schlüsse zu ziehen. Sound zwischen Mischer und Bühne ist eine sehr emotionale Angelegenheit und es ist wichtig, hier mit

Passion und Hingabe an die Sache zu gehen, statt nur den Standard bereits in Gedanken an die nächste Band zu bedienen.

Wie kommunizierst Du mit dem Livemischer?

Per Vorabsprache und während des Sets wahlweise über den Bandleader oder In-Ear-Monitoring. Grundsätzlich liegt die Verantwortung für erfolgreiche Kommunikation auf beiden Seiten und eine klare Vorabsprache hilft in den meisten Fällen, die üblichen Schwierigkeiten wie Lautstärke-Präferenzen bereits vorab zu überwinden. Erfahrungsgemäß passiert ein Hauptanteil der Live-Kommunikation zwischen Bühne und Pult im Hinblick auf die Mikrofonierung während des Sets beim Bandleader, was nicht zwingend zu erfolgreicher Kommunikation beiträgt. Das Thema ist oft tiefer verwurzelt, da wiederkehrend leider häufig rein persönliche Präferenzen/Positionen gespiegelt werden. Im Idealfall hat der Zusammenschluss mehrerer Künstler im Bandgefüge ein ausgeglichenes und demokratisches Credo, und jeder begreift sich selbst als aktiv hörender wie verstehender Teil, um das beste gemeinsame Ergebnis zu erzielen. Dies verlangt jedoch auch den aktiven Willen und die Einsicht in die persönliche Verantwortung auf allen Seiten. Wo das Zurücknehmen eigener Interessen zugunsten des Ganzen auf der Bühne oder hinter dem Pult versagt, herrscht Chaos. Entsprechend anderer analoger Lebenssituationen steht der Livemischer hier vor der nicht ganz einfachen Aufgabe, den Filter auf Ego-Allüren sowie das soziale Bandgefüge zu setzen und rein dem Gesamtergebnis zuzuarbeiten.

Wie wird der Livemischer in Soundfragen eingebunden?

Die Einbindung ist je nach Bandgefüge und Position sehr unterschiedlich. Vorabsprachen und Rider sind Standard. Idealerweise bietet der Soundcheck die Möglichkeit, sich gegenseitig kennen und einschätzen zu lernen, was jedoch bei straffem Zeitplan eher die Seltenheit bleibt. In meinem persönlichen Fall sind im Hinblick auf die Verwendung eines Sample-Pads klassische Absprachen nach Bass-Drum- Real/Effekt Mix und Snare-Sounds je nach Lokalität und Räumlichkeit besonders wichtig. In Sachen Sound-Spielraum vertraue ich auf die Kenntnis des Vorort-Mischers und in den meisten Fällen verläuft alles im Rahmen. Der Kreativität sind hier keine Grenzen gesetzt. Beim Soundcheck wird zumeist die Reihenfolge Rhythmus-Sektion, Lead und Vocal Performance und abschließend Gesamtperformance eingehalten. Üblicherweise fällt die Wahl beim Soundcheck auf den Song im Set, der die meisten musikalischen Nuancen des Bandrepertoires repräsentiert und dem Livemischer die Möglichkeit bietet, den eigenen Spielraum unter gegebenen Raumbedingungen auszuloten.

Welchen Stellenwert hat für Dich der (Live-)Sound Deiner Musik? Was ist für Dich dabei besonders wichtig? Was ist egal? Welche Konzerte sind Dir besonders für einen guten Sound in Erinnerung geblieben?

Der Livesound ist die (!) entscheidende Eintrittskarte, die gespielt wird oder ausbleibt. Der Livesound entscheidet maßgeblich darüber, ob das, was an persönlicher Investition im eigentlichen musikalischen Schaffensprozess geleistet wurde, auch auf der Gefühlsebene beim Publikum ankommt oder eben nicht. Oder mit anderen Worten: Die beste optische Performance bringt keinen Durchbruch, wenn die Sound-Vision versagt. Insgesamt ist das Thema sehr komplex und hängt an vielen Faktoren wie dem richtigen Equipment, Pult-Bühnen-Kommunikation und nicht zuletzt der persönlichen Tagesform aller Beteiligten. Auf der Bühne spürt man einfach, wann der Sound stimmt und die Band rund klingt. Das Außenurteil ist die Response des Publikums, die zeigt, ob man auf Vollkraft oder Sparflamme fährt. Dave Grohl & Co. haben für mich eines der energiegeladensten Konzerte 2007 in München (Zenith) gespielt.

Wie berücksichtigt Ihr beim Songwriting bzw. bei der Produktion von Songs/Alben die Live-Umsetzung?

Grundsätzlich gilt in den meisten Projekten das Motto »Im Studio wird gespielt, was live auch umsetzbar ist«, sprich keine 8- und 10-stimmigen Gitarrenparts, wenn nur zwei Leute auf der Bühne stehen. Dennoch können in der heutigen Livesituation durchaus schwierige Parts relativ einfach umgesetzt werden, etwa mit Sample Pads und entsprechender Absprache über Soundvorstellungen. Die Herausforderung bei verstärkter Nutzung von Effekten besteht darin, die zentrale Intention der Musik im Auge zu halten und den Kern der Musik nicht mit unnötigen Effekten zu verwässern. Auch hier gilt allgemein: Weniger ist mehr. Effekte, die genutzt werden, sollten live harmonisch ins Live-Bild gemischt werden und nicht als Außerirdische eines anderen Sterns im Set daherkommen.

Welche Gespräche/Erfahrungen mit Livetontechnikern haben dazu geführt, dass Ihr etwas an Eurer Herangehensweise an die Musik bzw. Euren Sound geändert habt?

In den vergangenen Jahren waren es mit verschiedenen Personen vor allem Gespräche über die Auswirkung von Raumgröße auf den Sound. In kleineren Locations ist, je nach musikalischem Projekt, nur bedingt alles machbar, damit muss man leben. Hier gilt es vielmehr, mit kleinem Besteck zu fahren und genau zu überlegen, was realistisch effizient erscheint und was nicht. In Sachen Mikrofonierung empfiehlt es sich, immer auf Nummer sicher zu gehen und für jede Situation selbst seine Lieblingsexemplare einzupacken.

Wie wichtig ist für Dich der Sound auf der Bühne?

Ein guter Bühnensound ist essenziell, um gemeinsam das Ziel einer runden Performance zu erreichen. Als Drummer vergeudest Du unnötig Kraft, wenn Du das Gefühl hast, Dich nicht so zu hören, wie es sein sollte, worunter dann der gesamte Sound leidet. In größeren Räumen mit eigenem Stagemonitor oder gar Monitormenschen ist das weniger ein Problem. In kleineren Locations kommt es ganz wesentlich auf die interne Bandkommunikation an, die dann umso mehr funktionieren muss in der Frage, wer welches Level fährt.

Was möchtest Du noch gerne zu der Thematik sagen?

Es ist stets empfehlenswert, sich mit dem Livemischer möglichst friedlich auseinanderzusetzen, er sitzt in jedem Fall am längeren Hebel und entscheidet im Zweifel selbst über Ruhm oder Verderben. :-)

Wann bzw. warum habt Ihr Euch entschieden, mit einem eigenen Livemischer zusammenzuarbeiten?

Der Wunsch, mit einem eigenen Livemischer zu arbeiten, bestand in vielen Projekten schon lange, zumeist fehlte es jedoch an finanziellen Mitteln. In einem der letzten Bandprojekte (UNDER THE PLEDGE OF SECRECY) bot sich dann die Gelegenheit, den langjährigen Live-Hausmischer aus Aachen für eine anstehende Tour im Winter 2013 zu fragen. Auf die gemeinsamen positiven Erfahrungen hin – insbesondere im Hinblick auf den nicht jeden Abend neu zu erklärenden und definierenden Bandsound – wurde klar, dass dieses Prozedere zukünftig zum Standard gehört.

Welches Verhältnis besteht zwischen Euch und Eurem Mischer? Was bedeutet das im Detail?

Es ist wichtig, musikalisch auf einer Wellenlänge zu liegen und sich gegenseitig zu respektieren. Offenheit für neue Ideen und die Einbeziehung in den Bandablauf sind beiderseits unerlässlich, wenn man voneinander im Arbeitsverhältnis profitieren will. Im Detail bedeutet dies in vielen Fällen vor allem, auf die Einschätzung des anderen vertrauen und bauen zu können. Oft mag es notwendig sein, länger für eine Idee zu kämpfen, von der nicht alle von vornherein hellauf begeistert sind. Im Gesamtergebnis sollte jede Position Gehör finden und konstruktiv diskutiert werden.

Wie sieht die Vorbereitung auf Konzerte und die Zusammenarbeit allgemein mit Eurem Mischer aus?

Im Allgemeinen werden die Proben vor einer Tour gemeinsam abgehalten und man diskutiert die zentralen Punkte im Set-Ablauf, exemplarisch etwa die Position und Dauer von Sample-Fades. Üblicherweise reichen hier ein bis zwei mehrstündige Sessions.

Was möchtest Du noch gerne zu diesem Thema sagen?

Ein eigener Livemischer ist immer eine lohnenswerte Investition in die Zukunft – sowohl musikalisch als auch freundschaftlich. :-)

Samuel Dickmeis

von MÄNNI, ANTILOPEN GANG und BONANSKA

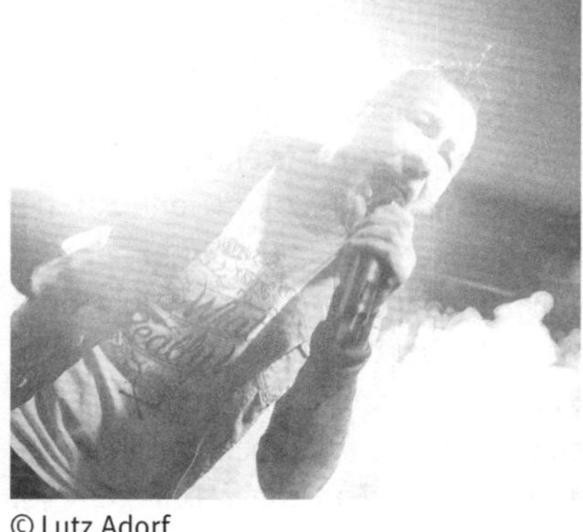

© Lutz Adorf

Was macht für Dich oder für Deine Band einen guten Livemischer aus?

Zu wissen, dass das Publikum den bestmöglichen Sound bekommt und meine Vorstellungen davon umgesetzt werden. Wenn ich beim Konzert keinen Moment lang über das Thema nachgedacht habe, hat der Mischer ALLES richtig gemacht. Ich muss mich »fallen« lassen können. Das Gefühl, sich auf den Mischer selbst bei Problemen komplett verlassen zu können ist unbezahlbar, und macht sich in der Performance deutlich bemerkbar.

Welche Fähigkeiten und Fertigkeiten oder Eigenschaften sollte ein Livemischer für Dich besitzen?

Er sollte immer im Kopf haben, dass es am Ende dem Publikum gefallen muss. Sie sind die wirklichen Kritiker. Dem Künstler muss er so viel Luft dafür schaffen, dass dieser sich soundtechnisch sicher fühlt. Ich schätze dabei vor allem eine ruhige, konzentrierte Art. Er sollte immer ein offenes Ohr für alle Wünsche haben und diese so gut es geht umsetzen.

Genervt bin ich von Livemischern, die so sehr gestresst sind (gestresst sind eigentlich immer alle), dass Probleme nicht mehr angepackt, sondern irgendwie »umgangen« werden. Es gibt so oft Lösungen, die durch Kommunikation untereinander gelöst werden können.

Wie kommunizierst Du mit dem Livemischer?

Am allerliebsten findet die Kommunikation schon im Vorfeld des Konzertes statt. Ansonsten aber spätestens bei der Ankunft. Eine kleine Begrüßung mit Name-Rauskriegen ist absolut Pflicht. Im Idealfall geht man dann schon einige Details durch. Beim Sound- bzw. Linecheck ist dann Blickkontakt oft sehr hilfreich oder aber Kommunikation per Mikro und Talkback. Nach Möglichkeit so, dass das Publikum wenig davon mitbekommt. Während des Konzertes gebe ich wirklich nur Sachen an den Mischer weiter, die so sehr stören, dass es die Show beeinträchtigt. Bekomme ich vom Mischer die Rückmeldung, dass man es »nach außen hin« nicht mitbekommt, gebe ich mich damit auch oft zufrieden. Es sollte in der Band immer einen geben, der sich für die Kommunikation mit dem Mischer in allen Situationen verantwortlich fühlt. Wenn etwas schiefläuft, merke ich es vor allem an den Reaktionen im Publikum. Wenn z.B. bei Ansagen die Leute überhaupt nicht reagieren und ich das Gefühl habe, man versteht mich nicht, obwohl gerade keiner spielt, kann ich mir sicher sein, dass z.B. mein Gesang während der Songs nicht gut rauskommt und dort die Worte dann erst recht nicht verstanden werden. So etwas ärgert mich dann sehr. Ein eindeutiges Zeichen wäre z.B. auch, wenn sich Leute im Publikum die Ohren zuhalten (okay, das muss natürlich nicht zwangsläufig an dem Mix liegen ;-)).

Oft ist die Kommunikation sehr einseitig. Ich sage z.B., dass auf der Bühne eine Rückkopplung herrscht, und beobachte dann den Mischer, wie er anhand von Signalen auf dem Pult versucht, herauszukriegen, wo das Problem ist. Ein Talkback sollte genau dafür gerne eingesetzt werden, um recht flott zu zweit dem Problem auf die Schliche zu kommen. Bei einem meiner letzten Auftritte hat der Mischer so beim dritten Song auch einfach mal durchs Mikro gesagt: »Ihr hört euch sehr gut an. Das macht hier richtig Spaß am FOH!« Das fand ich richtig gut als Feedback WÄHREND der Show. Ich kann mir auch vorstellen, dass ein Mischer durchgibt, wenn er etwas verbessern könnte, aber dies vom jeweiligen Musiker mit erledigt werden müsste. Es ist sicher eine Frage der

Umstände, ob dies wirklich angebracht ist, aber ich persönlich fände so etwas sehr gut.

Wie wird der Livemischer in Soundfragen eingebunden? Gibt es eine Vorbesprechung? Verschickt Ihr Rider? Finden wichtige Klärungen einfach beispielsweise vor bzw. beim Soundcheck statt?

Ja, Vorbesprechungen und Rider sind absolute Pflicht, aber wie oben schon beschrieben, finden je nach Situation solche Absprachen auch beim Soundcheck statt. Mindestens ein kleines Gespräch sollte vor dem Soundcheck sein, um sicherzustellen, dass die Infos auf dem Rider auch angekommen sind (was sehr oft nicht der Fall ist).

Es ist schon am besten, mit ein und demselben Livemischer unterwegs zu sein. Das ist aber nicht immer möglich. Aus meiner Sicht hat der Mischer den nötigen Spielraum, den er braucht. Solche Sachen wie Effekteinsatz etc. kann man in dem kurzen Vorabgespräch ja noch mal durchgehen. Meistens kommen ja eh dieselben Effekte zum Einsatz und wenn man dann anfangen würde, dem Mischer zu sagen, wie und wie sehr er diese einsetzen sollte, kann man direkt selbst mischen. Es steht und fällt von dem Moment an mit den Fähigkeiten der Person.

Beim Soundcheck ist mir als Künstler besonders wichtig, ob ich in dieser Situation noch etwas tun kann, um dem Mischer seinen Job einfacher zu machen. Beim Schlagzeug z.B. hängt sehr viel vom Tuning ab. Gerade bei der Snare macht die Fellspannung eine Menge vom Spielgefühl aus, aber wenn der Mischer z.B. eine losere, druckvollere Stimmung möchte, bin ich sehr gerne bereit, dem nachzukommen und mein Spiel dem anzupassen.

Welchen Stellenwert hat für Dich der (Live-)Sound Deiner Musik? Was ist für Dich dabei besonders wichtig? Was ist egal?

Der Livesound ist das Wichtigste an einem Konzert! Für das Publikum muss das Konzert in erster Linie ein Sounderlebnis sein. Danach kommt für mich erst der visuelle Aspekt (der natürlich auch sehr wichtig ist).

Wie berücksichtigst Du beim Songwriting bzw. bei der Produktion von Songs/Alben die Live-Umsetzung?

Beim Songwriting mache ich mir um die Live-Umsetzung so gut wie keine Gedanken. Das würde nur unnötige Grenzen und gewisse Scheuklappen für den kreativen Prozess mit sich bringen.

Erst, wenn es wirklich an eine Liveshow geht, gucke ich, wie man den Song adäquat umsetzen kann. Beide Bereiche sind für mich vollkommen verschiedene Bereiche. Gerade live sollte mehr Luft für alles da sein.

Welche Gespräche/Erfahrungen mit Livetontechnikern haben dazu geführt, dass Du etwas an Deiner Herangehensweise an die Musik bzw. Deinen Sound geändert hast?

Sehr viele Erfahrungen aus dem Recording-Studiobereich haben mir für den Livebereich geholfen. Gerade was den Sound und die Spielfertigkeit des eigenen Instruments angeht, lernt man nirgendwo so viel wie bei Aufnahmen. Man kann nicht jede Erkenntnis 1:1 in den Livebereich übernehmen, aber schon sehr viele. Als gutes Beispiel kann man auch hier wieder das Tuning vom Drumset nehmen. Die Fähigkeiten, zu tunen und verschiedene Sounds aus dem Instrument abzurufen, kann man bei Recordings gut lernen. Das aufgenommene Set genauso live zu reproduzieren, macht keinen Sinn, aber eventuell hat man gelernt, schneller das Tuning abzurufen, was der Livemischer gerne hätte.

Wie wichtig ist für Dich der Sound auf der Bühne?

Im Gegensatz zu vielen Musikern, mit denen ich gesprochen habe, ist mir der Bühnensound (mittlerweile) nicht so wichtig. Mir ist am wichtigsten, dass es für das Publikum passt. Jedoch weiß ich auch, was für einen Unterschied es ausmacht, wenn man mit einem Top-Bühnensound spielt. Erst dann kann man das Potenzial erst voll ausschöpfen und »über sich hinauswachsen«. Um eine richtig gute Show abzuliefern, muss man sein Material in- und auswendig kennen und nach Möglichkeit auch unabhängig von den anderen Instrumenten (die man vielleicht nicht immer optimal hört) seinen Kram spielen UND auch singen können. Auch hier gibt es Situationen, wo es unmöglich ist, mit einem wirklich schlechten Bühnensound zu spielen, aber über die Jahre habe ich mir angeeignet, möglichst unabhängig vom Sound meine Musik präsentieren zu können.

Wann bzw. warum habt Ihr Euch entschieden, mit einem eigenen Livemischer zusammenzuarbeiten?

Irgendwann kommt der Punkt, wo klar ist, dass ein eigener Livemischer genauso zur Band gehört wie die einzelnen Musiker. Es ist in dem Fall aber oft eine Kostenfrage, sich einen eigenen Mischer auch leisten zu können. Auf lange Sicht braucht man jemanden, der wirklich immer an Bord ist!

Welches Verhältnis besteht zwischen Euch und Eurem Mischer? Was bedeutet das im Detail?

Bei der Antilopen Gang arbeite ich immer mit einem festen Mischer zusammen (in ganz selten Fällen kommt Ersatz, der aber auf dem gleichen »Level« ist, da die beiden sehr viel zusammenarbeiten). Der Mischer ist dort fester Bestandteil der Live-Crew. Vor und nach den Shows besprechen wir uns oft, was den genauen Ablauf angeht und was man eventuell noch verbessern könnte. Somit sind alle irgendwann ein eingespieltes Team.

Mit anderen Bands habe ich verschiedene Erfahrungen. Je nach Situation habe ich meine »Lieblingsmischer«, die ich in die jeweilige Show mit einspanne. Es variiert oft und hängt viel von dem vorhandenen Budget ab.

Wie sieht die Vorbereitung auf Konzerte und die Zusammenarbeit allgemein mit Eurem Mischer aus?

Eine umfassende Besprechung zu den jeweiligen Shows ist unumgänglich. Gemeinsame Proben wären für eine längere, große Tour sinnvoll. Ansonsten macht die Erfahrung des Mischers den Großteil aus. Je erfahrener, desto besser und einfacher. Man kann dann viel schneller nur noch an Details arbeiten.

Was möchtest Du noch gerne zu diesem Thema sagen?

Im Livebereich gibt es meiner Meinung nach drei Bereiche, die gleichwertig zu betrachten sind. Musik(er)/Band, Tontechnik und Lichttechnik. Egal, in welchem Bereich es Schwächen gibt, fällt es auf die komplette Show zurück. Alle müssen hier Hand in Hand und mit viel Erfahrung und guter Kommunikation zusammenarbeiten. Dann bekommt das Publikum ein optimales Ergebnis.

Bei einer Festival-Open-Air-Show mit der Antilopen Gang, wo ich als DJ/Mülltrommler auf der Bühne für den reibungslosen Ablauf der Show sorge, fiel regenbedingt zweimal der komplette Bühnenstrom beim Linecheck aus. Normalerweise ist der Sound auf der Bühne über In-Ear geregelt, und von Show zu Show musste ich bisher keinmal meinen In-Ear-Mix nachregeln (genauso wenig die Band). Durch den Stromausfall war aber erst mal alles auf null gesetzt und wir mussten kurzfristig auf Monitorboxen ausweichen. Der Sound auf der Bühne ist dann etwa 70 % Vocals der Rapper und etwa 30 % die Musik, die ich vom DJ-Pult aus starte und zu der ich sowohl Effekte bediene als auch das Müllset spiele. Auf dem Laptop kann ich die Musik visuell verfolgen, was bei dieser Show die »Lösung« war. Die Rapper waren super auf dem Beat (soweit ich das hören konnte), aber die Monitorboxen waren nur in der Front der Bühne, und hinten bekam ich davon nicht viel mit. Anstatt also zur Musik zu spielen, habe ich das komplette Set auf die Grafiken des Songs gespielt. Ich wollte aber auch nicht den Monitorsound auf der Bühne verändern, weil für die Jungs alles super war, und trotz Regen sind super viele Leute gekommen, die alle Spaß hatten. Kurzum, es war für alle prima, außer für mich. In so einer Situation beiße ich dann die Zähne zusammen und versuche, mit dem Minimum auszukommen, was auch machbar war, dadurch, dass ich mein Equipment und die Songs sehr gut kannte. Ich war mir also ziemlich SICHER, was ich da gerade machte, und genau DAS ist der Punkt. Unsicherheit macht super viel kaputt. Bist Du unsicher an Deinem Instrument und Deinem zu bedienenden Equipment, wird sich das direkt auf die Show übertragen. Andersherum kommst Du sehr gut parat, wenn Du Dir in dem sicher bist, was Du machst.

Nach der Show habe ich mit dem Mischer über die Lage gesprochen, und er meinte, ich wäre sehr gut »drauf« gewesen und man hätte davon »draußen« nix gemerkt. Und genau das war mir wichtig!

Nachtrag zur 2. Auflage:

Noch ergänzen möchte ich, dass es mir mittlerweile nicht mehr nur wichtig ist, dass der Sound »einmal eingestellt gut klingt«. Das ist ja eh die Grundvoraussetzung für einen guten Mix.

Was ich mir aber wünsche, ist einen »zur Musik passenden« Mix, der auch über ein Set hinweg dynamisch gefahren, aufgebaut und auch gerne in das Songmaterial »eingreifen« sollte.

Freddy Hau

von LUXUSLÄRM und HAUNOW

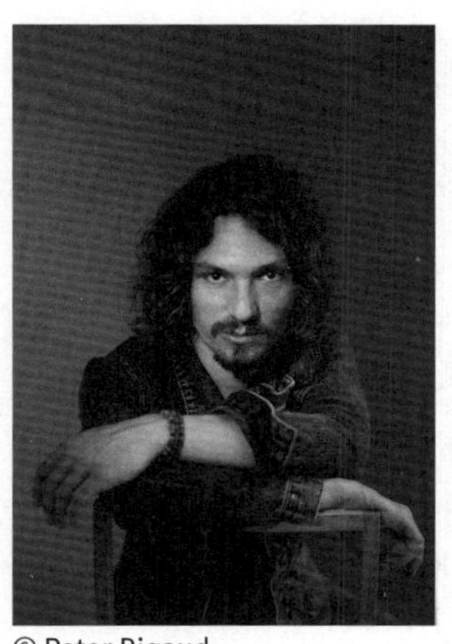
© Peter Rigaud

Was macht für Dich oder für Deine Band einen guten Livemischer aus?

Ein guter Livemischer sollte einen guten Sound machen bzw. die Band unverfälscht für das Publikum wiedergeben, logisch.

Dass auch ein guter Mischer aus einer schlecht klingenden Band keinen guten Sound rausholen kann, ist selbstverständlich, schließlich ist ein Mischpult keine Kläranlage: »Shit in = Shit out«.

Leider gibt es, wie auch bei Musikern, einige Mischer, die zwar theoretisch ’nen guten Sound machen, aber oft die Songs nicht kennen. Auch der Mann hinterm Pult sollte sich die Songs und deren Abläufe draufschaffen und beispielsweise ein Solo nicht erst nach drei Takten hochfahren.

Im besten Falle ist der Livemischer ein Teil der Band, zumindest was den Livebereich anbelangt.

Wie kommunizierst Du mit dem Livemischer?

Ich versuche in der Regel, mit dem Mischer vor bzw. während dem Soundcheck und nach der Show über eventuelle Verbesserungen speziell an meinem

Sound zu reden. Ist der Mann am Pult happy, bin ich es auch. Die Mikrofonpositionierung suche ich mir meist selbst aus bzw. teste diese zuvor im Proberaum. Eine Kommunikation zwischen Musiker und Mischer ist absolut notwendig, insbesondere, wenn es sich um einen Mischer handelt, der ständig dabei ist.

Wie wird der Livemischer in Soundfragen eingebunden?

Wie schon oben beschrieben soll der Mischer den Bandsound möglichst authentisch zum Publikum transportieren. Absprachen bezüglich Wahl des Equipments, Soundeinstellungen, Mikrofonpositionierung etc. sind erforderlich, falls der Sound nicht zufriedenstellend sein sollte.

Welchen Stellenwert hat für Dich der (Live-)Sound Deiner Musik? Was ist für Dich dabei besonders wichtig? Was ist egal?

Selbstverständlich hat der Livesound neben der Performance und Dramaturgie der Show bzw. Setliste den höchsten Stellenwert. Weniger ist oft mehr. Das Wichtigste ist, dass die Energie möglichst zu 100 % ans Publikum transportiert wird.

Wie schon erwähnt, muss der Mischer die Songs kennen, um einzelne Parts featuren zu können.

Wie wichtig ist für Dich der Sound auf der Bühne?

Die meisten Mischer haben gerne Einfluss auf die Levels aller Signale, d.h., eine »leise« Bühne wird bevorzugt. Aus der Sicht kann ich das gut nachvollziehen, allerdings muss sich meiner Meinung nach zunächst der Musiker wohlfühlen.

Gerade in kleinen Clubs wird es für den Mischer natürlich recht schwierig, ausreichend Einfluss auf die einzelnen Signale zu nehmen. Deshalb ist gerade in solch kleinen Locations eine gute Lautstärkebalance zwischen den einzelnen Instrumenten wichtig.

Ich stelle das Level meines Verstärkers je nach Lautstärke des Drummers ein.

Bei Luxuslärm haben wir das Glück, mit einem sehr fähigen Mann am Pult arbeiten zu können. Michael Danielak lässt uns weitgehend selbst entscheiden, wie laut die Amps auf der Bühne sein sollen.

Michael Heidmann

von CAMAREL und AMIN AFIFY

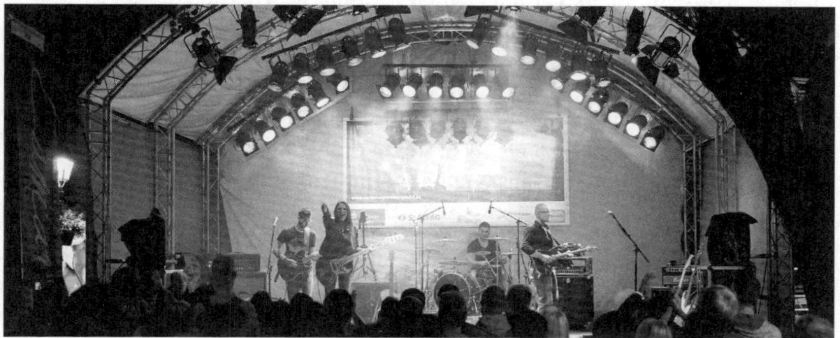

© Kambiz Javadi

Welche Fähigkeiten und Fertigkeiten oder Eigenschaften sollte ein Livemischer für Dich besitzen?

Pünktlichkeit und Verlässlichkeit sollten selbstverständlich sein. Kommunikation ist alles, niemand möchte mit A*** arbeiten. Das gilt vor, während und nach dem Job. Wer beim Mischen die Augen nur auf dem Pult hat, hat den Job nicht verstanden. Er sollte natürlich sein Equipment beherrschen und sich auch auf ihm fremdem Equipment schnell zurechtfinden können. Es muss menschlich passen.

Nur nicht aus der Ruhe bringen lassen – auch wenn sich Pläne ändern oder Dinge anders sind als man erwartet hat, sei es im Venue, bei den PA- und Monitoringsystemen oder dem Equipment vor Ort. Klagelieder über das Equipment bringen wenige Stunden vor dem Konzert niemanden weiter und sorgen nur für schlechte Vibes bei allen. Probleme schnell und zuverlässig lösen zu können, ist ein großes Plus.

Wie wird der Livemischer in Soundfragen eingebunden?

Wir haben nicht immer die Möglichkeit, einen eigenen Tonmann dabei zu haben. Rider gehen immer raus, immer wieder schön, wenn Tonleute sich die auch zu Herzen nehmen, leider keine Selbstverständlichkeit. Ein kurzes Gespräch vor dem Soundcheck ist unabdinglich, man will auch wissen, mit was für einem Menschen man es zu tun hat. Monitoring, Aufstellung, Besonderheiten des Venues werden besprochen. Eine Setlist mit Anmerkungen hat noch nie geschadet.

Ich find's, gerade wenn ich selbst als Mischer unterwegs bin, sinnvoll, möglichst Crewmitglieder und Musiker mit Namen ansprechen zu können. So schwer ist das nicht. Zur Not helfen Papier und Stift, schon braucht man nicht: »Ey, Du da, Gitarre links!«, durch den halben Raum zu schreien. Wirkt manchmal Wunder!

Wenn alles aufgebaut ist, checken wir untereinander die Balance der Instrumente ohne Monitoring, bis es passt. Je nach Größe der Bühne reicht es uns, erst nur Vocals auf den Wedges zu haben; der Drummer bekommt mehr, da er In-Ears hat.

Auf kleinen und mittleren Bühnen reicht das meistens schon. Wenn's größer wird, nach Bedarf mehr auf die Monitore, ohne dass man zu sehr an seinen Platz gebunden ist, um sich wohlzufühlen. Etwas Reverb auf den Vocals kann helfen (Monitor).

Der Livemischer hat bei uns viel Freiheit zur Gestaltung, solange es im Großen und Ganzen zum Bandsound passt. Bei einem guten Mischer merkt man das schnell. Der Sound muss auch zum Setting passen. Wenn mal was nicht so ist, wie man es gerne hätte, unbedingt mitteilen – wir sind alle nur Menschen, und über Geschmack lässt sich bekanntlich streiten.

Welchen Stellenwert hat für Dich der (Live-)Sound Deiner Musik? Was ist für Dich dabei besonders wichtig? Gab es Konzerte, die Dir für guten Sound besonders in Erinnerung geblieben sind?

Der Livesound ist uns sehr wichtig. Ein guter, punchiger Drumsound als Basis, saubere Trennung der Instrumente, Tiefe.

Zu leise Vocals sind ein No-Go, genauso wie wenn das Gitarrensolo viel zu spät hochgezogen wird. Wenn der Mischer wachsam ist, sollte das selbstverständlich sein. So was versuchen wir aber schon durch das Arrangement zu erreichen.

Wir holen uns gerne aus dem Publikum und bei der Crew Feedback zum Sound, manchmal auch während der Show.

Kleine Venues müssen nicht immer schlecht klingen, ein moderates Pult mit gutem Mischer ist immer besser als umgekehrt. Ein klanglich besonders gelungenes Konzert der Band »Face Tomorrow« im Blue Shell (Köln) ist mir in Erinnerung geblieben. Sehr kleiner Raum, aber großartiger Sound, der Mann am Pult wusste genau, was er macht und war offensichtlich auch lange mit der Band unterwegs.

Wie berücksichtigt Ihr beim Songwriting bzw. bei der Produktion von Songs/Alben die Live-Umsetzung?

Studio und Live sind für uns zwei verschiedene Paar Schuhe. Im Studio würde ich mich nie darauf beschränken wollen, nur Sounds und Techniken zu nutzen, die auch live umsetzbar sind. Meistens ist das auch nicht nötig oder man kann sich anders weiterhelfen. Muss die Snare bei Song XY unbedingt so klingen, wie auf Platte? Für mich, nein. Der Bandsound im Ganzen zählt. Liveton ist immer ein Kompromiss, sei es durch das zur Verfügung stehende Instrumentarium, das Equipment oder die Umsetzbarkeit bestimmter Songelemente für den Konzertrahmen.

Es ist immer ein großer Vorteil, am Pult jemanden zu haben, der die Musik gut kennt und weiß, wie er den Bühnensound einfängt und zum Publikum kriegt. Als Band ist da Disziplin gefragt, wenn es auf der Bühne schon nicht ansatzweise klingt, wie man es möchte. Wenn jeder seinem Ego folgt, kann der Livemischer nicht mehr viel retten. Im besten Fall braucht er gar nicht groß zu tricksen, wenn die Musiker wissen, was sie tun. Erst wenn der Tonmann die Show gut kennt und weiß, wann er worauf besonders Acht geben muss, fängt es an, interessant zu werden. Passender Effekteinsatz (besonders Reverbs und Delays) geht nur dann wirklich gut und wertet die Show auf. Das merkt man dann auch schnell beim Publikum. Wenn alles gut funktioniert, hat der Ton eine organische Qualität und es macht gleich doppelt Spaß.

Welche Gespräche/Erfahrungen mit Livetontechnikern haben dazu geführt, dass Ihr etwas an Eurer Herangehensweise an die Musik bzw. Euren Sound geändert habt? Wie hat sich im Vergleich zu früher der Einsatz von Mikrofo-

nen oder Mikrofonierungsarten geändert? Welche Aspekte des Livesounds werden von Musikern häufig falsch eingeschätzt?

Ich hole mir immer gerne Feedback vom FOH nach dem Konzert, was hat funktioniert, was weniger? Da kommt dann über die Zeit viel zusammen, was man mitnimmt und (hoffentlich) beim nächsten Konzert umsetzen kann.

Wir setzen inzwischen vermehrt Bändchenmikrofone an Gitarrenamps ein, das setzt oft von vornherein die Gitarren an den richtigen Platz im Mix, ohne dass man ewig an fiesen Hochmitten EQ-en muss, bis es passt. Auf kleinen Bühnen kann die Stimmung und das Verhältnis zum Publikum sehr viel besser eingeschätzt und genutzt werden, die Distanz zum Publikum auf großen Bühnen kann problematisch sein. Aspekte des Livesounds, die meiner Meinung nach oft über-/unterschätzt werden:

Überschätzt: Lautstärke, Kompression

Unterschätzt: FOH-Aufstellung, Mikrofonauswahl und Platzierung, Raumakustik, Groove, Dynamik

Wie wichtig ist für Dich der Sound auf der Bühne? Was kann der Livemischer tun, damit es passt?

Der Bühnensound ist uns sehr wichtig. Wie kann eine Band gut zusammenarbeiten, wenn sie sich nicht hört?

Oft sind größere Bühnen einfacher in den Griff zu kriegen als kleine Bühnen mit wenig Spielraum für die Aufstellung von Amps und Monitoring. Durch geschickte Platzierung ist es für uns einfacher, miteinander zu kommunizieren, so lässt sich auch manch ein akustisch ungünstiger Raum etwas bändigen. Amps möglichst nicht in die Ecken, wenn wir kleine Amps spielen, erhöhen wir die gerne. Es ist auch deutlich angenehmer, nicht direkt neben scheppernden Schlagzeugbecken oder der PA stehen zu müssen, von Feedbackempfindlichkeit kleinerer Bühnen ganz zu schweigen. Über eine gute Vorarbeit der FOH oder Monitortechniker freuen wir uns immer, manchmal stimmt's einfach. Je besser der Bühnensound, desto besser und stressfreier können wir performen. Ein offenes und gut trainiertes Ohr des Livemischers ist da Gold wert. Da darf man nicht scheu sein, die EQs von Wedges auch ordentlich zu verdrehen, bis es stimmt, manche Monitorsysteme sind da sehr eigen.

Was möchtest Du noch gerne zu der Thematik sagen?

Erlaubt ist, was gut klingt, egal wie!

Oliver Anders Hendriksson

von YOUNG CHINESE DOGS

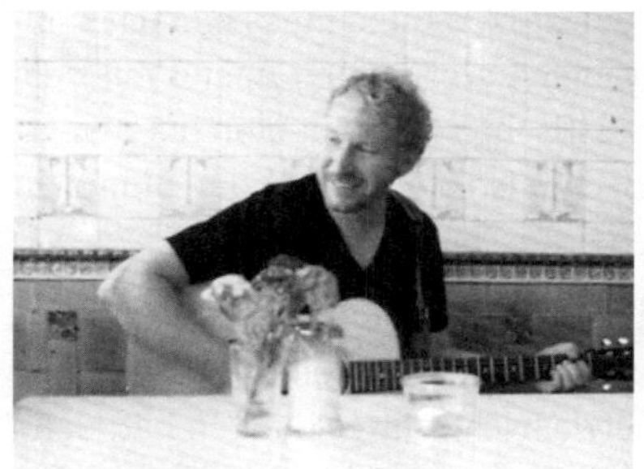

Was macht für Dich oder für Deine Band einen guten Livemischer aus?

Die richtige Mischung aus technischen Fähigkeiten, professioneller Kommunikation und nettem Menschen.

Welche Fähigkeiten und Fertigkeiten oder Eigenschaften sollte ein Livemischer für Dich besitzen?

Damit ein Konzert gelingt, müssen alle Beteiligten ihr Bestes geben. Der Livemischer ist dabei der entscheidende Punkt. Wenn die Performance auf der Bühne stimmt, dann sorgt der Livetechniker dafür, dass das Publikum einen guten Abend hat. Dazu muss ein Livemischer sein Equipment kennen, die »Venue lesen können« und die Fähigkeit haben, die »richtigen Knöpfe« zu drehen. Dazu kommt die Fähigkeit »zuzuhören«, um die Band dabei zu unterstützen, ihren Sound in den Konzertsaal zu kriegen.

Wie kommunizierst Du mit dem Livemischer?

Die Kommunikation zwischen Bühne und Livemischer läuft via üblicher Zeichensprache. Wenn alle zusammen aufmerksam und konzentriert arbeiten, ist das ein schneller und bewährter Weg.

Wie wird der Livemischer in Soundfragen eingebunden?

Unsere Booking-Agentur versorgt die Venue im Vorfeld mit unserem Tech-Rider. Der Rest wird beim Soundcheck geklärt. Das klappt eigentlich immer. Wenn wir nicht mit einem eigenen Techniker arbeiten, dann nehmen wir uns etwas mehr Zeit beim Soundcheck, erklären kurz die wichtigen Elemente unseres Sounds, wozu dieses kleine Miniaturklavier da ist, wer wann die Hauptstimmen singt und geben ein, zwei Referenzen für den Sound. Im Zweifel haben wir auch unser Album dabei, das ist die direkteste Möglichkeit, schnell zu klären, wie es klingen soll. Wenn wir zum ersten Mal mit jemandem zusammenarbeiten, ist es wichtiger, dass der Sound fürs Publikum grundsolide ist. Das meint fette Bass Drum, akustisch klingende Gitarren, lauter, klarer Gesang mit dem richtigen Hall für die Venue. FX-Spielereien müssen da hinten anstehen.

Welchen Stellenwert hat für Dich der (Live-)Sound Deiner Musik? Was ist für Dich dabei besonders wichtig? Was ist egal?

Live-Auftritte sind das A und O einer Band. Der Livesound muss einfach stimmen. Auf der Bühne zu stehen bedeutet, einen großartigen Abend mit dem Publikum zu haben. Wir sind mit vielen akustischen Instrumenten unterwegs. Da ist es elementar, einen guten, feedbackfreien Sound auf der Bühne zu haben. Gute Monitore helfen uns sehr dabei.

Den Livesound vor der Bühne zu beurteilen, ist von der Bühne aus nicht möglich. Aber später am Merchstand fragen wir dann im Laufe einer Unterhaltung einfach mal beim Publikum nach. Wenn etwas schlecht geklungen hat, dann kriegst du das recht schnell mit.

Wie berücksichtigt Ihr beim Songwriting bzw. bei der Produktion von Songs/Alben die Live-Umsetzung?

Studioproduktion und Live-Performance sind zwei komplett unterschiedliche Dinge. Jedes hat seine Zeit und seine Anforderungen. Am wichtigsten ist, dass ein Song gut ist, dass er eine gute Melodie hat. Dann kommt die Frage, wie dieser Song am besten für den Bandsound umgesetzt werden kann. Eine Studioproduktion hat dabei im Prinzip jede Freiheit, solange es zur Band passt. Im Studio liegt ein Song quasi »unter dem Mikroskop«. Das Arrangement steht im Vordergrund und die »Bells & Whistles« dürfen nicht fehlen. Für Live-Auftritte gelten andere Grenzen. Im Zweifel wird ein Arrangement geändert und angepasst, das zeigen spätestens die Proben vor einer Tour.

Was hast Du im Laufe Deiner Karriere über Livetontechnik gelernt?

Das Wichtigste ist, seine Stimme, sein Instrument, sein Equipment sehr gut zu kennen. Alles muss verlässlich sein, jeden Tag. Da hat sich über die Jahre einiges geändert und ich selbst habe viel dazu gelernt. Die Technik ist in der Regel nur Mittel zum Zweck. Aber sie muss halt verlässlich funktionieren. Im Live-Bereich muss es in der Regel schnell gehen, da ist Erfahrung definitiv hilfreich. Wenn man viel live spielt, gibt es wenige Situationen, die man noch nicht erlebt hat. Und zudem gilt: Sound kann man kaufen, für den Ton ist man selbst zuständig. Wenn man selbst gut klingt, dann hilft auch die Technik.

Gerade in den letzten Jahren hat sich im Live-Bereich viel geändert. Die digitale Technik hat Einzug gehalten. Das wichtigste Utensil unseres Livetechnikers ist sein USB-Stick mit den Setups für die unterschiedlichen Mischpulte und Venues. Wir haben noch nicht den Luxus, mit einem eigenen Pult zu reisen. Deshalb ist es um so wichtiger, dass der Venue-Techniker sich perfekt auskennt und vor Ort ist, um zu unterstützen und das Grundsetup einzustellen.

Wie wichtig ist für Dich der Sound auf der Bühne?

Bühnensound ist elementar! Je besser der Sound auf der Bühne, desto besser die Performance und der Spaß. Wir achten sehr darauf, dass der Aufbau auf der Bühne die beste Kommunikation zwischen den Musikern ermöglicht. Natürlich muss es dabei auch nach außen gut aussehen! Auf kleinen Bühnen müssen die Instrumente untereinander die richtige Balance haben. Natürlich muss jeder sich selbst gut hören, aber wichtig ist auch, die anderen gut zu hören, ohne Monitoring. Je größer die Bühne, desto weniger bekommt man vom direkten Sound der anderen etwas mit. Desto wichtiger wird das Monitoring. Die Erfahrung zeigt aber auch, je größer die Bühne, desto besser meist auch die Monitoring-Anlage.

Was möchtest Du noch gerne zu der Thematik sagen?

Gerade im Live-Geschäft ist es nicht immer einfach. Um so wichtiger finde ich es, dass man einen netten und höflichen Umgang miteinander pflegt. Behandele einfach alle Menschen so, wie du selbst behandelt werden möchtest, und dann klappt’s auch mit dem Techniker.

Warum habt Ihr Euch entschieden, mit einem eigenen Livemischer zusammenzuarbeiten?

Auf Tour zu gehen und live zu spielen, ist immer noch das wichtigste Element beim Musikmachen. Wir verdienen damit unser Geld. Je größer die Bühnen und die Venues werden, desto wichtiger ist es für uns, jemanden dabei zu haben, der uns kennt, der den Sound und die Songs kennt. Zudem: Es ist ein gutes Gefühl, mit jemandem unterwegs zu sein, den man gut kennt. Das strahlt Sicherheit aus. Soundchecks gehen fix. Du kannst dich einfach darauf verlassen, dass es auf der Bühne und vor der Bühne stimmt. Das beruhigt ungemein.

Welches Verhältnis besteht zwischen Euch und Eurem Mischer? Was bedeutet das im Detail?

Unser Livemischer ist das wichtiges Crew-Mitglied wenn wir auf Tour sind. Er steuert den Ablauf beim Soundcheck, weiß genau, was jeder einzelne braucht, um sich auf der Bühne wohlzufühlen, und kümmert sich darum. Wir verlassen uns auf ihn und sind uns sicher, dass der Sound fürs Publikum der bestmögliche für den Abend ist. Für uns gehört unser Mischer mit zur Band, wenn wir auf Tour sind. Trotzdem ist er natürlich eigentlich ein Kooperationspartner oder Dienstleister, der mit an Board ist. Aber die Budgets sind eng und deshalb ist es umso wichtiger, immer auch eine gute Zeit auf Tour zu haben.

Wie sieht die Vorbereitung auf Konzerte und die Zusammenarbeit allgemein mit Eurem Mischer aus?

Bei den Young Chinese Dogs gibt es klare Tourzeiträume. Vor dem Start einer Tour wird geprobt. In der Regel so 2–4 Tage. Je nachdem, ob es sich um bekanntes oder neues Material handelt. Zudem arbeiten wir mit unterschiedlichen Musikern und Livetechnikern zusammen. Je nachdem, wer für den Tourzeitraum verfügbar ist. Und ja, je nach Anforderung der Tour ist auch der Techniker dabei, um die Abläufe zu besprechen und zu proben.

Was möchtest Du noch gerne zu diesem Thema sagen?

Wie in allen Bereichen, so ist es auch im Live-Bereich nicht immer leicht, die optimal passenden Personen zu finden, mit denen man im Touralltag klarkommt. Es muss menschlich stimmen, wenn man lange Zeit auf engstem Raum unterwegs ist. Deshalb gilt für uns, dass wir immer an langfristigen Verbindungen interessiert sind. Denn, wenn es mal passt, dann halten wir gern daran fest.

Markus »Bony« Hoff

von JAPANISCHE KAMPFHÖRSPIELE (Jaka)

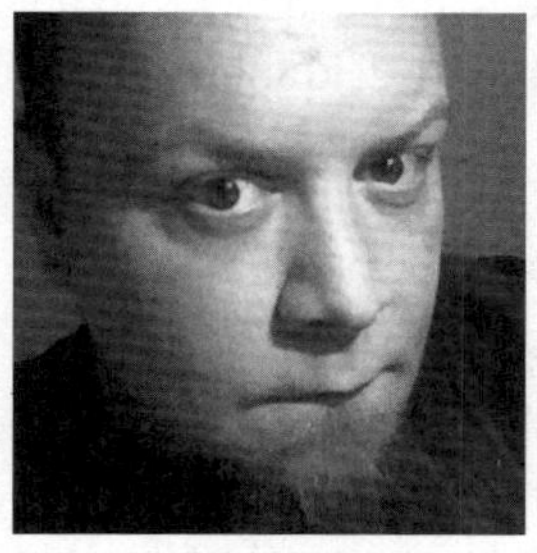

Was macht für Dich oder für Deine Band einen guten Livemischer aus?

Im besten Falle ist ein Livemischer nicht auf eine spezielle Musikrichtung eingeschossen, sondern kann eine Jazz-Band genau so gut klingen lassen wie eine Metal-Combo oder elektronische Musik. Er sieht jede »seiner« Bands als musikalisches Individuum und kann dessen Stärken durch seine Beschallungsfähigkeiten hervorheben sowie Schwächen in den Hintergrund mischen.

Welche Fähigkeiten und Fertigkeiten oder Eigenschaften sollte ein Livemischer für Dich besitzen?

Ich habe während meiner Tätigkeit als Tourmanager einige wenige Male erlebt, dass die einzige Diva in der Touring Party der Tontechniker war. Dies ist natürlich alles andere als wünschenswert. Ein Mischer sollte durch Ruhe und Gelassenheit glänzen sowie das nötige Quäntchen an psychologischen Fähigkeiten besitzen, einen aufbrausenden/nervösen Musiker auf den Boden der Tatsachen zurückzuholen. Auch faulen oder arroganten lokalen PA-Technikern muss er mit Freundlichkeit und Verständnis begegnen, da er auf deren Hilfe angewiesen ist, wenn sich während der Show auf der Bühne ein Mikrofonständer verselbstständigt, ein Kabel den Geist aufgibt etc.

Schnelligkeit im Handwerk schadet ebenfalls nicht, da ausgiebige Soundchecks selten sind und oft 15 Minuten Umbaupause reichen müssen, um einen transparentes Ergebnis zu erzielen. Gute Kenntnisse auf dem Gebiet der neuzeitlichen Technik sind heutzutage ein absolutes Muss. Zwar ist für mich ein analoges Mischpult nach wie vor das Nonplusultra, ein Großteil der Clubs/Hallen wartet aber mit digitalen Pulten auf, bei denen ein einziger Knopf gleich zehn verschiedene Funktionen ausführt. Dann muss man sich in Sekundenschnelle durch sämtliche Menüs durchklicken können, um eventuelle Fehlerquellen, vom Zuhörer möglichst unbemerkt, auszuschalten.

Gelegentlich nervt es mich, dass Mischer auf Tour die Angewohnheit haben, sich morgens stets 10 Minuten nach dem vereinbarten Zeitpunkt im Bus einzufinden, da Ihnen erst nach dem Frühstück einfällt, dass sie noch duschen und kacken müssen. Kann man aber auch als Vorteil werten, da sie deswegen nur selten unangenehm riechen und auch der ein oder andere zeitraubende Zwischenstopp auf der Autobahn entfällt.

Wie kommunizierst Du mit dem Livemischer?

Wenn wir aus Kostengründen auf unseren festen Engineer verzichten müssen und auf einen lokalen Tontechniker angewiesen sind, stelle ich mich ihm vor Ort freundlich vor, erkläre ihm in wenigen Sätzen, worauf es zu achten gilt, und begebe mich während des Linechecks kurz vor der Show noch mal zu ihm ans Pult, um Tipps zu geben oder gegebenenfalls Änderungswünsche zu äußern. Wenn etwas völlig aus dem Ruder läuft, lege ich selbst Hand mit an, versuche dabei aber, ihn nicht inkompetent erscheinen zu lassen, damit er sich nicht tonal an mir »rächt«, sobald ich zurück in Richtung Bühne schreite. Wenn sich ein mit dem Sound der Band vertrauter Freund im Saal befindet, so bitte ich diesen, sollte der Sound hörbar schlechte Auswüchse annehmen, den Mischer höflich darauf hinzuweisen, dass dieses und jenes verbesserungswürdig sei.

Hin und wieder passiert es, dass ich dem Mischer kundtue, dass die Drums im Jaka-Sound eine prominente Rolle spielen und diese deswegen laut und klar einzupegeln sind, da wir nicht mit Triggern arbeiten. Das Ende vom Lied ist dann häufig, dass beim Konzert fast nur noch Schlagzeug aus der PA tönt, während der Rest im Hintergrund vor sich hin dümpelt. Besonders jungen

Technikern mit wenig Erfahrung muss man oft klarmachen, dass ein druckvoller Drumsound, fette Gitarre sowie gut hörbare Gesänge keine unüberbrückbaren Gegensätze darstellen.

Verbessern bzw. von vornherein positiv gestalten kann man die Kommunikation durch Höflichkeit und Respekt. Ein Lächeln kostet nichts und lässt auch einen kleinen Disput schnell wieder vergessen.

Wie wird der Livemischer in Soundfragen eingebunden?

Wenn wir mit unserem eigenem Mischer reisen, so bedarf es im Vorfeld so gut wie keiner Kommunikation. Sollte es sich um einen mit uns reisenden Ersatz-Tontechniker handeln, so bekommt er vorher eine CD von uns. Weitere Dinge lassen sich problemlos auf der Fahrt zum Auftrittsort klären. Was den Einsatz von Reverb und Delay, besonders in puncto Gesang und Snare angeht, halten wir den Spielraum sehr gering. Einem Mischer wird, sobald der Sound einmal steht, schnell langweilig. Dann gehen die kreativen Pferde mit ihm durch, und er versucht, den Sound durch allerlei Effekte aus der 19"-Peripherie aufzupeppen. Oft verschlimmbessert er ihn dadurch aber lediglich, besonders wenn er mit dem Material der Band nicht vertraut ist. Bei einem Song mit abruptem Ende schwingt dann eine opulente Echo- oder Hallfahne durch den Raum, was der musikalischen Darbietung leider einen sehr provinziellen Anstrich verpasst.

Seine perfekte kreative Leistung hat der Mischer dann vollbracht, wenn mehrere Konzertbesucher unabhängig voneinander der Band nach der Show bescheinigen, live wesentlich besser zu klingen als auf ihren Tonträgern.

Soundchecks machen wir so gut wie nie, da sich die Settings von Pult und Peripherie im Laufe der Veranstaltung eh ständig ändern und ein Club mit halbwegs gefülltem Zuschauerraum immer anders klingt als nachmittags im leeren Zustand. Merke: Ein kurzer, aber konzentrierter Linecheck kurz vor Stagetime ist oft wesentlich effektiver als ein langer Soundcheck vor Einlass. Dies freut auch die Veranstalter, die grundsätzlich ihrem Zeitplan hinterherhinken. Auch der Band bleibt dann mehr Zeit für wichtige Dinge wie z.B. Merch sortieren oder die vor Einlass noch begehbare Toilette in aller Ruhe zu besuchen.

Umfangreiche technische Rider für kleine Clubshows zu verschicken, erachte ich als nicht notwendig, da die Anforderungen in den seltensten Fällen auch nur zur Hälfte erfüllt werden. Sinnvoller ist es, dem Veranstalter oder dem PA-

Verleiher eine Channel-Input-Liste zu mailen, da aus dieser eindeutig hervorgeht, wie viele Mikros und Mischpultkanäle mindestens zur Verfügung stehen müssen.

Welchen Stellenwert hat für Dich der (Live-)Sound Deiner Musik? Was ist für Dich dabei besonders wichtig? Was ist egal?

Ein Musiker, der behauptet, er lege keinen Wert auf einen druckvollen wie transparenten Livesound, lügt entweder wie gedruckt oder interessiert sich nicht wirklich für die Band, in der er spielt. Essenziell für einen gelungenen Auftritt sind anständige Mikros, die mit einwandfrei funktionierenden Kabeln verbunden sind, ein mindestens passables Boxen- und Monitorsystem, bei dem nicht die Hälfte aller Speaker bereits durchgeschossen wurde oder durch angerissene Membranen nervt. Mischpult, Endstufen und Effektgeräte müssen nicht immer teuer, groß und neu sein, sondern ihren Dienst zuverlässig verrichten. Über allem stehen sollte ein lokaler Techniker, der »seine« Anlage auch bei unvorhergesehenen Zwischenfällen souverän beherrscht. Sollten all diese Ansprüche erfüllt sein, dürfte der bandeigene Techniker keine Probleme haben, den Club nach seinen Wünschen und denen der Musiker zu beschallen.

Ob der Sound für das Publikum »stimmt« lässt sich sehr schnell an der Reaktion des Publikums, insbesondere außerhalb der ersten Reihen, ablesen. Wenn sich der mittlere bis hintere Teil des Clubs schon nach wenigen Songs leert, ist entweder der Sound schlecht oder man hat scheiße gespielt. Bei uns gab es auch schon Abende, an denen beides zutraf.

Wie berücksichtigt Ihr beim Songwriting bzw. bei der Produktion von Songs/Alben die Live-Umsetzung?

Wir ergänzen manche unserer Stücke im Studio gerne durch elektronische Spielereien, Percussions oder Sprachsamples. Während der Aufnahmen zeigt sich dann recht schnell, was man davon live spielen kann und was nicht. Live verzichten wir bewusst auf Trigger, Samples, Intros und ein nach Clicktrack gespieltes Schlagzeug. Ein guter Song funktioniert live auch ohne technische Spielereien. Und eine Studionummer, die von einer ausgiebigen orchestralen Untermalung lebt, bringen wir von vornherein nicht auf die Bühne. Wir machen es unserem Mischer also relativ einfach. Er muss lediglich eine konventionelle Drums/Bass/Gitarre/Gesang-Besetzung soundtechnisch ansprechend in Szene setzen.

Welche Gespräche/Erfahrungen mit Livetontechnikern haben dazu geführt, dass Ihr etwas an Eurer Herangehensweise an die Musik bzw. Euren Sound geändert habt?

Wir hatten und haben keine speziell ausgeklügelte Herangehensweise an unsere Liveperformance. Wir achten mittlerweile aber z.B. darauf, als Opener einen möglichst straighten, nicht zu komplizierten Song zu spielen, damit sowohl Band als auch Mischer sich möglichst schnell und unkompliziert in die Darbietung einfädeln können. Oft herrschen eingangs noch klangliche Defizite, die sich während eines simpleren Stücks schneller beseitigen lassen. Zudem hat uns unser Mischer davon überzeugt, dass es sinnvoll ist, Gitarren und Snare mit jeweils zwei verschiedenen Mikros abzunehmen, da sich so ein größeres und satter klingendes Frequenzspektrum erzeugen lässt.

Der größte Fehler wird live immer noch von Gitarristen begangen, indem Sie sich bereits auf der Bühne so furchtbar laut drehen, dass es dem Mischer nahezu unmöglich ist, die Klampfe anständig in den Zuschauerraum zu befördern. Hat sich der Herr Saitenakrobat dann einmal leiser gedreht, lässt er sich über die Monitorboxen wieder auf die gewünschte Lautstärke hochdrehen, anstatt auf einen ausgewogenen Gesamtsound zu achten, in welchem der Sänger sich nicht die Lunge aus dem Hals brüllen muss, um sich zu hören. Ich möchte aber betonen, dass Robert von Jaka auf diesem Terrain eine lobenswerte Ausnahme bildet.

Ziemliches Bauerntheater ist es übrigens, das Publikum zwischen zwei Songs über Minuten hinweg mit Kommentaren wie »Der Bassist braucht auf seiner Seite die Floor-Tom leiser, und ich hätte gerne meinen eigenen Gesang lauter auf dem linken Monitor bla bla« zu langweilen. Wer die unauffällige Zeichensprache beherrscht, ist klar im Vorteil.

Wie wichtig ist für Dich der Sound auf der Bühne?

Was einen guten Monitorsound angeht, so habe ich bereits vor Jahren aufgegeben. Da Jaka fast ausnahmslos kleine Bühnen mit Grind Punk bespielen, schließt sich ein transparenter Monitorsound von vornherein nahezu aus. Gerade als »Sänger« habe ich stets das Gefühl, gegen die lauteste Band der Welt anschreien zu müssen. Mittlerweile ist das aber zur Gewohnheit geworden und für mich nicht mehr weiter schlimm. Ich freue mich, wenn ich Kick Drum und Snare höre und mit meinem Gekeife halbwegs im Timing bin. Ich lasse mich auch nicht mehr lauter machen, da so was eh nur nervige Feedback-Orgien mit sich bringt, besonders in abenteuerlich verwinkelten Bühnenkonstruktionen kauziger Jugendzentren. Aber ich mache unserem Mischer keinerlei Vorwürfe, da ich weiß, welch undankbare Aufgabe es ist, den Monitorsound vom FOH aus zu stemmen.

Auf großen Festival- bzw. Open-Air-Bühnen ist ein separater Monitor-Engineer sicherlich wünschenswert. Leider ist auch das kein Garant für einen homogenen Bühnensound. Sobald man sich nur wenige Meter vom Center-Monitor wegbewegt, vernimmt man nur noch den Wunschsound der Saitenfraktion, und dieser besteht grundsätzlich zu 80 % aus Gitarre oder Bass. Aber auch hier möchte ich dem Monitormischer nicht den schwarzen Peter zuschieben, denn eigentlich ist es vor allem Aufgabe der Mitmusiker, nicht nur sich selbst zu hören, sondern auf ein klanglich moderates Gesamtbild zu achten. Ein In-Ear-System hilft mir leider auch nicht weiter, da es mir vorgaukelt, ich befände mich im Studio. Die Live-Atmosphäre ist futsch und ich höre unmittelbar auf, mich zu bewegen. Sicherlich verfügen Metallica oder U2 über Bühnenkopfhörer, die solche Probleme gekonnt umschiffen. Wir aber haben für so was kein Geld und selbst, wenn wir es hätten, würden wir es wahrscheinlich für andere Dinge ausgeben.

Eine rühmliche Ausnahme bildete allerdings unser Auftritt beim *Up From The Ground Open Air 2006*. Da zauberte eine adipöse Kampflesbe mit Bürstenhaarschnitt im Militär-Outfit einen exquisiten Sound, der selbst im hintersten Winkel der Bühne über jeden Zweifel erhaben war. In solchen Fällen bedanke ich mich anschließend stets mit lobenden Worten und einem Handschlag.

Wann bzw. warum habt Ihr Euch entschieden, mit einem eigenen Livemischer zusammenzuarbeiten?

Unser erster fester Mischer ist uns schon nach wenigen Konzerten quasi zugeflogen, da er der Techniker einer Band war, mit der wir damals häufiger gemeinsam aufgetreten sind. Insbesondere, wenn er mal nicht mit dabei war, ist uns aufgefallen, dass es keine leichte Aufgabe ist, technisch unzureichend ausgestattete Konzertsäle so zu beschallen, dass sich Schrubber-Gitarren und Blastbeats nicht in klangliches Wohlgefallen auflösen. Leider können wir aus Kostengründen nicht zu jeder Show einen eigenen Techniker mitbringen. Ich halte es auch für wichtig, einen guten Mischer anständig zu bezahlen, anstatt ihn zu jeder Show mitzunehmen und ihm am Ende des Abends lediglich 30 bis 50 Euro in die Hand zu drücken. Dann lassen Ambition und Freundschaft nämlich sehr schnell nach. Zwar ist jede Show gleich wichtig, aber im Jugendzentrum Greifswald reicht es, wenn ich uns selbst in Zusammenarbeit mit dem lokalen Techniker mische, während ich in der Hamburger Markthalle niemals auf unseren festen FOH-Mann verzichten möchte.

Welches Verhältnis besteht zwischen Euch und Eurem Mischer? Was bedeutet das im Detail?

Ein freundschaftliches Verhältnis zum Mischer halte ich für absolut unverzichtbar. Oft müssen wir ja das gesamte Wochenende von Freitag früh bis Sonntag abends miteinander verbringen. Gerade auf den langen Fahrten im engen Sprinter kommt schnell eine ungute Atmosphäre auf, wenn man sich nur bedingt oder gar nicht mag. Von einem familiären und humorvollen Umfeld profitieren Band und Mischer. Die Band spielt besser, der Mischer mischt besser.

Die Grenzen sind einfach gesteckt: Keine Pöbeleien, keine Gewalt! Probleme nicht mit nach Hause nehmen, sondern möglichst sofort ansprechen. Ansonsten darf ein Mischer vor und nach dem Konzert bei uns fast alles.

Wie sieht die Vorbereitung auf Konzerte mit Eurem Mischer aus?

Wir sind Jaka. Vorproduktion heißt für uns, vorab in ausreichendem Maße zu proben. Der Mischer muss dabei nicht anwesend sein. Bestenfalls erhält er die neuen Songs vorab als CD oder mp3 und wenn er möchte, gerne auch die aktuelle Setlist.

Was möchtest Du noch gerne zu diesem Thema sagen?

Nicht zu diesem Thema, aber allgemein:

Insbesondere Newcomer machen oft den Fehler, einen unerfahrenen Tontechniker aus ihrem Freundeskreis oder den Engineer/Mischer ihrer Studioaufnahmen für Konzerte zu verpflichten. Dieser hat dann vor Ort oft mit mangelnden technischen Kenntnissen zu kämpfen und beschert der Band einen Sound, den der örtliche Mischer in deutlich weniger Zeit wesentlich besser hinbekommen hätte. Außerdem muss die Band diverse Songs aus ihrem Set streichen, um den Zeitplan einzuhalten, da aus den 15 Minuten Umbaupause dann doch eine halbe Stunde geworden ist. Allgemein sollten Musiker den lokalen Technikern mehr Fähigkeiten zutrauen, schließlich kennen diese ihr Equipment in- und auswendig und können deshalb soundtechnische Anforderungen in kürzester Zeit umsetzen.

Ein unerfahrener, von der Band mitgebrachter Mischer sollte dagegen den Mut haben, zu erkennen, wenn der Job seine technischen Fähigkeiten übersteigt und gegebenenfalls um Hilfe bitten.

Dorothea »Dota« Kehr

von DOTA

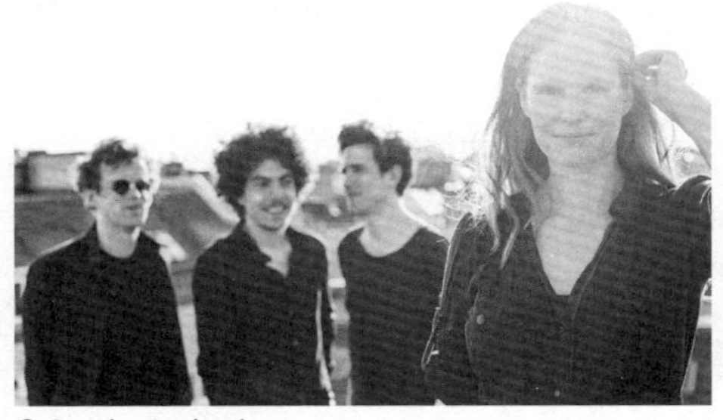

© Sandra Ludewig

Welche Fähigkeiten und Fertigkeiten oder Eigenschaften sollte ein Livemischer für Dich besitzen?

Er sollte einen guten musikalischen Geschmack mitbringen und gute technische Fähigkeiten. Vor der Tour mit den Veranstaltungsorten Kontakt aufnehmen, damit klar ist, dass alles vorhanden ist, was im Rider steht. Beim Soundcheck sollte er immer die Nerven behalten, auch wenn es knapp wird, und den Soundcheck möglichst gründlich und zeitsparend durchführen.

Wie kommunizierst Du mit dem Livemischer?

Wenn es einen Monitormischer gibt, brauche ich beim Konzert seine Aufmerksamkeit, um gegebenenfalls mit Hand und Kopfnick-Zeichen was an der Monitormischung zu ändern. Mit dem Saal-Sound habe ich während des Konzerts nichts zu tun, da muss ich dem Mann oder der Frau an der PA vertrauen.

Wie wird der Livemischer in Soundfragen eingebunden?

Natürlich besprechen wir vorher ein paar Dinge (bei manchen Liedern sollen bestimmte Instrumente im Hintergrund sein etc.) und der Techniker schreibt den Rider und spricht ihn vorher mit den Haustechnikern durch.

Von Kreativität würde ich nicht sprechen, eher von musikalischem Geschmack (welchen Hall nimmt er und wie viel etc.).

Welchen Stellenwert hat für Dich der (Live-)Sound Deiner Musik? Was ist für Dich dabei besonders wichtig? Was ist egal?

Der Livesound ist sehr wichtig. Da kann viel schiefgehen, wenn der Techniker die Musik nicht kennt. Wir sind allerdings auch jahrelang ohne eigenen Techniker getourt und haben uns auf die Haustechniker verlassen. Das ging meistens gut.

Wie berücksichtigt Ihr beim Songwriting bzw. bei der Produktion von Songs/Alben die Live-Umsetzung?

Erst in der letzten Phase, wenn wir die Songs für die Tour einproben, berücksichtigen wir die Live-Umsetzung des Arrangements.

Was macht Ihr anders als noch vor einigen Jahren?

Jetzt nehmen wir einen Techniker mit. Es ist auch immer komplexer geworden, weil wir sehr viele Instrumente haben. Jeder von uns hat mindestens zwei, dann gibt es drei Backings und seit Kurzem touren wir mit drei Streichern. Das ist ein sehr langer und komplizierter Bühnenaufbau und Soundcheck.

Was möchtest Du noch gerne zu diesem Thema sagen?

Ich habe nur einmal ein Konzert in Hannover gespielt, bei dem der Haustechniker am Mischpult war und das Konzert richtiggehend sabotiert hat. Es gab die ganze Zeit Feedbacks auf allen Frequenzen und dem Techniker war ganz offensichtlich völlig egal, wie gut oder schlecht er seine Arbeit macht. Das Konzert war für das Publikum ungenießbar, man hat kein Wort mehr vom Text verstanden. Ausverkauftes Haus und die Leute fanden das Konzert zu Recht mies, obwohl wir uns natürlich alle Mühe gegeben haben, bloß der Techniker nicht. Es war eine so schreckliche Erfahrung, völlig machtlos dagegen zu sein. Danach haben wir sofort angefangen, einen eigenen Techniker mitzunehmen, um solchen Idioten nicht mehr ausgeliefert zu sein. Seitdem läuft technisch alles bestens. Wir schätzen unseren Techniker und er ist für uns wie ein Bandmitglied.

Der Livemischer sollte nach Möglichkeit niemals laute Feedbacks verursachen. Die Musiker leben davon, dass Ihr Gehör intakt ist, und können sehr, sehr böse werden, wenn jemand diesem Gehör Schaden zufügt. Und falls es doch mal passiert, kommt eine prompte Entschuldigung gut an. :-)

Sänger und Sängerinnen mögen es nicht, wenn man ihnen sagt: »Jetzt sing mal laut!« Ich kann gar nicht genau erklären, warum mich das so sehr unter Druck setzt, aber jedes Mal kriege ich ganz schlechte Laune, wenn ich dazu aufgefordert werde. Einfach singen lassen, und dann vielleicht fragen: »Singst Du bei irgendeinem Lied noch lauter als so?« – Die meisten Sänger werden das richtig einschätzen können, glaube ich.

Robin Konhäuser

von MARATHONMANN

Was macht für Dich oder für Deine Band einen guten Livemischer aus?

Der Livemischer muss abgesehen von seinem technischen Know-how der Band ein gewisses Gefühl der Sicherheit geben. Auch wenn das bloße »Vorhandensein« eines eigenen Mischers schon eine gewisse Sicherheit mit sich bringt, sind es auch persönliche Aspekte oder die Ruhe, die der Mischer ausstrahlt, um der Band in jeder Situation das Gefühl zu geben, dass alles unter Kontrolle ist. Ein bisschen wie das, was einen guten Tourmanager ausmacht, braucht auch der Livemischer das gewisse Feingefühl und muss die Band genau verstehen. Außerdem sollte er verstehen, wie die Band sich soundtechnisch präsentieren möchte, und es dementsprechend umsetzen. Dies ist wohl eine Frage des Charakters und wie bei der Wahl des Tonstudios einfach an die Person gebunden. Deshalb ist es wohl auch sehr schwer, den richtigen Livemischer zu finden.

Welche Fähigkeiten und Fertigkeiten oder Eigenschaften sollte ein Livemischer für Dich besitzen?

Ein guter Livemischer muss in erster Linie verstehen, wie die Band klingen möchte. Die technischen Fähigkeiten dazu sind natürlich erforderlich, aber es bringt nichts, wenn jemand alles kann, aber nicht versteht, wie der Sound der Band funktioniert. Er sollte sich mit den Songs auseinandersetzen und sich kreativ einbringen, da er auch gewissermaßen durch seine Mischertätigkeit die Aufmerksamkeit des Publikums auf gewisse Aspekte in den Songs lenken kann. Wobei wir wieder beim ersten Punkt wären: Den Sound oder besser gesagt die Musik der Band verstehen.

Ich erwarte dementsprechend von einem guten Livemischer, dass er die Band in- und auswendig kennt und genau weiß, an welcher Stelle er mal Delay auf die Stimme setzt oder Reverb auf eine Snare und es nicht nach Lust und Laune mal hier und mal dort macht.

Weiterführend traut sich ein Livemischer der Band oder dem Musiker Feedback zu geben, sowohl in Bezug auf seine eigene Performance als auch in Bezug auf das benutzte Equipment.

Wie kommunizierst Du mit dem Livemischer?

Wenn die Person von unsrer eigenen Crew ist, gibt es in der Regel vor dem Soundcheck gar nichts zu klären, es sei denn, man gibt Feedback oder möchte Feedback. Ist es nicht der eigene Mischer, geht man schon manchmal gern zumindest kurz das Setup durch und weist auf etwaige Abweichungen vom »Standard-Setup« hin. Während des Konzerts gibt es nur in absoluten Notfällen eine Kommunikation, z.B., wenn mal der Monitor lauter muss. Sonst gibt es hier keinen Grund, mit dem Mischer zu kommunizieren. Er macht seinen Job und die Musiker ihren. Die Kommunikation läuft in dem Fall dann über den Stagemanager, da dieser direkt an der Bühne steht und auch bei spezifischeren Wünschen in einer Songpause angesprochen werden kann, wenn Handzeichen nicht ausreichen würden.

Ich denke, während der Show gibt es nur eine Möglichkeit, gut und effektiv mit dem Mischer zu kommunizieren, und das ist, indem man einen Stagemanager an der Bühne hat, welchem man in einer Songpause die Wünsche sagen kann, welche dieser dann direkt an den Mischer in Person oder per Funk weitergibt. Wenn der Musiker selbst mit dem Mischer kommunizieren muss, bleiben einem in der Regel nichts anderes als Handzeichen, welche einen gewissermaßen einschränken.

Wie wird der Livemischer in Soundfragen eingebunden?

Im Optimalfall probt man vorher zusammen und geht das Setup durch. Detailfragen werden in einem Gespräch geklärt. Es hilft immer, dem Mischer zu sagen, was man an gewissen Stellen in Songs o.Ä. bezwecken möchte, damit er weiß, ob er hierbei unterstützen kann. Sei es durch Monitormix oder die Anwendung von Effekten etc.

Wie oben schon beschrieben, wünsche ich mir von einem Mischer durchaus, dass er sich kreativ einbringt. In Bezug auf den Sound sollte er sich auch Gedanken machen und wann immer er möchte, Vorschläge einbringen, wie man etwas eventuell verbessern könnte. Da man als Musiker so gut wie nie seinen eigenen Livesound zu hören bekommt, muss es hier ein hohes Maß an Vertrauen geben.

Welchen Stellenwert hat für Dich der (Live-)Sound Deiner Musik? Was ist für Dich dabei besonders wichtig? Was ist egal?

Ich lege hohen Wert darauf, dass der Livemischer versteht, welche Instrumente an welchem Part im Song besonders gut zu hören sein müssen. Sei es nun im ganz einfachen Fall eines Gitarrensolos, welches deutlich hörbar sein muss und durch ein Stereo-Delay aufgeschönt werden kann, oder dass in einem Part, welcher vor allem vom Bassdrive lebt, dieser besser zu hören ist. Es gibt viele Möglichkeiten, wie man dem Livesound einer Band das gewisse Extra verpassen kann.

Der Livemischer kann vor allem durch den richtigen Soundcheck sicherstellen, dass die Band während der Show nicht aus allen Wolken fällt. Man erlebt oft, dass es beim Soundcheck o.k. ist und dann bei der Show vieles auf einmal nicht mehr passt. Hierbei ist aber auch oftmals die Band schuld, welche den Soundcheck nicht in der gleichen Art durchzieht wie später die Liveshow, z.B. durch anderes oder leiseres Singen etc. – Ein guter Livemischer kennt seine Musiker und andersrum, dann klappt es auch, dass der Soundcheck schnell von der Bühne geht und man während der Show nur in Notfällen überhaupt noch mal kommunizieren muss.

Ob der Live-Sound fürs Publikum stimmt, legen wir in erster Linie darüber fest, wie die Reaktionen des Publikums auf die Performance sind und wie den Sound »vertrauenswürdige« Personen beurteilen. Mehr bleibt einem hier nicht übrig, da man ja nicht während des Konzerts im Sweetspot der Venue steht.

Wie berücksichtigt Ihr beim Songwriting bzw. bei der Produktion von Songs/Alben die Live-Umsetzung?

Das machen wir in erster Linie insofern, dass man es live auch umsetzen könnte. Bisher war z.B. der Einsatz von Backingtracks nie notwendig, aber sollte mal ein Klavier vorkommen, welches unbedingt im Song sein muss, würden wir es wohl vom Band laufen lassen. Sonst ändern wir die Songs auch oft minimal ab, um sie in unserer Konstellation live umsetzen zu können.

Welche Erfahrungen haben dazu geführt, dass Ihr etwas an Eurer Herangehensweise an die Musik bzw. Euren Sound geändert habt? Was hast Du im Laufe Deiner Karriere über Livetontechnik gelernt?

Man lernt mehr den Sound der Band als Ganzes zu betrachten und nicht mehr nur sich selbst. Das heißt: Man lernt, den Sound selbst mehr anzupassen, damit er sich mehr in die Band einfügt, auch wenn das erst mal heißt, dass man den Sound von einem selbst (da man sich ja in der Regel direkt am besten hört) nicht mehr so cool wie vorher findet.

Wir haben über das letzte Jahr vor allem unsere Gitarren viel weniger verzerrt, da wir gemerkt haben, dass es – auch wenn es auf der Bühne einzeln für uns cool klang – draußen einfach zu matschig war. Im Großen und Ganzen war dann weniger Gain für den Gesamtmix genau die richtige Dosis Gain in der Summe. Auf der Bühne hat es nur ein paar Shows gedauert, bis man sich an die neuen Settings gewöhnt hat, und wir drehen immer noch eher Gain raus als rein. ;-)

Eins meiner Hauptprobleme – welches in der Regel mit kleineren Bühnen korreliert – ist eigentlich nur, dass eventuell die Monitore nicht laut genug sind, um meine Stimme gegen den anderen Krach zu hören. Dieses Problem hat man auf großen Bühnen in der Regel eher nicht, weil hier die Monitoranlage auch einfach kräftiger ist. Abgesehen davon bevorzuge ich die Bühne mindestens so groß, dass ich einigermaßen Platz habe. Es muss nicht riesig sein, aber dass man ein bisschen Platz hat, um sich zu bewegen ist schon ganz nett.

Ich glaube, der größte Fehler, den viele machen, ist, dass sie denken, dass Musik härter wird, wenn a) die Stimmung tiefer ist, b) die Gitarren mehr verzerrt oder c) die Bass Drum und Snare unfassbar laut sind. Ich habe lange nicht realisiert, dass mehr Gain unterm Strich eher bedeutet, dass es glatter und langweiliger wird, und es eher eine Frage des Kontrasts oder Songwritings ist, ob ein Song »hart« wirkt oder nicht.

Wie wichtig ist für Dich der Sound auf der Bühne?

Puh, der Sound auf der Bühne ist schon sehr wichtig. Wir haben die besten Erfahrungen bezüglich des Sounds auf großen Festivalbühnen gemacht. Dort ballert es einfach ziemlich und klingt gleichzeitig aufgelöst genug, dass man alles gut raushören kann. Plus, die Monitoranlage ist einfach so gut, dass man sich selbst gut genug hören kann, vor allem was die Stimme betrifft.

Das ist halt oft leider gerade in kleinen Clubs nicht so einfach, aber man findet eigentlich inzwischen immer einen Weg, dass die Monitorsituation zumindest okay ist.

Mir persönlich ist es nach wie vor wichtig, dass ich meine Gitarre von hinten höre, das heißt ich möchte vor meinen Gitarrencabs stehen. Das ist manchmal problematisch, wenn die Bühnen so klein sind, dass ich nicht beide Amps hinter mir haben kann, aber man kriegt das schon hin.

Ich denke wir sind als Band ziemlich einfach, was Bühnensound betrifft, deshalb kriegen wir das in der Regel auch mit fremden Livemischern ganz gut hin. Es ist aber trotzdem immer cool, den eigenen Mischer zu haben, da dieser die genauen Vorlieben halt schnell kennt und alles so viel schneller und unkomplizierter abläuft.

Was möchtest Du noch gerne zu der Thematik sagen?

Ich denke, viele Musiker auf der Bühne machen gerade anfangs den Fehler, alles lauter haben zu wollen. Dabei bringt es oft einfach mehr, den Monitorsound von anderen Dingen leiser zu drehen, damit das, was man hören möchte, einfach wieder deutlicher rauskommt. Ich habe selbst lange gebraucht, bis mir das mal in den Sinn kam. ;-)

Wann bzw. warum habt Ihr Euch entschieden, mit einem eigenen Livemischer zusammenzuarbeiten?

Ein eigener Livemischer war bei uns relativ früh im Gespräch. Leisten konnten wir uns das aber erst viel später. Auf der Prioritätenliste kommt FOH für uns aber direkt nach dem Tourmanager. Es trägt einfach, abgesehen vom besseren Livesound, so viel zur gefühlten Sicherheit auf der Bühne bei. Wir sind vor allem auf großen Bühnen (bei großen Festivals) deutlich entspannter, wenn man weiß, der Mischer ist dabei und kontrolliert das »Unberechenbare«, so gut es geht mit.

Auch der Linecheck auf großen Festivals ist viel angenehmer mit eigenem Mischer, da man einfach weiß, dass alles so läuft, wie es soll, und nicht in letzter Minute Fragen aufkommen zum Amp-Setup oder sonst was.

Welches Verhältnis besteht zwischen Euch und Eurem Mischer? Was bedeutet das im Detail?

Ich glaube, wir haben ein sehr gutes und freundschaftliches Verhältnis zu unserem Mischer. Soweit man das sagen kann, da wir mit unserem wohl jetzt festem erst eine Tour gefahren haben. Wir pflegen aber generell zu unserer ganzen Crew ein sehr enges Verhältnis und sind befreundet. Immerhin sitzt man auf der Tour 24 Stunden zusammen und hängt zusammen 'rum. Außerdem trägt die Crew genau so viel zur erfolgreichen Show bei wie die Band selbst, wenn auch zu anderen Zeitpunkten oder eventuell in anderen Bereichen, abgesehen von der Show. Deshalb ist es uns generell sehr wichtig, dass die Crew sich wertgeschätzt fühlt, da ohne sie das Projekt Show auch einfach nicht so rund laufen würde. Wir sind sehr dankbar für die netten Typen, denen es anscheinend Spaß macht, mit uns auf Tour zu sein. ;-)

Wie sieht die Vorbereitung auf Konzerte und die Zusammenarbeit allgemein mit Eurem Mischer aus? Finden gemeinsame Proben statt?

Das hatten wir schon oft geplant, hat bis jetzt aber noch nie geklappt. Letztendlich nehmen wir uns dann beim ersten Soundcheck auf der Tour extra viel Zeit und besprechen alles. Außerdem gibt es halt laufend Feedback, wenn nötig. Mehr Vorbereitung, abgesehen von der Besprechung im Vorfeld meist via E-Mail, findet nicht wirklich statt. Unser Setup ist aber auch »rockbandmäßig« unkompliziert, abgesehen von zwei Amps pro Gitarrist.

Markus »Onkel« Lingner

von ALLIGATOAH, OHRBOOTEN, JEANETTE BIEDERMANN u.v.a.

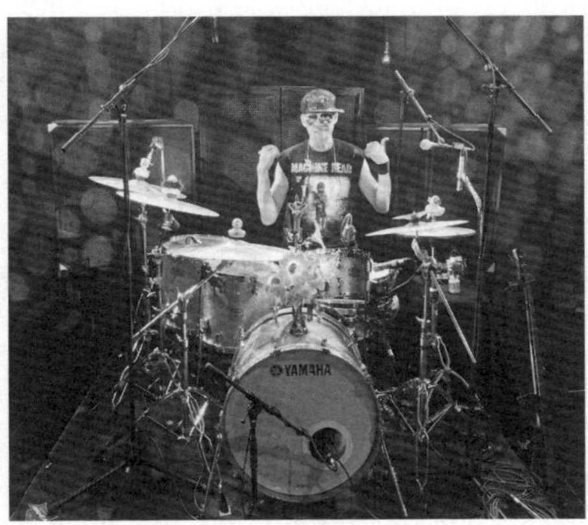

© Kevin Castens

Was macht für Dich oder für Deine Band einen guten Livemischer aus? Welche Fähigkeiten und Fertigkeiten oder Eigenschaften sollte ein Livemischer für Dich besitzen?

Am angenehmsten sind mir FOH-ler, die nicht so viel quatschen und in stressigen Situationen die Ruhe bewahren. Auf Festivals vor allem. Sich im Vorfeld über ungünstige Bedingungen zu beklagen, hilft niemandem. Ein guter Draht zur örtlichen Crew kann vieles besser machen. Oft holt der Häusliche vielleicht noch sein eigenes Equipment raus, wenn er die Band und die angereiste Crew mag. Es sollen ja alle ein schönes Konzert erleben. Unabdingbar finde ich das Wissen eines festen FOH-lers einer kleinen bis mittleren Produktion um die Patch/Routing-Gegebenheiten auf der Bühne. Bei größeren Produktionen ist das eher zu vernachlässigen, weil jede Position besetzt ist. Bei kleinen kann es zu verwirrender und manchmal auch unsinnig langer Konversation von der Bühne zum FOH führen. Genauso wichtig ist bei einem festen Tonmann das Wissen um den Sound der Produktion auf dem Tonträger. Nicht jedes Detail muss berücksichtigt werden, aber der Grundsound des jeweiligen Liedes sollte erkennbar sein (vorausgesetzt, die Band spielt dementsprechend ;-)). Dass Feedbacks während des Soundchecks/Konzerts nicht geil sind, ist ja klar :-) – aber auch nicht immer nur schuld des Mischers. Monitore nach oder vor dem Check eventuell Einpfeifen ist natürlich wichtig. 19"-Geräte kenne ich, Gesprächsbedarf in dieser Richtung ist von mir nicht total da, manchmal kann's auch ganz interessant sein, in der Regel aber eher nicht. ;) Ich erklär' auch nicht jedem Mischer den Unterschied zwischen Maple- und Birch-Kesseln. :-)

Ach, und man sollte gemeinsam unbedingt Bier trinken können bei 'ner langen Tour. :-)

Wie kommunizierst Du mit dem Livemischer? Wie wird der Livemischer in Soundfragen eingebunden?

Vor dem Konzert frage ich, ob alles klar geht oder die Band z.B. dynamisch oder sonst wie auf irgendwas aufpassen sollte. Normalerweise klären sich solche Sachen aber ja schon beim Soundcheck. Hin und wieder nehmen wir Konzerte audiovisuell auf und wir werten das sound- und lichtmäßig aus, um an diesen Stellen vielleicht noch etwas zu verbessern. Der Mischer ist ja meiner Meinung nach auch Teil der Band. Deswegen ist kreativer Umgang mit dem musikalischen Material von der Bühne absolut erwünscht. Ich habe noch nie einen guten Tonmann erlebt, der dadurch etwas kaputt gemacht oder die Band völlig falsch abgebildet hätte. Selbst kreativer Umgang mit PA-seitigen Feedbacks war schon einmal ein toller neuer Sound. Bei Leuten, die ihre Konsole nicht bedienen können oder eigentlich völlig überfordert sind, ist das was anderes. Auch der Techniker, der mit dem Satz: »Ich mach das immer so!«, in absolutem Tonfall antwortet, ist meist nicht der beste, den man trifft.

Technische Rider gibt's immer, die Frage ist manchmal, ob die nicht angekommen, im Club verloren gegangen oder auch nicht aktuell sind. Kann ja sein, dass sich auf der Tour was ändert, dann ist der Rider aber schon längst draußen und man muss vor Ort ein paar Sachen anpassen. Die Schnittstelle von Band zum FOH bin meistens ich, da ich auch das Monitoring während der

Show fahre bei den Booten. Technische Verbesserungen oder notwendige Veränderungen werden auch meist mit FOH/Backline und mir besprochen.

Wie ist Eure übliche Vorgehensweise bei Soundchecks? Worauf achtet Ihr dabei besonders?

Das ist formationsabhängig. Bei den Ohrbooten mache ich den In-Ear-Mix über ein Digitalpult, der Wedgemix kommt ebenfalls von mir. 2 Kanäle (Band/Vox). Da sind die Einstellungen schon meist so, dass der Bühnensound direkt steht, wenn alles verkabelt ist, von kleineren Abweichungen mal abgesehen. Unser Check läuft wohl eher ungewöhnlich ab. Bass Drum fängt an, dazu Snare, Hi-Hat, das läuft bis zum Gesang durch, ohne ständiges Stoppen, damit der FOH jedes Signal einzeln bekommt. Wir spielen die ganze Zeit denselben Groove und hören uns komplett über's In-Ear. Der Mischer schiebt die Signale Stück für Stück auf der PA hoch und die Leute können schon anfangen zu tanzen, während ein Signal zu dem anderen kommt. Jeder Kanal wird also im Groove parallel von mir sowohl auf dem In-Ear als auch über FOH gecheckt. Ich sehe sofort, ob was bei mir nicht ankommt, und kann dem FOH Bescheid geben, dass eventuell etwas bei seinem Patch nicht stimmt, wenn bei mir alles läuft. Im besten Fall wird das behoben, während die Band weiter groovt. Es steht eine Kommunikation von allen auf den Kopfhörer des FOH. Wenn wir viel Zeit haben, gibt's auch den klassischen Linecheck von Backlinern, ob alle Signale safe sind, und dann geht das oben genannte Prozedere los. Der gegebenenfalls örtliche Monitor muss nur die anliegenden zwei Kanäle auf Handzeichen hochfahren. Wichtig ist für uns, dass kein Motörhead-Level auf den Wedges stattfindet. Auch das hab ich im schlimmsten Fall durch den Master der Kanäle, die zum Monitormann gehen, in der Hand. Funktioniert meist aber gut. Der FOH gibt uns Bescheid, wenn er Gesang auf die PA schiebt, und dann geht's direkt los. Übergang vom Linecheck ist also direkt. Auf Club-Tour passiert das natürlich lange, bevor Leute da sind, und da gibt's dann nur 'nen Backliner-FOH-Check/Intro vom Band/Show-Beginn.

Bei meinem Duo Tschaika brauchen wir eigentlich keinen Check. Gitarre und Drums hat bis jetzt noch jeder hinbekommen, und der Sound der Band erklärt sich von selbst, wenn wir spielen. Wenn ich als Sub irgendwo aushelfe, ist ein Check schon nicht schlecht. Aus zwei Gründen. Die Band, in der ich subbe, bekommt ein Gefühl, wie's mit mir als Trommler sein wird, ich muss die Vox und gegebenenfalls bestimmte Sachen gut auf dem Monitor hören, und der

FOH lernt meinen Sound in Zusammenhang mit der Band kennen. Drummer unterscheiden sich ja nicht nur von den Gains, sondern auch natürlich vom Spielgefühl. Der wichtigste Soundcheck war letztes Jahr als Sub für Tim Bendzko. Über Nacht musste ich mehr als 20 Songs lernen und dann am nächsten Tag die komplette Show mit allen Details zocken, Probe war quasi der Soundcheck. Obwohl ich nur meine Sticks mitbrachte und das Set ansonsten eins zu eins so spielte, wie der eigentliche Drummer, ergaben sich für den FOH andere Dinge. Und natürlich brauchte ich einen exzellenten Monitormann, der zum Glück unfassbar gute Arbeit gemacht hat. Es hat alles super geklappt, obwohl es für alle eine große Herausforderung war. :-)

Welchen Stellenwert hat für Dich der (Live-)Sound Deiner Musik? Was ist für Dich dabei besonders wichtig?

Es muss überzeugen durch guten Groove, passende Räume, gute Textverständlichkeit und dynamisch vom Mischer mitgestaltet werden. Es ist schade, wenn der Solist nicht zu hören, sondern nur dabei zu sehen ist, oder bestimmte hookige Parts erst zu spät die richtige Lautstärke im Mix bekommen.

Was ist für den Livesound egal? Auf welche Aspekte legst Du besonderen Wert? Welche Aspekte sind eher unerheblich? Warum?

Ganz blöde Antwort, aber ich glaube mir ist nichts egal. :-) Das mag aber auch daher kommen, dass ich selber produziere und im Studio mische. :-) Was ich nicht mag, ist, wenn man Dinge auf der Bühne sehen, aber im Publikum nicht hören kann. In den seltensten Fällen hat das einen nachvollziehbaren Grund (z.B., dass die Marching Drums eigentlich nur zusätzlicher optischer Show-Effekt, aber besser nicht durchgehend zu hören sind). Manchmal hat der FOH aber einfach nicht aufgepasst und das Trompetensolo aus irgendwelchen Gründen zu spät mitbekommen. Das ist bei einem bandfremden FOH natürlich klar, dass es passieren kann, bei jemandem, der fest zur Band gehört, eher nicht nachvollziehbar.

Welche soundtechnischen Dinge sind für die Wirkung Deiner Musik oder Show unverzichtbar? Wie kann der Livemischer dazu beitragen, dass diese Aspekte ausreichend berücksichtigt werden?

Die beste Vorbereitung ist wohl, sich mit dem musikalischen Material, was im Konzert stattfinden soll, vorher mal vertraut zu machen. Die Drums und Räume reggaemäßig aufzufassen, hilft nicht bei einer Doom-Rock-Band. ;-) Klärt sich aber sicherlich meistens beim Check. Gute Absprachen bezüglich des Monitorsounds und des Verhältnisses der Instrumente untereinander können auch Zeit und Nerven sparen.

Kurze, klare Handzeichen auf Seiten der Musiker und ein gewisses Maß an Sensibilität, was die eigene Faderbewegung betrifft, auf der Tonmann-Seite sind wichtig.

Gute Laune und Leichtigkeit auf beiden Seiten sind unbezahlbar, weil es dann immer ein geiler Abend wird.

Wie beurteilt Ihr, ob der Livesound für das Publikum »stimmt«?

Im Konzert empfinde ich das als schwierig. Da muss der Livemischer das Ding schunkeln. Wenn's bei mir unterm Hocker brummt und die Leute zappeln, hab ich sofort 'n gutes Gefühl. Das Konzert mitschneiden hilft, und dann am nächsten Tag mit dem Mixer an Details arbeiten beim Soundcheck ist eine Variante. Oder ihm die Sachen mit ein paar Notizen auf seine Setlist schreiben. Auch eigentlich immer gut. Gerade wenn's nicht der feste Mixer ist!!!

Wie berücksichtigt Ihr beim Songwriting bzw. bei der Produktion von Songs/Alben die Live-Umsetzung?

Früher haben wir (Ohrbooten) die Alben mit Moses Schneider live recorded. Da hat sich diese Frage kaum gestellt. Mal von wichtigen Räumen im Mix abgesehen. Ich hab mir wichtige Snares auf's Pad getan. Unser damaliger Mixer war auch bei den Platten als Co-Produzent dabei, da war er eh im Aufnahmeprozess schon dabei. Wir nehmen jetzt seit zwei Platten wieder eher klassisch im Sandwichverfahren auf. Zur Live-Umsetzung proben wir dann intensiv, extrahieren wichtige Sounds aus der Produktion aufs Yamaha dtx900 (was eigentlich ein E-Drum-Modul ist), so dass entweder die Keyboards die Klänge via Midisteuerung auf den Tasten oder ich die Sounds auf den Pads hab. Ansonsten versuchen wir die wesentlichsten Sounds und Melodien ohne weitere Hilfsmittel zu spielen und scheißen schon mal auf kleinere Details aus der Produktion, da wir zu viert 'n kleineres Orchester sind als in Cubase. :-)

Am Ende fragt auch keiner aus dem Publikum, wo denn nun der fünfte Shaker im dritten Refrain war, wenn der Song live gut umgesetzt wurde. Was hilft, sind sicherlich gewünschte Delays, Reverb etc. auf Gitarre oder Keys von dem Musiker direkt. Den Zerrer schaltet ja auch nicht der FOH.

'Nen Computer haben wir nicht auf der Bühne, da sind wir Dinosaurier. ;-) Es sei denn, jemand hat sich verletzt und wir müssen trotzdem spielen, dann ist auch schon mal Ableton mit auf der Bühne gewesen.

Das Wichtigste ist die Energie der Band und spielerisches Talent, dann darf das Lied auch weiter weg von der Albumversion sein. Die Leute haben ja die Platte eh im besten Fall gehört. Manche Songs funktionieren auch live aus irgendwelchen Gründen nicht im Albumformat, da muss man dann eh nochmal anders ran.

Welche Gespräche/Erfahrungen mit Livetontechnikern haben dazu geführt, dass Ihr etwas an Eurer Herangehensweise an die Musik bzw. Euren Sound geändert habt?

Der Austausch zwischen Mixer und Band ist absolut wichtig. Der Mischer steht jeden Abend im Publikum, bekommt unmittelbar die Reaktionen auch im hinteren Teil der Venue mit und erkennt mitunter eher, welche Schwächen die Setlist oder auch Songarrangements haben. Ebenso sollte man, wenn der FOH Schwierigkeiten hat, bestimmte Sounds in den Griff zu kriegen, gemeinsam beim nächsten Check daran arbeiten. Außerdem ist niemandem geholfen, wenn man als Musiker auf bestimmte Gains beharrt. Der Drummer, der nicht leiser spielen will, kann es vermutlich einfach nicht. :-) Dann ist aber der FOH nicht allein schuldig, wenn's kacke klingt. Wenn in 'nem kleinen Laden der Gesang oder die Toms nicht zu hören sind, weil die Gitarre auf der Bühne viel zu laut ist, kann man ebenfalls dem FOH keinen Vorwurf machen. Auch wenn ich schon unglaublich guten Sound, gerade in kleinen Läden erlebt hab, wo ich dachte, das wird nie was beim Load. Am besten ist, wenn Musiker und FOH sich annähern und keine Dogmen aufgestellt werden. Dann gibt's Frust und das Konzert wird scheiße.

Was interessiert Dich besonders an der Thematik Live-Tontechnik?

Kompression ...

Welche Aspekte des Livesounds werden von Musikern häufig falsch eingeschätzt?

Bühnenlautstärke, räumliche Reflexionen.

Wie wichtig ist für Dich der Sound auf der Bühne?

Wie beschrieben ist für mich Bühnensound sehr wichtig, wenn ich als Sub aktiv bin, um die songcharakteristischen Merkmale gut orten zu können. Als Trommler find' ich es gut, meine Bass Drum spüren zu können, besonders in lauten/schnellen/komplexen musikalischen Kontexten. Der Rest ist Luxus.Ich versuche in jedem Fall, meinen Monitor nicht mit allen Signalen vollzudröhnen und auch nicht brüllend laut zu fahren. Bass ist immer 'ne tolle Sache auch auf'm Wedge zu haben. ;-)

Wann bzw. warum habt Ihr Euch entschieden, mit einem eigenen Livemischer zusammenzuarbeiten?

Die Ohrbooten hatten von Anfang an einen Mischer, weil er Teil des Freundeskreis war. Wir haben viele untypische Instrumente dabei und es ist toll, die Songs auch wie auf Platte live abbilden zu können. Das geht im Detail nur mit jemand, der die Songs kennt, wie die Musiker auf der Bühne. Der Mischer ist bei uns Teil der Band. Aufgrund der komplexen Instrumentierung und der Tatsache, dass alle Backvox singen, haben wir uns für's autarke In-Ear entschieden, was ich steuere. Ist Mehraufwand technischerseits und Verantwortung bei der Band, aber lohnt sich, da auf großen Festivals der FOH keinen Monitor mehr machen kann und man nicht weiß, mit wem man zusammenarbeitet. Das war am Anfang wirklich problematisch. Damit war's Thema dann aber durch.

Wie sieht die Vorbereitung auf Konzerte und die Zusammenarbeit allgemein mit Eurem Mischer aus?

Bei den Ohrbooten gab es zur letzten Tour das erste Mal eine Saalprobe, nachdem circa knapp eine Woche an der Live-Umsetzung verschiedener Lieder oder Arrangements gearbeitet wurde. Bei kleineren Produktionen wird der FOH gerne zur Generalprobe eingeladen und bei größeren Produktionen (Jeanette, Alligatoah) wird sich meist in einen Club oder einer Halle über mehrere Tage eingemietet, um die Show im Detail zu proben. Am längsten dauern meist solche Sachen, wie das Leveln von Sounds bandseitig zum FOH oder dann das Feilen an musikalischen Übergängen. Bei Lexy&K-Paul gab es nur eine musikalische Probe und der FOH wurde kurz vorher gebrieft, was ungefähr abgehen wird. :-)

Was möchtest Du noch gerne zu diesem Thema sagen?

Wie Moses Schneider mal sagte, ist das Musikgeschäft manchmal, wie auf dem Jahrmarkt der Eitelkeiten unterwegs zu sein. Jeder weiß, wie's geht bzw. richtig ist etc.

Wenn man das auf beiden Seiten (Musiker/Crew) ein wenig im Griff hat, kommen viele gute Ideen zusammen und es wird geil!!! Es ist und bleibt Teamarbeit. Und lieber schaut nochmal jeder zuerst bei sich selbst, ob ein Kabel nicht richtig steckt. ;-) Dauert ja meist nicht lang ...

Heiko Mürkens

von RUMTREIBER

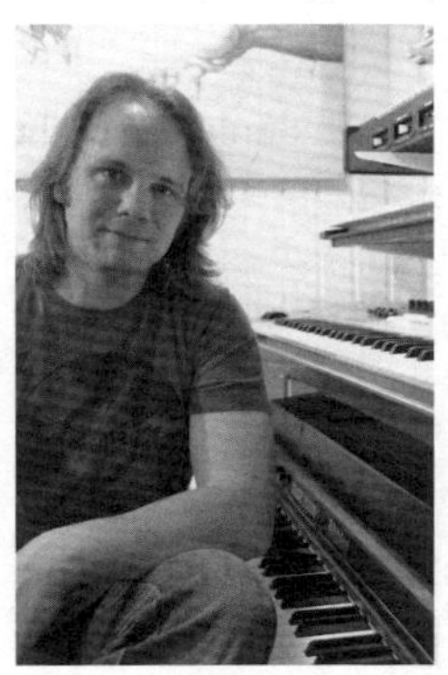

Was macht für Dich oder für Deine Band einen guten Livemischer aus?

Für mich ist ein guter Livemischer eine Person, die mir durch ein ruhiges und sicheres Erscheinungsbild in Verbindung mit Kompetenz die Möglichkeit gibt, mich auf der Bühne voll und ganz auf die Musik zu konzentrieren. Ich will und muss mir dann während einer Live-Performance keine Gedanken über technische Details und den Sound vor der Bühne machen.

Welche Fähigkeiten und Fertigkeiten oder Eigenschaften sollte ein Livemischer für Dich besitzen?

Pro: Ruhe, Disziplin, Kompetenz, Organisiertheit

Contra: Hektik, Großspurigkeit

Wie kommunizierst Du mit dem Livemischer?

Gut ist, wenn der Mischer ein Teil der Band ist oder als ein solcher angesehen und behandelt wird. Er gehört in jede Diskussion mit einbezogen, in der es um Technik oder Live-Performance geht, und sollte zudem das künstlerische Ziel der Band kennen und umsetzen können.

Wie wird der Livemischer in Soundfragen eingebunden?

Die Vorbereitung des Livemischers findet in Vorbesprechungen und – falls vorhanden – mit Aufnahmen der Band statt. Danach erwarte ich eine entsprechende Umsetzung der Musik in der Live-Situation. Kreativität gehört dabei zum Job des Livemischers dazu; er darf und soll seine Ideen einfließen lassen, solange es der Musik dienlich ist. Optimal ist, wenn er es schafft, nicht nur als technischer, sondern auch als »künstlerischer« Verstärker die Musik zu transportieren.

Welchen Stellenwert hat für Dich der (Live-)Sound Deiner Musik? Was ist für Dich dabei besonders wichtig? Was ist egal?

Der Livesound ist sehr wichtig. Musik und Band können noch so gut sein, wenn der Sound schlecht ist und sich das Publikum nicht mehr dafür interessiert, was auf der Bühne geschieht, kann man auch eine CD einlegen ...

Wie berücksichtigt Ihr beim Songwriting bzw. bei der Produktion von Songs/Alben die Live-Umsetzung?

Live und Studio sind für mich zwei separate Welten. Im Studio denke ich nicht darüber nach, wie die Musik später dann live umgesetzt werden kann. Das birgt allerdings unter Umständen den Nebeneffekt, sich für die Live-Performance noch mal ganz neu mit der Musik beschäftigen zu müssen. Was aber oftmals der Musik wiederum zugutekommt ...

Wie wichtig ist für Dich der Sound auf der Bühne?

Der Bühnensound ist enorm wichtig. Er ist das Fundament für das nötige Feeling, die Sicherheit der Band und für mich als Keyboarder die Basis für ein kontrolliertes Spielen und Einsetzen meiner Sounds.

Nachtrag zur 2. Auflage:

Was möchtest Du noch zur Thematik sagen?

Leute, vermeidet »Mischer-Hopping«! Es bewahrheitet sich immer wieder:

Ein fester Tontechniker als Bestandteil der Band ist von enormem Vorteil. Er kennt die Songs und weiß, welchen Sound die Band wünscht. Dies ist gerade dann sehr wichtig, wenn eigenes Material gespielt wird. Beim Covern sind die

Lieder ja (meistens) bekannt und man bekommt einen Grund-Sound vorgegeben.

Integriert den Tonmann in den kreativen Prozess und teilt ihm eure »Vision« vom gewünschten Sound mit. So kann er erheblich zur Stilentwicklung eurer Musik beitragen!

In dem Zusammenhang ist es immer hilfreich, wenn sich der Tontechniker in dem entsprechenden Musikgenre auskennt und den typischen Sound »schrauben« kann. Und wenn man auf Nummer sicher gehen will, macht ein Pool von zwei bis drei Tontechnikern, die jeweils den gleichen Kenntnisstand über eure Band und Musik haben, durchaus Sinn. So ist im Fall der Fälle immer adäquater Ersatz am Start.

Daher ist wildes Quertauschen von irgendwelchen außenstehenden »Miet-FOH-Männern« völlig kontraproduktiv.

Henning Pieta

von TAKE YOUR GUILT

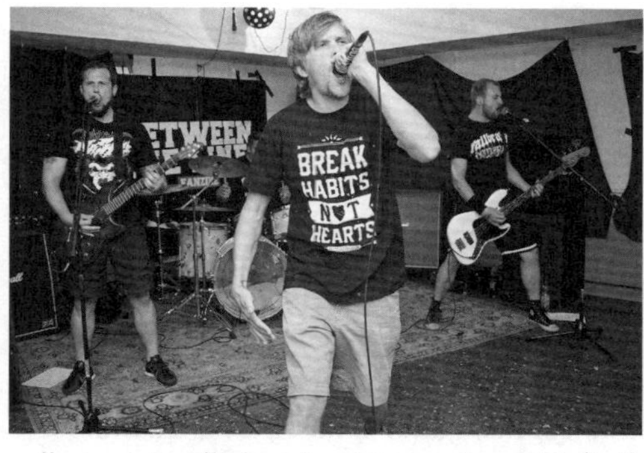

Was macht für Dich oder für Deine Band einen guten Livemischer aus?

Der Livemischer sollte sich auf die Band einstellen und nicht nur versuchen, seine Vorstellungen durchzusetzen. Er sollte seine Technik bzw. die Technik des Veranstaltungsortes beherrschen (sollte selbstverständlich sein, ist es aber nicht). Er sollte die Musikrichtung der Band/des Konzertes kennen und er sollte auf die Wünsche der Band eingehen.

Welche Fähigkeiten und Fertigkeiten oder Eigenschaften sollte ein Livemischer für Dich besitzen?

Es nervt, wenn der Mischer keine Ahnung von der Musik und/oder der Technik hat. Es nervt, wenn er zu viel redet und zu wenig tut. Er sollte nicht auf Drogen sein (ist auch schon passiert).

Wie kommunizierst Du mit dem Livemischer?

Vor dem Soundcheck wird dem Mischer normalerweise kurz gesagt, was uns wichtig ist. Während des Soundchecks ist es wichtig, dass der Mischer klare

Ansagen macht, was er in welcher Reihenfolge braucht, um abzumischen. Der Frontmann stellt sich kurz ins »Publikum« und gibt Feedback über den Sound.

Wie wird der Livemischer in Soundfragen eingebunden?

Der Mischer hat jeden Spielraum, solange das Ergebnis stimmt.

Kreativität ist eigentlich nicht so sehr gefragt. Dafür ist der Musiker zuständig. Der Mischer ist »nur« dafür da, die Musik so gut wie möglich dem Publikum zur Verfügung zu stellen.

Welchen Stellenwert hat für Dich der (Live-)Sound Deiner Musik? Was ist für Dich dabei besonders wichtig? Was ist egal?

Wichtig ist uns ein authentischer Sound. Wir spielen Musik mit wenig Schnörkeln. Deshalb ist ein guter, klarer Sound mit wenig »Firlefanz« wichtig. Ein zu »fetter« Sound kann schnell matschig sein.

Wie berücksichtigt Ihr beim Songwriting bzw. bei der Produktion von Songs/Alben die Live-Umsetzung?

Die Live-Umsetzung ist der zentrale Gesichtspunkt beim Songwriting. Es geht uns bei der Band um das Live-Spielen.

Wie wichtig ist für Dich der Sound auf der Bühne?

Der Sound auf der Bühne ist von elementarer Wichtigkeit. Durch einen guten Bühnensound spielt man besser und das führt auch zu einem besseren Sound für das Publikum. Wenn man sich nicht richtig hören kann, ist es schwer, eine gute Performance abzuliefern.

Nachtrag zur 2. Auflage:

Was möchtest Du noch ergänzen?

Was mir spontan einfällt, ist, dass Livemischer häufig nicht aufmerksam genug auf das sind, was auf der Bühne passiert. Vielleicht sind sie dann zu sehr mit ihren Reglern beschäftigt und versuchen gerade noch, den Bomben-Sound rauszukitzeln, und verlieren dabei etwas den Überblick ;-). Es ist uns jedenfalls schon öfter passiert, dass etwas Wichtiges nicht funktioniert hat und der Livemischer darauf gar nicht reagiert hat.

Beispielhafte Anekdote: Bei einem Konzert letztens hatte das Hauptmikro – also meins ;-) – einen Wackelkontakt oder so. Jedenfalls fiel es immer wieder aus.

Der Soundman hat das aber gar nicht wahrgenommen. Nach entsprechendem Hinweis hat er ein wenig daran herumgefummelt, aber das Problem bestand weiter, sodass ich mir irgendwann einfach selbsttätig das Mikro vom Gitarristen geschnappt habe.

Die Band nach uns: Das gleiche Spiel bzw. noch schlimmer. Der Sänger brüllt minutenlang quasi »stumm« ins Mikro – keine Reaktion vom Soundmann, obwohl ihm das ja auch von uns noch hätte klar sein müssen. So was geht einfach gar nicht. Da nimmt man lieber einen etwas schlechteren Sound in Kauf, wenn dafür alles zu hören ist.

Tobias Sammet

von AVANTASIA und EDGUY

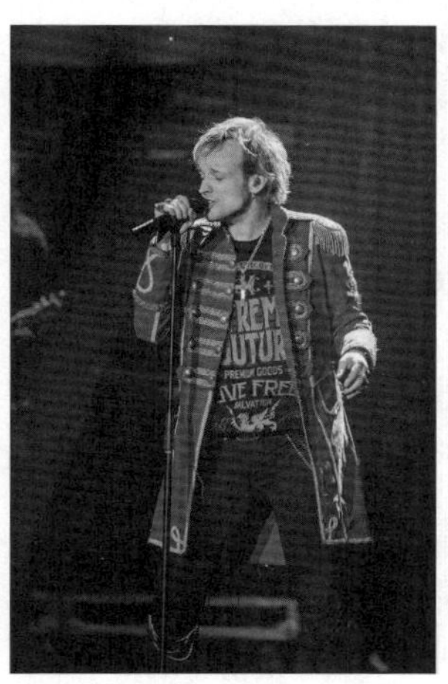

© Markus Felix

Was macht für Dich oder für Deine Band einen guten Livemischer aus?

Er muss die Band so mischen, dass das, was eine Band ausmacht, beim Publikum zum Tragen kommt. Bei einem Livemischer ist es genauso wie bei einem Studiomischer. Er sollte nur bedingt auf die gängigen Hörgewohnheiten eingehen und der Band weder den Stempel des Zeitgeists, noch seinen eigenen Stempel aufdrücken, sondern sein technisches Wissen und seine Erfahrung so einsetzen, dass der Sound einer Band mit ihren Eigenheiten und Charakteristiken eben verstärkt wird. Dabei sollte es weder in den Ohren weh tun, noch sollte es so leise sein, dass der Hörgenuss von Nebengeräuschen gestört wird oder die Drums beispielsweise von der Bühne lauter tönen, als über die Lautsprecher. Mir persönlich ist es auch wichtig, dass ein guter Livemischer kein A*** ist. Das gilt aber für alle Leute, mit denen man seine Zeit verbringt.

Welche Fähigkeiten und Fertigkeiten oder Eigenschaften sollte ein Livemischer für Dich besitzen?

Er soll technisch in der Gegenwart angekommen sein, den Zeitgeist verstehen, ihm aber nicht bedingungslos hörig sein. Darüber hinaus muss er Probleme unaufgeregt und routiniert lösen können, ohne dass die Show leidet. Er sollte es beherrschen, mit ihm unbekanntem Equipment schnell einen guten Sound auch ohne Soundcheck zaubern zu können, wobei »guter Sound« natürlich Geschmackssache ist. Ganz wichtig ist auch: Er sollte als mein Repräsentant vor Ort möglichst freundlich zu anderen Crewmitgliedern und örtlichen Aufbauhelfern sein und eben die Band so repräsentieren, wie man selbst auch wahrgenommen werden möchte. Wenn da mittags ein arroganter Wichtigtuer aufläuft, bliebe am Ende nur hängen, dass »das bei Avantasia damals A*** waren«. Das gilt aber für alle Partner.

Wie kommunizierst Du mit dem Livemischer?

Wir reden nach der Show über gewisse Dinge, ich will Feedback von ihm haben. Während der Show ist das schwierig, aber auch nicht nötig, denn wir müssen uns ja nicht absprechen. Ich kriege auf der Bühne ja sowieso nichts von dem mit, was draußen ankommt, mein Ansprechpartner sind der Monitormann, der Stagemanager und die Backliner. Allerdings haben die meistens über Funk Kontakt zum Front of House.

Wie wird der Livemischer in Soundfragen eingebunden?

Natürlich verschickt die Produktionsleitung Rider. Das meiste klären die Produktionsleitung und die Crew untereinander. Aber in der Regel macht der Soundmischer sein Ding und ich mache meins. Man unterhält sich höchstens mal darüber, ob der Schlagzeuger zu laut ist und die Overheads in die Mikrofone scheppern. Oder man entscheidet sich für eine andere Kapsel, da bietet mein Mikrofonausrüster ja verschiedene Möglichkeiten für verschiedenen Situationen, wir haben meistens mehrere Lösungen parat.

Welchen Stellenwert hat für Dich der (Live-)Sound Deiner Musik? Was ist für Dich dabei besonders wichtig? Was ist egal?

Ich sage im Spaß immer: Wenn die Leute irgendwann mal die Songs ab Mitte des Sets erkennen, bin ich zufrieden. Das ist natürlich Bullshit und dient nur dazu, unseren Mischer aufzuziehen. Ich will, dass die Leute nicht das Gefühl haben, dass es zu leise ist, aber auch keine schmerzverzerrten Gesichter haben. Es muss alles hörbar sein, man muss die Musik fühlen, aber sie sollte so transparent sein, dass man eben alles orten und genießen kann. Im Endeffekt ist es ganz einfach: Wenn das Publikum frenetisch reagiert und feiert, scheint der Mischer alles richtig zu machen. Genauer kann man das im Eifer des Gefechts nicht analysieren, das basiert rein auf Gefühl. Es muss so viel Vertrauen da sein, dass man weiß, dass der Mischer alles bestens hinkriegen wird. Das ist bei uns der Fall. Die Leute, die für uns arbeiten, habe ich alle irgendwann mal als Soundleute für andere Bands erlebt, da bekommt man ein Gespür für die Qualitäten der Leute. Da wir im Gegensatz zu sehr vielen anderen auf Gesänge vom Band verzichten, ist es dem Mischer natürlich erlaubt, mich mal etwas leiser zu machen und die Transparenz hinten anzustellen, wenn ich mal 'nen schlechten Tag erwische, was es schon gegeben hat. Dafür kriegt dann der Mischer oft Schelte von der Öffentlichkeit. Aber da muss er durch, dafür wird er schließlich auch bezahlt, haha!

Wie berücksichtigt Ihr beim Songwriting bzw. bei der Produktion von Songs/Alben die Live-Umsetzung?

Wir berücksichtigen das überhaupt nicht. Alles, was an hochwertiger handgemachter Musik im Studio aufgenommen wird, ist live irgendwie umzusetzen. Natürlich nur, wenn es der Song hergibt. Wenn man einen Haufen nichtssagende Scheiße im Studio mit tausend Spuren vertont, dann wird live halt nur auffälliger, wenn man die nichtssagende Scheiße nur noch mit 24 Spuren reproduziert. *Bohemian Rhapsody* oder *Bat Out Of Hell* kannst Du mit zwei Spuren reproduzieren und es wird ein Klassiker bleiben. Wenn alles nur auf sinnlosen Breaks und Machoriffs basiert, die erst wirken, wenn sie achtmal gedoppelt werden, dann wird das live unter Umständen nicht vernünftig klingen. Deswegen müssen Bands dann mit Schummeleien nachhelfen. Hierbei ist es vor allem wichtig, dass der Mischer die Klappe hält, damit es nicht irgendwann rauskommt. Bei uns kommen nur Keyboards vom Band, zumindest bei Edguy, weil wir keinen Keyboarder wollen. Bei Avantasia ist auch das Keyboard live.

Welche Gespräche/Erfahrungen mit Livetontechnikern haben dazu geführt, dass Ihr etwas an Eurer Herangehensweise an die Musik bzw. Euren Sound geändert habt?

Ich habe diesbezüglich viel von meinem Produzenten Sascha Paeth gelernt, wobei wir da eigentlich von Anfang an einer Meinung waren. Aber er hat mich für viele Unarten sensibilisiert, da ich vor einigen Jahren sicher noch nicht so konkret formulieren konnte, was mich bei manchen Produktionen störte. Wir scheißen auf den Zeitgeist und die Machoproduktionen. Alles soll heutzutage immer nur »knallen«, »fetter« sein oder »schieben«. Das sind so Standardphrasen von jungen Musikern, die es oft nicht verstehen, etwas Fragiles wirken zu lassen, weil es eben zum Teil auch handwerklich sehr schwierig ist, etwas Zartes wirken zu lassen. Man killt aber mit dem Zukleistern und Doppeln von allem die Dynamik und die Emotionen, die das, was mir persönlich an Musik nahegeht, ausmachen. Man macht zwei Berge nicht dadurch imposanter, dass man das Tal dazwischen auffüllt. Dann wird es eine Hochebene, und wenn man irgendwann nur noch eine riesige Hochebene hat, dann ist es doch wieder platt und eindimensional, nur dass man vielleicht Kopfweh vom Luftdruck kriegt. Diese ganzen hochgezüchteten 500.000-Dollar-Amiproduktionen, bei denen alles bis zum Anschlag komprimiert wird, machen meine Ohren krank. Ich habe jedenfalls nie *Highway To Hell* gehört und mir gedacht: »Wie geil wäre das, wenn es richtig schieben würde, die Gitarren zehnfach gedoppelt und alles ein Stück lauter und etwas undynamischer?!«

Wenn Du eine laute Produktion lauter machst, nervt alles nur noch und zwingt die Boxen in die Knie. Machst Du eine dynamische Produktion auf der Stereoanlage lauter, dann klingt es laut und geil. DIO, Meat Loaf, Queen, Tom Petty, Pink Floyd ... Alles geile Produktionen gegen viele dieser hochgezüchteten Mistproduktionen der letzten Jahre.

Die Herangehensweise in der Live-Situation hat sich insofern verändert, dass wir inzwischen In-Ear-Monitoring verwenden, das heißt, dass es sehr viel aufgeräumter klingt und ein Sänger nicht mehr gegen Gitarrenwände anschreien muss. Das einzige, was bei kleinen Bühnen manchmal nervt ist, dass das Schlagzeug mir ins Mikrofon ballert. Allerdings spielen wir ganz kleine Bühnen kaum noch, das macht die Sache etwas einfacher.

Wie wichtig ist für Dich der Sound auf der Bühne?

Sehr wichtig. Mich kann ein schlechter Bühnensound völlig aus der Fassung bringen. Nicht, dass ich dann nicht mehr singen kann, aber man brüllt sich eben heiser. Oder hat Schwierigkeiten, die Tonarten zu orten, in denen man sich bewegen sollte, was für einen Sänger durchaus auch negative Konsequenzen haben kann. Allerdings haben wir lange die Monitoranlagen benutzt, die in irgendwelchen Clubs standen; als wir vor über 20 Jahren anfingen, war das In-Ear-Monitoring auch noch nicht so weit verbreitet, das heißt, wir sind auch durch eine harte Schule gegangen. Wenn etwas schiefgeht, kann man sich immer noch die Stöpsel aus dem Ohr reißen, ein Ohr zuhalten und die PA als Tonart-Referenz benutzen. Das ist suboptimal, aber geht schon irgendwie. Was mich wirklich nerven kann, ist, wenn die Hallen eine so seltsame Akustik haben, dass ich das Publikum nicht höre. Wenn ich kein Feedback kriege, macht mich das wahnsinnig, dann denke ich: »Die finden Dich scheiße.« Bei Festivals mag das zum Teil auch so sein, aber manchmal ist es eben so, dass ich einen völlig falschen Eindruck von dem kriege, was da passiert. Dann beschimpfe ich nach einem Mitsingpart unser Publikum, um dann nachher auf irgendwelchen Aufnahmen zu hören, dass das südamerikanische Verhältnisse waren, was den Enthusiasmus betrifft.

Daniel Täumel

von DIE APOKALYPTISCHEN REITER

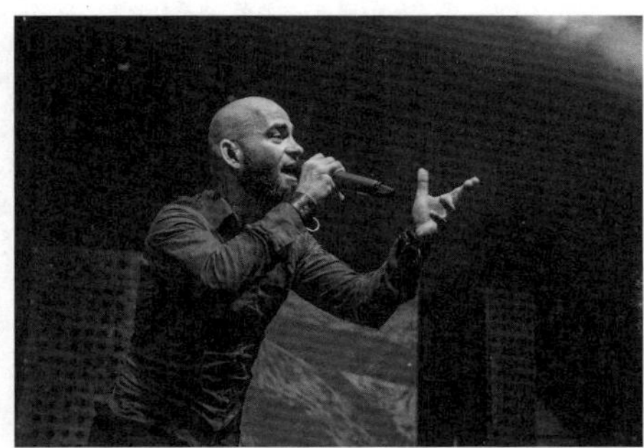

© Markus Felix

Was macht für Dich oder für Deine Band einen guten Livemischer aus?

Er muss fachliche und soziale Kompetenz besitzen.

Welche Fähigkeiten und Fertigkeiten oder Eigenschaften sollte ein Livemischer für Dich besitzen?

Er sollte über gute Ohren verfügen, mit Herz und Verstand mischen. Er darf im Bus keine 19-Zoll-Gespräche führen, es sei denn, es ist ein anderer Techniker anwesend und die Unterhaltung findet auf dem Klo statt. Er muss der Band jeden Tag weismachen, dass er heute Nacht die Show seines Lebens gemischt hat. Er muss mit enormem Stress umgehen können und wissen, wann man trotzdem freundlich bleibt.

Welche Gespräche/Erfahrungen mit Livetontechnikern haben dazu geführt, dass Ihr etwas an Eurer Herangehensweise an die Musik bzw. Euren Sound geändert habt?

Ich habe ein paar Jahre zugehört.

Michael Tiefenbeck

von THE SHOO-SHOOS, DAMP u.a.

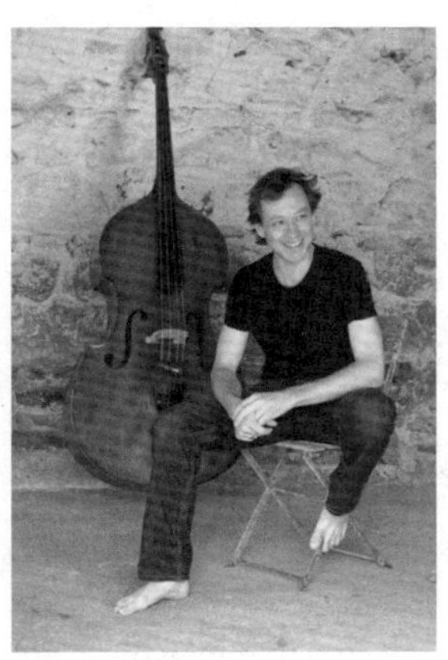
© Heike Lachmann

Was macht für Dich oder für Deine Band einen guten Livemischer aus?

Ein guter Mischer zeichnet sich dadurch aus, dass er versteht, wie die Band klingen will und das in der Location gut umsetzten kann. Was auch heißt, dass er der Band z.B. Feedback gibt, dass ihre Vorstellung nicht umsetzbar ist oder dass sie gerade gegen diese Vorstellung arbeiten, z.B. die Verstärker zu laut sind.

Welche Fähigkeiten und Fertigkeiten oder Eigenschaften sollte ein Livemischer für Dich besitzen?

Er sollte sich natürlich mit der Materie auskennen. Also wissen, was für eine Stimme wichtig ist oder wissen, wie er seine Anlage aufbaut. Und auch einschätzen können, welche Anlage für welche Band für eine bestimmte Location nötig ist. (Was aber die Bands dringen auch wissen und einschätzen können sollten!)

Mir ist extrem wichtig, dass das Equipment in Ordnung ist. Da fällt auch meist mein erster Blick drauf, wenn ich es mit einem mir unbekanntem Mischer zu tun habe. Er muss nicht das neuste, dickste und angesagteste Zeug haben. Aber ich sehe dann doch recht schnell, in welchem Zustand es ist, ob er es pflegt oder einfach nur abrockt.

Natürlich kann immer etwas kaputt gehen, aber es gibt einige Mischer, bei denen passiert das nie. Weil sie auf Ihr Zeug aufpassen, das selbe gilt übrigens auch für Musiker!

Von einem Livemischer wünsche ich mir auch, dass er zur Zeit des Soundchecks klare Anweisungen gibt, was er braucht, was o.k. ist und wer jetzt die Klappe zu halten hat.

Wenn er das nicht tut, nervt mich das.

Wie kommunizierst Du mit dem Livemischer?

Im Vorfeld in der Regel mit einem Stagerider und einem gemeinsamen Telefonat. In diesem erkläre ich dem Mischer, was ich mir vorstelle, was nötig ist, was wir selber mitbringen und wie er selber die Situation einschätzt. In der Regel wird alles einmal kurz per Mail festgehalten und dann gibt es keine Probleme mehr.

Während des Konzertes wird über Handzeichen kommuniziert, im seltensten Fall über ein Mikrofon. Es macht mich wahnsinnig, wenn der Mischer kein Signal zurück gibt. Wenn ich also winke, auf und ab hüpfe und versuche den Mischer zu kontaktieren, aber es passiert nichts.

Wie wird der Livemischer in Soundfragen eingebunden?

Ich erkläre ihm immer, wie die Band klinge soll. Und wenn ich das Gefühl habe, dass wir uns einig sind, hat er alle Freiheiten. Nur er kann einschätzen, wie die Band klingt, ich nicht! Am besten ist natürlich, man sieht einen Mischer nicht nur einmal, sondern arbeitet öfters zusammen. Da kann man sich besser annähern, besser verstehen und auf einander eingehen.

Welchen Stellenwert hat für Dich der (Live-)Sound Deiner Musik?

Extrem wichtig. Klinge ich oder die Band bescheiden oder schlecht, fällt das auf uns zurück. Ich kann mit einem schlechten Monitormix leben (möchte das natürlich nicht), aber finde es erheblich wichtiger, dass die Band richtig gut klingt. Das mit dem Feedback ist immer eine sehr schwere Sache. In der Regel vertraue ich da nicht jedem. Da es auch einfach eine Frage des Geschmacks ist. So muss ich dem Mischer vertrauen, versuche aber mir selber auch einen Eindruck von den einzelnen Instrumenten zu machen. In der Regel höre ich dann schon, ob der Mischer weiß, was er da macht. Und dann ist es immer schwer, wenn ein Freund oder Bekannter mal eben meint, dass dies oder jenes nicht so toll geklungen hätte.

Wie berücksichtigt Ihr beim Songwriting bzw. bei der Produktion von Songs/Alben die Live-Umsetzung?

Bis jetzt gar nicht. In der Regel wird bei den Proben darüber gesprochen, ob das technisch machbar oder sinnvoll ist.

Welche Gespräche/Erfahrungen mit Livetontechnikern haben dazu geführt, dass Ihr etwas an Eurer Herangehensweise an die Musik bzw. Euren Sound geändert habt?

Welches Gespräch das im Einzelnen war, weiß ich nicht. Aber in der Regel frage ich nach jedem Konzert, ob meine/unsere Signale und Musik in ordentlicher Qualität geliefert wurden. Ob es etwas zu verbessern gibt und ob er Tipps hat. Manchmal war es dann so, dass ein Mischer uns ein Mikrofon vorgeschlagen hatte, wir es verwendeten und es uns überzeugt hat.

Wie wichtig ist für Dich der Sound auf der Bühne?

Immer so gut wie möglich. Beim Aufbau versuche ich den Mischer immer mit einzubeziehen. Ergibt es Sinn, hier meinen Amp auf zubauen? Warum klingt hier mein Amp komisch?

Ich versuche immer, so leise wie möglich auf der Bühne zu sein, ebenso so wenig wie möglich auf den Monitor zu bekommen. In der Regel läuft dann alles.

Warum habt Ihr Euch entschieden, mit einem eigenen Livemischer zusammen zu arbeiten?

Am liebsten hätte ich pro Band immer einen festen Mischer. Bei einem Auftritt ist er/sie ein Mitglied der Band. Und je öfters er die Band gehört und gemischt hat, um so besser. Das gilt auf für jedes Bandenmitglied, je öfter wir zusammen auftreten desto besser.

Wie sieht die Vorbereitung auf Konzerte und die Zusammenarbeit allgemein mit Eurem Mischer aus?

Manchmal sind Proben möglich, dann würde ich sie auch immer machen.

Was möchtest Du noch gerne zu diesem Thema sagen?

Allgemein fällt mir auf, dass vielen nicht klar ist, was der Mischer macht. Sogar bei Veranstaltern und Musikern. Gerne möchte ich noch meinen Amp etwas anpreisen, da die Mischer immer nur das Kabel in die Di Box stecken, kurz den Amp anschauen, mich bitten einen Ton zu spielen, sich kurz die Äugelein reiben und dann mit dem Bass fertig sind. Jungs, ich will auch ein paar Minuten mal an meinen Reglern drehen!

Und: Gaffa hilft immer! Wenn nicht, dann war es zu wenig Gaffa.

Frank Thorwarth

von TANKARD

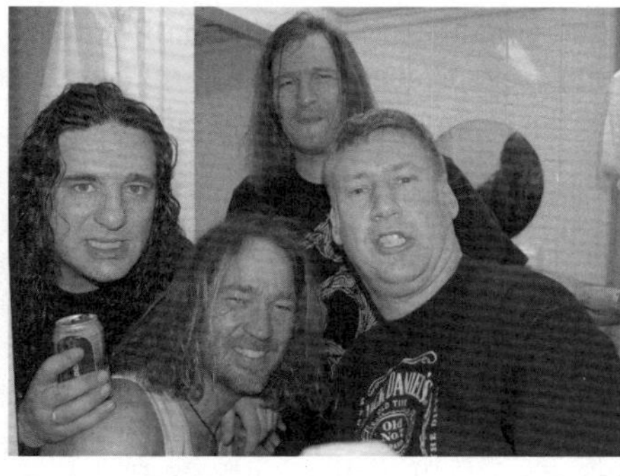

Was macht für Dich oder für Deine Band einen guten Livemischer aus?

Ein guter Livemischer geht auf die Band ein und versucht den Sound der Band so gut, wie bei den örtlichen Gegebenheiten eben möglich, umzusetzen. Besonders bei Clubgigs sind die Bedingungen seitens Technik und Akustik oftmals eher »suboptimal«. Das geht so weit, dass er natürlich auch die Musik kennen und in der Lage sein sollte, Anpassungen, wie z.B. Gitarrensound bei den Soli oder besondere Gesangseffekte an den richtigen Stellen der Songs, durchzuführen.

Des weiteren sollte er natürlich in der Lage und auch Willens sein, Vorschläge für eventuelle Einstellungen der Amps oder für das Tuning der Drums zu geben, damit der Sound bestmöglich angepasst werden kann. Auf der Bühne hört man normalerweise nicht, wie der Sound der Amps etc. im FOH ankommt.

Welche Fähigkeiten und Fertigkeiten oder Eigenschaften sollte ein Livemischer für Dich besitzen?

Die technische Kompetenz mal vorausgesetzt, sind die sogenannten »Social Skills« wahrscheinlich von herausragender Bedeutung. Letztendlich muss der

Soundmann sich sowohl mit der Band, was sicherlich nicht immer ganz einfach ist, als auch mit den örtlichen Technikern, was unter Umständen noch schwieriger ist, auseinandersetzen und versuchen, das Beste rauszuholen. Dabei darf er natürlich niemals den »Oberlehrer« raushängen lassen.

Wichtig für einen guten Soundmann ist natürlich auch die Vorbereitung, nicht nur auf die vorhandene Technik, sondern auch auf die Musik und die Wünsche der Musiker.

Wie kommunizierst Du mit dem Livemischer?

Da wir seit Jahren fast ausschließlich mit demselben Sound-Engineer arbeiten, sind generelle Dinge, wie die bereits erwähnten Soundvorstellungen etc., eigentlich immer klar. Während des Konzerts kommunizieren wir über unseren langjährigen Backliner. Der hört sich auch den Sound, sowohl beim Soundcheck als auch während des Gigs, an und gibt, falls notwendig, seine Meinung an den Soundmann weiter. Diese Aufgabe ist von besonderer Bedeutung, wenn wir doch mal ohne unseren angestammten Livemischer auskommen müssen.

Natürlich kommunizieren wir vor der Show bzw. nach dem Soundcheck über Besonderheiten, auf die es zu achten gilt (z.B. starkes Echo von der Halle etc.). Nach der Show gibt es immer auch eine »Manöverkritik«.

Wie wird der Livemischer in Soundfragen eingebunden?

Siehe hierzu auch die Antwort zu den vorherigen Fragen. Besondere Wünsche bei Effekten sprechen wir gewöhnlich vor und während des Soundchecks an, denn wir verwenden normalerweise nur »handelsübliche« Effekte. Ansonsten lassen wir ihm freie Hand.

Bei den Soundchecks starten wir, nach den normalen Einmessungen und Grundeinstellungen, mit den Drums.

Nach den Drums kommt der Bass, dann die Gitarre, die Backing-Vocals und zuletzt die Lead-Vocals an die Reihe.

Danach spielen wir einen Song fürs FOH. Nach diesem Song wird dann auch der Monitorsound besprochen.

Nach einem weiteren Song sind wir normalerweise fertig. Falls bei schwierigen Bedingungen für FOH oder Monitor noch ein Song notwendig sein sollte, kann auch mal ein dritter hinzukommen.

Welchen Stellenwert hat für Dich der (Live-)Sound Deiner Musik? Was ist für Dich dabei besonders wichtig? Was ist egal?

Besonderen Wert legen wir mittlerweile, sowohl live als auch im Studio, auf Transparenz und Druck, so dass jedes Instrument nicht nur gut klingt, sondern auch hörbar ist. Ich persönlich finde es bei Liveshows immer sehr störend, wenn man ein Instrument zwar sehen, aber nicht hören kann.

Wie berücksichtigt Ihr beim Songwriting bzw. bei der Produktion von Songs/Alben die Live-Umsetzung?

Bei der Produktion der Alben machen wir uns erst mal keine Gedanken über die Live-Umsetzung. Die Herausforderung für unseren Live-Tontechniker ist natürlich, dass wir mit einer Gitarre live immer noch druckvoll klingen sollen, besonders bei den Gitarrensoli.

Welche Gespräche/Erfahrungen mit Livetontechnikern haben dazu geführt, dass Ihr etwas an Eurer Herangehensweise an die Musik bzw. Euren Sound geändert habt?

Wir sind permanent im Gespräch mit unserem Live-Engineer, um sowohl die Soundeinstellungen als auch das Equipment selbst zu optimieren. Das hat in meinem Fall dazu geführt, dass ich meinen Basssound zusammen mit unserem Soundmann entwickelt habe. Nach jahrelangem Experimentieren mit für mich tollen Basssounds, habe mich mit ihm einfach mal über Frequenzen und Überlagerungen unterhalten. Daraufhin hat er mir Equipment empfohlen und wir haben eine Einstellung gefunden, welche für unseren Sound alles Nötige abdeckt. Also sowohl Transparenz als auch Druck und Durchsetzungsvermögen. Als Musiker stellt man sich natürlich erst mal einen Sound ein, den man für sich alleine zwar gut findet, der aber im Zusammenspiel mit der Band oft zu Frequenzüberlagerungen bzw. Auslöschungen führen kann. Am besten kann das natürlich der Sound-Engineer beurteilen, und meiner Meinung nach ist es nur von Vorteil, wenn man auf den »Fachmann« hört. Bei mir hat das dazu geführt, dass ich seit einigen Jahren auch bei den Studioaufnahmen mein Live-Equipment inklusive der Live-Einstellung fast unverändert verwende.

Wie wichtig ist für Dich der Sound auf der Bühne?

Wenn es keinen Monitormischer gibt, muss der FOH-Mischer natürlich schon ein gutes Gespür für die Bedürfnisse der Band haben. Bei uns ist das in der

Regel relativ einfach. Auf den Monitor geben wir bei kleineren Veranstaltungen nur Vocals und Drums (hauptsächlich Kick und Snare). Die Amps (1 x Bass und 1 x Gitarre) stehen seitlich von der Bühne und »strahlen« in die Mitte, so dass wir die völlige Kontrolle über die Lautstärke von Gitarre und Bass haben. Der Drummer lässt sich einen Mix – je nach Bedarf – auf seinen Monitor geben.

Wann bzw. warum habt Ihr Euch entschieden, mit einem eigenen Livemischer zusammenzuarbeiten?

Wir arbeiten seit vielen Jahren bereits mit festen Mischern zusammen (ich kann mich gar nicht mehr genau erinnern, seit wann genau) und ohne unseren Mischer fühlen wir uns einfach nicht wirklich wohl. Die Zusammenarbeit hat sich so ergeben und hilft in allen Belangen. Man klingt halt immer so, wie man will.

Welches Verhältnis besteht zwischen Euch und Eurem Mischer? Was bedeutet das im Detail?

Unser langjähriger Mischer ist, wie bereits gesagt, eher ein zusätzliches Bandmitglied und somit auch ein Freund von uns. Er darf also alles an Ideen und auch Kritik anbringen, sofern es konstruktiv ist – wie jedes andere Bandmitglied auch. Man muss auch Bedenken, dass er es – besonders auf Tour – permanent mit uns aushalten muss. Ich glaube das ist die wahre Herausforderung!

Wie sieht die Vorbereitung auf Konzerte und die Zusammenarbeit allgemein mit Eurem Mischer aus?

Gemeinsame Proben etc. erübrigen sich, da wir uns schon so lange kennen und er auch alle unsere Alben kennt. Ich glaube heute läuft alles viel entspannter ab, da jeder weiß, was zu tun ist.

Was möchtest Du noch gerne zu diesem Thema sagen?

Ein guter Soundmann ist quasi ein zusätzliches Bandmitglied und gibt mir persönlich die Sicherheit, mich voll auf die Live-Performance zu konzentrieren.

Dennis Busch

von RAUMTONKONZEPT

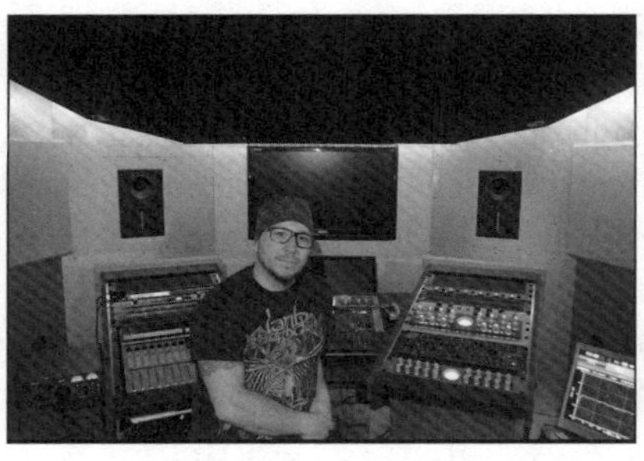

Was macht für dich einen guten Livemischer aus?

Ein Livemischer sollte mit Herz und Verstand bei der Sache sein. Das ist schon die halbe Miete. Ein Anfänger sollte sich nicht davor scheuen, mal etwas zu wagen, was evtl. auch nach hinten los gehen könnte, denn nur so kann er lernen und besser werden. Genau so sollten die Erfahrenen von uns sich auch hin und wieder mal die Frage stellen, ob sie denn gerade 100 % bringen oder nur den »Standard« abspulen. Wir machen im Grunde genommen zwar immer das gleiche, aber es ist niemals dasselbe. Der Begriff Livemischer beschreibt es ja eigentlich schon perfekt. Bei Studioproduktionen werden die Faderfahrten als Automation aufgezeichnet. Wenn man eine Band auf Tour begleitet und die Songs gelernt hat oder glaubt, den Song/Style einer Band, die man zum ersten Mal mischt, »verstanden« zu haben, dann sollten auch da die Fader nicht mehr still stehen. Das ist dann quasi Automation, nur eben live, welche bestenfalls die Makrodynamik und das Arrangement der Songs unterstützt. Ein Livemischer sollte erkennen, wann Instrumentalisten ihren »Moment« im Arrangement haben, und ihnen den nötigen Freiraum mischen. Kurzum: Der Livemischer sollte live mischen oder sich eben nur Mischpult-Einsteller nennen. Wenn ich Kollegen beobachte und sehe, dass sie sich am Pult bewegen (bestenfalls noch mit der Musik), mal die Kopfhörer aufziehen, abhängig vom Ort der FOH Position mal kurz den Platz wechseln, um zu »hören«, eine Interaktion mit der Band, der Musik, der Location und dem Moment eingehen ... Wow! Das ist für mich ein guter Livemischer! Und hören kann man das dann nebenbei auch noch.

Welche Fähigkeiten und Fertigkeiten oder Eigenschaften sollte ein Livemischer für Dich besitzen?

Soft Skills sind natürlich wichtig aber zuerst einmal sollte der Mischer eine PA passend zur Location einstellen können.

Ob dabei automatische Systeme, SysTune oder »nur« das Gehör zum Einsatz kommen, spielt dabei keine Rolle, hauptsache, er bekommt den Job hin. Die nötigen Werkzeuge, EQs, Dynamikprozessoren und FX sollte er beherschen können. Zu erkennen, dass der aktuell angesagte Metalcore-Sound jetzt nicht unbedingt zur Pop/Coverband passt, die gerade Soundcheck mit ihm machen möchte, ist ein Plus. Eine schnelle Auffassung und die Fähigkeit, in kürzester Zeit ein Team mit Menschen bilden zu können, welche er wahrscheinlich noch nie zuvor gesehen hat, ist keine selbstverständliche, aber nicht weniger als eine Gabe. Wenn solch ein Organisationstalent all dies auch noch mit Ruhe und Gelassenheit begründet durch unerschütterliches Selbstvertrauen bar jeglicher, auch unbeabsichtigter, Ausstrahlung von Arroganz hinbekommt ... dann möchte ich sein Jünger sein, ha, ha.

Was mich nervt, ist, wenn versucht wird, Sound »herbei zu diskutieren«. Also keine Volksreden am Mischpult halten, sondern mischen, bitte! Und wenn es nicht perfekt ist, egal! Hauptsache, Du hast dein Bestes gegeben.

Wie kommunizierst Du mit dem Künstler, dem Veranstalter?

Grundsätzlich immer mit einem Lächeln im Gesicht. Das vereinfacht ganz, ganz viel. Vor dem Konzert, weil ich immer positiv denke und davon ausgehe, dass alle Ihren Part schaukeln werden. Auch nach dem Konzert, selbst wenn es vonseiten der anderen Beteiligten nicht hundertprozentig läuft. So viel Professionalität muss sein.

Die Kommunikation ist abgesehen von der Musik das Wichtigste bei einer Veranstaltung. Klare Ansagen, aber auch Rückfragen, wenn man glaubt, etwas nicht richtig verstanden zu haben, sind Pflicht. Unklarheiten und Gedanken daran oder darüber lenken uns nur von der »Mission« ab. Zickige Diven, egal in welcher Ecke des Rings, gehen meiner Meinung nach gar nicht, sind aber nichtsdestotrotz hin und wieder anzutreffen. Bitte abstellen! Wir haben alle das gleiche Ziel.

Wie wirst Du als Livemischer in Soundfragen eingebunden?

Ich finde Vorbesprechungen vor Ort top, bin gerne dabei und übernehme da auch schon mal gerne das Ruder, wenn ich merke, dass es notwendig ist. Ich vermisse manchmal das Verständnis, wenn unsereiner nicht die Zeit findet, sich schon Wochen vorher im Stundentakt an Backline-Chats in den sozialen Netzwerken zu beteiligen. Rider nehme ich immer wieder gerne entgegen, wobei ich immer für den notwendigen Realismus plädiere. Bei Kleinstproduktionen kann man einfach keine FOH-Technik für 30.000 € erwarten. Umso mehr ist es ein Grund zur Freude, wenn man sie dann trotzdem vorfindet.

Bestenfalls höre ich Aufnahmen der Bands, bevor ich sie mische, aber wenn dies nicht möglich ist, frage ich Bands ganz einfach, wie sie sich Ihren Sound wünschen. Ob und wie stark der Einsatz von FX gestattet ist, kläre ich gleich mit. Der Job macht am meisten Spaß, wenn man kreativ sein darf. Soundchecks? Klar, es gibt den Standard »Hey Drummer, tritt mal in die Kick«, aber auch »Stellt es euch so ein, dass es auf der Bühne gut klingt, und spielt einen Song und ... die Gitarristen bitte schon mal prophylaktisch 20 % leiser, danke!«

Den Gitarristen stecke ich auch, dass ich seit 25 Jahren Gitarre spiele, dann fühlen sie sich immer sicher und verstanden. Dann mache ich den Sound, während die Band spielt.

Das Allerwichtigste ist für mich, dass es keine von mir verursachten »schlimmen« Feedbacks gibt. Wenn sich aber Probleme abzeichnen, gehe ich beim Soundcheck auf die Suche und sage schon mal gerne allen Beteiligten: »Jetzt die Ohren zuhalten, bitte!« Aber lieber ein Soundcheck mit echtem »Soundcheck«, als später Feedback in der Show.

Da ich hauptberuflich seit vielen Jahren eine Tonstudio und Akustikdesign Company betreibe, versuche ich auch meist bei allen Beteiligten ein Bewusstsein dafür zu schaffen, wie wichtig die Raumakustik und damit verbunden die Platzierung des FOH und sogar die Platzierung der Amps auf der Bühne sein kann. Es gibt viele kleine Locations, die Raummodenprobleme haben, und wenn ich sehe, dass ein Bassamp an eine Stelle gestellt wird, an der er mit

Sicherheit bei einer bestimmten Frequenz/Note in eine Auslöschung, bedingt durch Moden oder Lautsprechergrenzflächeneffekte, spielt, versuche ich da schon mitzugestalten. Betreiber von Locations weise ich gerne auf die meist viel zu langen Nachhallzeiten hin und darauf, dass ihre Läden auf der Beliebtheitsskala der Besucher steigen würden, wenn man denn auch verstehen könne, was denn da gerade dargeboten wird. In akustisch optimierten Locations arbeitet es sich übrigens auch viel angenehmer und der Unterschied des Soundcheck-Sounds zum Sound der Show marginalisiert sich total.

Welche Erfahrungen oder Gespräche mit anderen Livetontechnikern oder Musikern haben dazu geführt, dass Du etwas an Deiner Herangehensweise an die Musik bzw. Deinen Sound geändert hast?

Ich begrüße besonders in kleinen Locations die Entwicklung hin zum Gitarrensimulator à la Kemper, da ich Übersprecher in den Mikrofonen reduzieren kann. Beim Einsatz von Mikrofonen egal an welchen Quellen bevorzuge ich immer die Repositionierung eines Mikrofons anstatt endloser EQ-Arien, um schnell an ein brauchbares Ergebnis zu kommen. Manche Bühnen sind natürlich zu weit weg, um sich mal eben durch die Menge zu kämpfen, aber da muss man sich auf Stagehands verlassen können. Ich bin vollkommen offen, was die technische Entwicklung angeht. Ich liebe in meiner Mastering-Regie die klanglichen Vorzüge der Analogtechnik, aber live gehe ich am liebsten digital. Alleine schon wegen der Möglichkeiten. Was wird häufig falsch eingeschätzt? Ich finde, dass eine gute, tighte Band mit einem schlechten Mischer immer besser klingen wird als eine schlechte Band mit einem guten Mischer. Lautstärke und Klangqualität gehen meist nicht Hand in Hand. Bei bestimmten Musikstilen lasse ich beim Soundcheck gerne Bassisten und Gitarristen das gleiche Riff spielen. Daraus erschaffe ich dann »die Wand«, mache ein »Loch« hinein für die Kick und das breite Grinsen ist fast vorprogrammiert, wenn alle zusammen spielen.

Wie viel Bedeutung misst Du dem Sound auf der Bühne bei?

Auf der Bühne muss sich der Musiker wohlfühlen, was natürlich bedeutet, dass er alles andere und sich selbst so gut hören kann, dass er eine Top-Performance ohne Selbstzweifel liefern kann. Besagte Lautsprechergrenzflächeneffekte beachte ich immer bei der Aufstellung. Ich als Akustiker beziehe den Raum immer in meine Überlegungen mit ein und überlege, was ich mit den Mitteln vor Ort verbessern kann. Gegen einen 20 Meter langen und bei jeder

Kick scheppernden Lüftungsschacht kann man aus der Hüfte heraus natürlich wenig machen, außer dass man dem Drummer und Bassisten verbietet mitzuspielen. Was den Bühnensound angeht, können Plexiglaswände um die Drums herum manchmal Wunder wirken. Nicht nur wegen dem Drumsound, der nach vorne kontrollierter wird, sondern vor allen Dingen, weil Gitarristen sich dann auch mal auf besser zu managende Lautstärken ihrer Amps einlassen. Die meisten Cymbals verdecken nämlich den Attack, den man als Gitarrist auf der Bühne hören möchte.

Wie gehst Du üblicherweise an einen Mix heran?

Jeder Mix, egal bei welcher Band, ist für mich eine eigene Performance. Wenn mir Musik und Band auch noch gefallen, tauche ich richtig ab und versuche ein Teil des Ganzen zu sein. Also viel Faderarbeit und Live-FX-Editing.

Wo es erlaubt ist.

Welchen Stellenwert haben Technik- oder Equipmentfragen für Dich?

Der Hauptgrund, warum wir am liebsten mit eigenem Material arbeiten, ist ja der, dass wir uns sicher sind, dass es funktioniert. Es gibt nichts Nervigeres, als für eine Veranstaltung Technik bestellt zu haben, diese dann auch physisch vorhanden ist, aber nur teilweise funktioniert. Erklärungen im Nachhinein von Verleihern, dass doch zumindest die Hälfte der Mischpultkanäle, Multicorestränge oder Monitore funktionieren würde, befriedigt mich da gar nicht. Ich will nicht vor Ort erst mal stundenlang alles durchmessen und mir Notlösungen ausdenken müssen, sondern Sound machen.

Wenn ich merke, dass eine Band auftaucht, die aus dem Raster fällt und eine ganz bestimmte Soundvorstellung hat und glaubt, dies durch einen unglaublichen Aufwand und zusätzlichem Megastress für alle anderen Beteiligten umsetzen zu müssen ... dann kann ich auch schon mal (in diesem speziellen Fall war es ein Bassist, der eine eigene PA auf die Bühne geschleppt hat, um diese total zu übersteuern und darüber zu spielen) mein Veto einlegen und dem Bassisten meinen Sansamp leihen. Zeitersparnis 99 % und Sound war zu 100 % gleich. Gegenargumenten wie »Bei uns im Proberaum hat das aber eigentlich immer ganz gut funktioniert« begegne ich dann mit Verständnis, aber bestimmend.

Mittelmäßiges Equipment kann man durch gesteigerten persönlichen Einsatz verbessern, aber es gibt natürlich Grenzen.

Man sollte nie vergessen, dass unser Handwerk auf naturwissenschaftlichen und nicht religiösen Gesetzen basiert. Equipmentpannen begegne ich mit innerer Ruhe und äußerer Schnelligkeit. Ich finde es toll, dass die Technik sich größtenteils praxisorientiert entwickelt. Unverzichtbare Livetools sind für mich der SPL Transient Designer für Drums oder gerne auch mal für Akustikgitarren mit alten Saiten. Wer selber noch nicht auf den Trichter gekommen ist, sollte mal den elysia xpressor auf der Stereosumme insertieren. Kinnlade vorsichtshalber festhalten! In-Ear-Monitoring für alle ist auch toll, aber 4 Bands am Abend ihren In-Ear-Mixer/-Splitter zusätzlich während des Changeovers verkabeln zu müssen, ist kein Spaß.

Was möchtest Du noch gerne zu der Thematik sagen?

Traut euch, packt einfach alles an! Nur so lernt Mann/Frau etwas dazu.

Wir sind Luftdruck- und Schallschnellen-Manager. Wenn wir nicht gerade Open Air arbeiten, bedeutet dies immer eine Interaktion mit dem »Raum«.

Ein Fehler ist und bleibt nur dann ein Fehler, wenn man ihn nicht bemerkt und ihn sich dann nicht eingesteht.

Ein schöner Spruch, den ich einmal gelesen habe (ich weiß leider nicht mehr, von wem der ist), lautet:

»Digital geht alles viel schneller, aber es dauert halt länger!«

Fabian Hildebrandt

von DESERTED FEAR

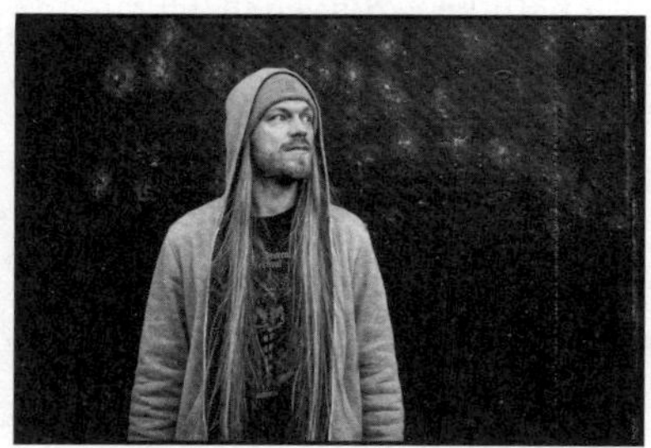

© vollvincent

Was macht für Dich oder für Deine Band einen guten Livemischer aus?

Wenn man viel gemeinsam unterwegs ist, muss es in erster Linie menschlich gut passen. Dann ist es natürlich wichtig, dass er weiß, wie wir klingen wollen und auf was es bei unserem Livemix ankommt, wir quasi dahingehend denselben Geschmack haben. Auch ein respektvolles, freundliches und entspanntes Auftreten gegenüber den Locals ist uns wichtig! Er sollte unsere Songs und die Setlist kennen, um auch Vocaldelays fahren zu können und keine Leads untergehen zu lassen.

Welche Fähigkeiten und Fertigkeiten oder Eigenschaften sollte ein Livemischer für Dich besitzen?

Ich mag es, wenn er schnell arbeitet bzw. sich erst mal auf das Wesentliche konzentriert: »Sind alle Signale da?!« Zu oft habe ich es schon erlebt, dass sich viel Zeit für die Drums genommen wird und man dann plötzlich feststellt, dass eine Gitarre oder die Vocals gar nicht am Pult ankommen, weil ein Kabel kaputt ist oder beim Patchen irgendwas schiefgelaufen ist. Da geht dann unnötig Zeit flöten, was gerade auf Festivals, wo ohnehin kaum Zeit ist, sehr ärgerlich ist.

Wie kommunizierst Du mit dem Livemischer?

Als wir noch kein In-Ear-Monitoring genutzt haben, ging das bei uns immer eher wie auf dem Bau zu und wir haben gegenseitig quer durch die Venue geplärrt. Einer unser Mischer hat ne Weile gebraucht, um sich darauf einzustellen, das wir mit In-Ears von der Außenwelt abgeschnitten sind. Wenn er das Talkback benutzt, finde ich das also geil ...

Durch das In-Ear, für das wir mit einem Splitter alle Signale abgreifen und mit einem X32 unseren eigenen Mix machen, ist eigentlich kaum noch Kommunikation mit dem FOH oder Monitormischer nötig. Früher galt eigentlich die Regel, dass der Bühnensound so bleibt, wie er ist. Also eher Rock'n'Roll, anstatt nach jedem Lied eine Ansage zu machen, was lauter oder leiser muss.

Wie wird der Livemischer in Soundfragen eingebunden?

Was ich am Anfang immer mal gemacht habe, ist, dass ich mit unserem Mischer andere Bands geschaut habe und wir darüber gesprochen haben, was uns an deren Sound gefällt oder eben nicht gefällt. So konnten wir schnell feststellen, dass uns dieselben Dinge wichtig sind. Bei Clubshows mit Soundcheck vor Doors bin ich auch immer mal vor die Bühne gegangen und habe mir das angehört. Wir haben zwei Livemischer, die sich je nach Terminkalender abwechseln, und es ist schön, dass wir beiden zu 100 % vertrauen können. Wir bzw. die Jungs wurden schon oft für ihren Sound gelobt und mit dem Wissen fühlt man sich auf der Bühne auch gleich noch mal viel sicherer.

Welchen Stellenwert hat für Dich der (Live-)Sound Deiner Musik? Was ist für Dich dabei besonders wichtig? Was ist egal?

Eine langweilige Performance kannst du mit einem fetten Sound vielleicht noch retten, aber andersrum kannst du dir auf der Bühne noch so viel Mühe geben, wenn aus den Boxen nur Scheiße kommt und deine Fans die Songs nicht erkennen, macht es einfach keinen Spaß. Ich finde Live-Sound enorm wichtig, wenn der differenziert ist und dir in die Eier und Magen tritt, ist das schon mal die halbe Miete! Ein ausgewogener Sound ist mir dabei wichtig, also dass die Drums richtig fett kommen, aber gleichzeitig nicht alles andere von der Kick Drum begraben wird.

Wie berücksichtigt Ihr beim Songwriting bzw. bei der Produktion von Songs/Alben die Live-Umsetzung?

Wenn ich einen Song schreibe, versuche ich mir ihn auch immer live vorzustellen. Denn ein gutes Arrangement ist für einen guten Sound ja auch sehr wichtig – ob live oder auf Platte! Die Intros und Interludes der Platte bauen wir auch live immer mit ein und feuern diese mit dem iPad ab, mit dem wir auch das X32 steuern.

Welche Erfahrungen haben dazu geführt, dass Ihr etwas an Eurer Herangehensweise an die Musik bzw. Euren Sound geändert habt?

Oftmals hatten wir bei gestellter Backline mit schlechten Drums zu kämpfen, wodurch wir dazu übergangen sind, unser eigenes Schlagzeug mitzunehmen. In dem Zuge haben wir uns dann auch Kemper Amps angeschafft und haben die zusammen mit dem X32, dem Splitter und ein paar Funken in ein Rack gebaut. Verbunden mit eigenen Mikrofonen für die Drums ergibt das eine »Plug & Play«-Lösung, die wir nicht mehr missen möchten. Der In-Ear Sound passt eigentlich immer sofort und auch für unsere Mischer ist es total cool, da mehr oder weniger immer dieselben Signale am Pult ankommen und sie so deren Probleme gezielt angehen können. Ein eigenes FOH-Pult wäre natürlich jetzt noch richtig geil, aber am Ende sind wir auch nur ne Death Metal Band und unser Mix kein Hexenwerk.

Wie wichtig ist für Dich der Sound auf der Bühne?

Wie wichtig der Monitorsound ist, habe ich tatsächlich erst mit dem Umstieg auf In-Ear gemerkt, als ich gehört habe, was ich da eigentlich spiele hahaha. Das hat uns über die Zeit aber noch besser und tighter gemacht. Durch die Kemper Amps sind die Signal auch viel sauberer geworden und Gitarrenboxen nutzen wir eigentlich nur in kleinen Venues für die erste Reihe. Auf unserer letzten Tour, als wir vor dem Headliner aufgebaut haben, hatten wir bei der ein oder anderen Show das Problem, dass wir äußerst viele Becken im Vocalmix hatten, da unser Sänger sehr nah am Schlagzeug stehen musste. Das haben wir versucht mit einem Optogate in den Griff zu bekommen, aber das funktionierte leider nicht zuverlässig und da musste der Finger unseres Mischers immer auf dem Fader bleiben. Was unseren Gitarrensound auch sehr verbessert hast, ist das Evertune System, was die Stimmung der Gitarre nahezu perfekt hält. Gerade wenn man von einem kalten Backstage auf die heiße Bühne kommt, gab es oftmals das Problem, dass die Gitarrenstimmung während des ersten Songs noch dahin war.

Wann bzw. warum habt Ihr Euch entschieden, mit einem eigenen Livemischer zusammenzuarbeiten?

Ehrlich gesagt, sobald wir uns das von den Gagen her leisten konnten! Es gibt uns einfach mehr Sicherheit, denn wir wissen nun, dass, wenn wir ordentlich spielen, die Technik und der Raum stimmen, wir einen guten Sound haben.

Welches Verhältnis besteht zwischen Euch und Eurem Mischer? Was bedeutet das im Detail?

Zu unseren beiden Mischern haben wir mittlerweile ein freundschaftliches Verhältnis und am schönsten wäre es natürlich, wenn irgendwann beide mitkommen könnten! Nur wer dann mischen soll, müssten wir wohl jedes Mal auslosen, haha. Auch wenn beide vom Charakter her völlig unterschiedlich sind, tragen sie in gleichem Maße zur guten Stimmung in der Gruppe bei.

Wie sieht die Vorbereitung auf Konzerte und die Zusammenarbeit allgemein mit Eurem Mischer aus?

Bis auf dass ich die Konzertdaten rumschicke und die Jungs unter sich ausmachen, wer welche Show macht, passiert da im Vorfeld nicht viel. In unserem Rider ist eigentlich alles Wichtige geklärt und was das Pult usw. betrifft, bestehen auch keine besonderen Anforderungen. Wenn es von den Locals im Vorfeld Fragen gibt, kann ich die meistens auch selbst fix beantworten. Sollte es vom Club/Festival vorher noch einen Tech Rider geben, schicke ich den natürlich rum, aber meistens lassen die Jungs sich da überraschen.

Vor Ort sieht es so aus, dass unser FOH sich darum kümmert, dass die Locals über unsere Sache mit dem Split/In-Ear Bescheid wissen, und dann kümmert er sich auch um die Mikrofonierung der Drums und schaut, dass beim Patchen nix schiefgeht. Nach der Show hilft er noch beim Abbau und Verladen.

Johannes Komarek

von mix4munich.de

Was macht für Dich einen guten Livemischer aus?

Da sind eine Menge verschiedener Sachen, die bei einem guten Tontechniker zusammenkommen müssen, aber am wichtigsten sind nach meinem Dafürhalten die folgenden Eigenschaften:

- ruhig bleiben, auch wenn es heiß wird oder die Zeit drängt
- Ruhe ausstrahlen – das ist explizit der Grund, warum mich einige meiner Klienten wieder und wieder buchen, das haben die mir wiederholt so gesagt
- ein Gespür für die Musik haben, die man mischt
- zuhören und passend reagieren können
- Mitarbeitern klare Anweisungen geben können
- einen guten Monitorsound erstellen können

Welche Fähigkeiten und Fertigkeiten oder Eigenschaften sollte ein Livemischer für Dich besitzen?

Neben dem vorhin schon Gesagten ist ein freundliches, umgängliches Wesen von Vorteil. Ich will sehen, dass ein Tontechniker seine Arbeit mit Hingabe angeht – es geht letztlich um Musik, um das Transportieren von Emotionen. Der Tech sollte den technischen Part so gut auf der Reihe haben, dass man sich um die Stimmungen in der Musik kümmern kann. Ich hoffe, das klingt nun nicht zu esoterisch.

Was sollte er nicht tun?

Nachlässig sein, uninteressiert, demotiviert oder demotivierend, streitsüchtig sein. Das funktioniert auch sonst nirgends, warum also bei einem Tontechniker?

Was nervt Dich manchmal an Tontechnikern?

Technikverliebtheit. Ein guter Tontechniker erledigt den Job, ohne sich allzu sehr in die Technik zu versteigen. Wenn der Tech an irgendwelchen Parametern in den Tiefen der Pultsoftware herumkonfiguriert, dabei aber übersieht, dass die Band ihm seit drei Minuten Zeichen zu geben versucht, dann steigt schon mal mein Blutdruck.

Wie kommunizierst Du mit dem Künstler, dem Veranstalter?

Die Kommunikation vor dem Gig läuft ganz unterschiedlich, hängt aber größtenteils vom Künstler ab. Zwei Extrembeispiele: Nächsten Freitag mische ich eine Band, die jedes Jahr einen Gig spielt und es sich dabei so richtig gut gehen lassen will. Location und Band sind seit Jahren identisch. Die beiden Fragen dieses Mal waren:

1. Wann können wir in den Saal?
2. Habt Ihr dieses Mal musikalische Gäste dabei?

Mehr braucht es nicht, damit der Laden läuft.

Gegenbeispiel: Ende April mischen wir die Nacht der Spirituellen Lieder in München – die Location ist das zweitgrößte Tonnengewölbe Europas, wunderschön, aber mit einer verheerenden Akustik. Es treten immer drei Künstler an, von denen zwei gleich sind, einer variiert. Aber auch die Frage, ob ein Chor dabei ist oder nicht, ob dieser abgenommen wird oder sogar ein paar Solomikros braucht, kann variieren. Die Begleitmusiker bzw. ihre Anforderungen können sich von Jahr zu Jahr ändern. Dazu kommt, dass unsere Auftraggeber vollkommen auf der musikalisch-spirituellen Welle unterwegs sind, technische Anforderungen interessieren die nicht, das ist nicht deren Realität. Da müssen wir also immer ein mehrstündiges Planungsmeeting aufsetzen und kommen dort mit einem riesigen Fragenkatalog an, der auch noch von Jahr zu Jahr größer wird.

Und zwischen diesen Extremen gibt es eigentlich alles.

Für die Zeit während des Konzertes mache ich mit meinen Künstlern eine Art Zeichensprache aus: Der Künstler deutet auf seinen Monitor, dann auf einen anderen Musiker und zeigt mir dann mit nach oben gestrecktem Daumen, dass er von diesem Signal mehr auf seinem Monitor haben will. Leiser würde bedeuten, wenn er mit den Handflächen leicht nach unten drückt – denn Daumen runter kommt vor Publikum nicht gut. »Pegel okay« dann wie bei den Tauchern, Daumen und Zeigefinger formen ein O, die anderen Finger sind lang gestreckt. Das funktioniert gut. Wenn bei einer größeren VA was schiefgeht, kann ich dann immer einen Assistenten zur Bühne schicken, der sich um die Sache kümmert. Allerdings sind meine Leute so auf Zack, dass sie die Zeichen des Künstlers manchmal noch vor mir selbst bemerken. Ich arbeite am liebsten immer mit denselben Leuten zusammen, das läuft einfach von Mal zu Mal besser.

Wie wirst Du als Livemischer in Soundfragen eingebunden?

Wie gesagt, es gibt diese Gigs mit Vorbesprechung oder sogar Ortsbegehung, aber das ist die Minderheit.

Üblicherweise gibt es einen Technical Rider, Bühnen- und Kanalplan o.ä.

Dass man beim Soundcheck letzte Details klärt, finde ich ganz normal. Man kann sich über Sounds und Musik den Mund fusselig reden, aber erst, wenn man die Musik hört, werden die Dinge wirklich klar.

Bei meinen meisten Klienten habe ich vollkommene Freiheit in der Soundgestaltung. Aber das heißt nicht, dass ich machen kann, was ich will, sondern ich habe gefälligst das zu tun, was die Musik einfordert. Mische ich eine Tribute-, Cover- oder Partyband, versuche ich mich so nah wie möglich am Original zu halten. Bei einer Band mit eigener Mucke ebenso. Bei akustischer und spiritueller Musik gibt es oft keine definitive Vorlage, es soll alles klar und deutlich, kräftig und durchsichtig klingen. Die Message der Musik soll transportiert werden und die Künstler und Zuhörer müssen sich wohlfühlen können. Die Arbeit des Tontechnikers sollte transparent sein, als ob ich nicht da wäre.

Welche Erfahrungen oder Gespräche mit anderen Livetontechnikern oder Musikern haben dazu geführt, dass Du etwas an Deiner Herangehensweise an die Musik bzw. Deinen Sound geändert hast?

Jedes Jahr im Mai betreue ich ein kleines Festival mit sog. Forro-Musik – *https://www.muniquedancaforro.de/events.html*. Das ist ein südamerikanischer Musikstil, der in München viele Freunde hat, diese Musik liegt irgendwo in dem weiten Feld zwischen Samba und Lambada, kommt teilweise aber auch mit einem volkstümlichen Einschlag daher. Letztes Jahr hatte eine der Bands ihren eigenen Tontechniker dabei, und von dem habe ich übernommen, dass es ruhig mal eine Kelle Schmutz im Mix sein darf – es muss nicht alles so clean klingen, auch bei fast rein akustischer Musik.

Von einem Studiokollegen habe ich Parallelkompression gelernt – bzw. eigentlich nicht gelernt, sondern eher gesehen, wie leicht das mit einem Digitalpult anzuwenden ist. Das passt natürlich nicht zu jeder Musik, aber wenn es schieben und drücken soll wie die Seuche und wenn Feedback kein Thema ist, dann kann man das für Schlagzeug, Bass und Gitarren anwenden.

Wie hat sich die Art meiner Mikrofonierung geändert? Nun, ich versuche, die bestmöglichen Mikrofone einzusetzen, die ich mir leisten kann, denn was Du an der Quelle nicht einfängst, holst Du nie wieder rein. Für meine Zwecke sind das meistens die Mikros aus Sennheisers e900-Serie, aber auch immer gerne Shure Beta und manch andere mehr. Da ich in den letzten Jahren zunehmend akustische und spirituelle Musik mische, versuche ich, die Instrumente immer ganz abzunehmen, soll heißen, ich gehe mit dem Mikro so weit weg von der Quelle wie möglich – nur dann kann man auch mit einem gerichtet arbeitenden Mikro einen großen Anteil des Gesamtsounds einfangen. Das dann mit einem passenden Monitoring in ausreichender Lautstärke auszubalancieren ist eine Wissenschaft, an der ich wohl in den nächsten Jahren und Jahrzehnten intensiv arbeiten werde.

Was hast Du im Laufe Deiner Karriere über Livetontechnik gelernt?

Zuviel für so ein Interview. Aber genug, um auf die alten Philosophen zu stoßen: »Scio nescio«. (»Ich weiß, dass ich nichts weiß.«) Jede neue Antwort wirft neue Fragen auf. Und immer, wenn Du denkst, dass Du nun eine umfassende Antwort auf einen großen Bereich der Tontechnik gefunden hast, kannst Du Dich entspannen, denn Du liegst garantiert verkehrt. Oder sagen wir besser »eingeschränkt richtig«. Ein Beispiel: Du meinst, Du hast den ultimativen Bassdrumsound gefunden? Super, kann sein, dass dieser für Rock und Hardrock funktioniert. Kannst Du Dir für Classic Soul aber getrost in die Haare schmieren, denn dort ist die Klangästhetik eine vollkommen andere. Und umgekehrt. Solche Beispiele gibt es beliebig viele.

Kleine Bühnen? Dynamische Mikros gegen Übersprechen!

Große Bühnen? Längere Kabel, mehr Monitore, mehr Kondensatormikros wegen besserer Dämpfung gegen Übersprechen.

Was interessiert Dich besonders an der Thematik Live-Tontechnik?

Nun, der Großteil der Technik ist so weit durchoptimiert, da geht nichts mehr – Endstufen, Pulte, Regelverstärker, you name it. Weiterentwicklungen gibt es es nur noch im Bereich der Wandler, also Mikros und Lautsprecher. Shure und Sennheiser sind da alle paar Jahre für etwas Neues gut. Im Bereich der Lautsprecheranlagen kommen gerichtete Bässe oder Beamsteering in absehbarer Zeit in den bezahlbaren Bereich, so dass diese Techniken sich auch im Amateurbereich verbreiten können. Hurra, endlich weniger Gewummer für alle!

Welche Aspekte des Livesounds werden von Musikern oder Livemischern häufig falsch eingeschätzt?

Ganz klar, die Raumakustik. Die meisten ignorieren das einfach. Aber nur, wenn man diese einigermaßen im Griff hat, kann die ganze Sache zum Klingen gebracht werden.

Hast Du irgendwelche speziellen »Signature«-Techniken entwickelt, die Du häufig benutzt?

Yep, zum Beispiel das hier:

Jede Stimme hat (meiner Meinung nach) zwei Frequenzen, bei denen man sie im Mix nach vorne holen kann. Diese Frequenzen variieren von Stimme zu Stimme, sind ggf. auch tagesformabhängig. Daher: Suchen! Die eine Frequenz befindet sich im Grundtonbereich und ist für Druck bzw. Fülle zuständig. Bei Männern ungefähr bei 200 oder 300 Hz, bei Frauen rund eine Oktave oder etwas mehr darüber, ca. 400 bis 800 Hz.

Die andere Frequenz liegt im Bereich der Präsenzen, rund 6 bis 8 kHz, und sorgt für bessere Textverständlichkeit. Falls es nix anderes gibt, kann man einfach den Höhenregler ein Stück aufdrehen, denn auch wenn der seine stärkste Wirkung z.B. bei 10 kHz entfaltet, wird er auch Wirkung bei den genannten Frequenzen haben.

Ich plädiere im Normalfall für sehr dezente Anhebungen, 2, nicht mehr als 3 dB, damit die Natürlichkeit der Stimme erhalten bleibt.

Jetzt kann es sein, dass trotz obiger Maßnahmen die Stimme alleine fett klingt, aber im Zusammenhang wieder dünn. Dann gibt es andere Instrumente, welche den Grundtonbereich der Stimme zukleistern. Gitarre, Bass, Keyboards oder andere Naturinstrumente wären da die üblichen Verdächtigen. Man kann nun probieren, die Grundtonfrequenz der Gesangsstimme bei diesen Instrumenten dezent abzusenken, und da reichen 1 bis 2 dB pro Instrument, diese sollen nicht wirklich ihren Klangcharakter verändern. Wenn man das beim richtigen Instrument gemacht hat, klingt die Stimme plötzlich größer, mächtiger. Einfach, weil sie nun mehr Platz im Mix einnehmen kann.

Ich nenne das »Die Stimmen freistellen«. Es funktioniert wirklich überraschend gut.

Wie viel Bedeutung misst Du dem Sound auf der Bühne bei?

Ich bin ja auch selber Musiker und weiß daher, wie sich ein Gig mit gutem oder mit schlechtem Monitorsound anfühlt. Daher lege ich als Tech allerhöchsten Wert auf einen guten Monitorsound. Je besser der Monitorsound, desto besser können die Musiker performen.

Wenn ich es in der Hand habe, stellen die Musiker ihre Backline so auf, dass sie seitlich über die Bühne pustet, und das in einer vernünftigen Lautstärke. Erstens haben sie dann mehr davon, und zweitens wird der Saalmix weniger durch die Backline beeinflusst.

Die Akustik auf der Bühne beeinflussen: Wenn möglich, mit Molton am hinteren Bühnenrand arbeiten. Das verbessert den Raumsound auf der Bühne meist so weit, dass man damit arbeiten kann. Richtiges Ausrichten und Pegeln von Backline, Mikros und Monitoring, das macht es angenehmer für Band und Publikum.

Wie gehst Du üblicherweise an einen Mix heran?

Ich baue einen Mix üblicherweise von unten nach oben oder von hinten nach vorne auf: Drums, Bass, Gitarren, Keys, Percussion und andere Spezialinstrumente, Vocals. Meine Aufmerksamkeit liegt jeweils bei dem Instrument, welches gerade im Fokus der Konzentration liegt -- beim Soundcheck also ist jedes Instrument mindestens einmal »dran«. Beim Gig also üblicherweise Vocals bzw. die anderen »Money-Channels«.

Wie beurteilst Du den Mix?

Den Gesamtmix durch Zuhören. Ich mische nur sehr wenig mit Kopfhörer, nur wenn ich bei laufender Show nach einem Störgeräusch suche. Ansonsten bin ich wie ein kritischer Konzertgänger.

Fährst Du die Lautstärke von einzelnen Instrumenten während der Show?

Ja, ich nenne das aktiv mitmischen. Ich glaube nicht mehr an »Grundsound einstellen und gut«. Bei einem Song brauchst Du mehr Backing-Vocals, bei einem anderen ist es das Gegenteil, mal brauchst Du mehr Gitarren im Mix, mal mehr Keys, mal soll der Bass weit vorne klackern, drücken und schieben, mal gepflegt im Hintergrund schnurren etc.

Wie setzt Du Effekte ein?

Ich komprimiere oft und viel, aber jeweils dezent. Es sollte eigentlich ein unhörbarer Effekt sein. Beim Hall – und ich bin Jahrgang 1968 und meine musikalische Sozialisierung fand in den 80ern statt, als die Studios um den geilsten Hall wetteiferten – darf es schon mal etwas mehr sein, aber auch hier muss es zur Musik passen.

Was machst Du während der Show eigentlich genau?

Hören, reagieren, meine Assistenten um dies und das bitten. Anfragen der Veranstalter beantworten (»Noch was zu essen? Zu trinken?« »Ja, gerne!«).

Welche besonderen Aufgaben hast Du direkt vor oder direkt nach der Show?

Direkt vor der Show ist eigentlich alles bereits geregelt. Danach sammle ich meine Mikros ein, ist so ein Tick von mir, das selber machen zu wollen. Dabei Austausch von High Five mit den Musikern, die ebenfalls am Abbauen sind.

Arbeitest Du am liebsten mit Deinem eigenen Material? Welche Mindestanforderungen an die Qualität des Equipments hast Du, um »Deinen Sound« machen zu können?

Am liebsten arbeite ich mit eigenem Material, ich weiß, dass es gut ist, funktioniert und gut gepflegt ist, ein Defekt ist also nahezu zu 100 % auszuschließen. Mindestanforderung wäre so Material ab der Mittelklasse, also Shure-SM-Serie oder Sennheiser-600er-Serie. Aber wirklich lieber mein eigenes Material. Das Material ist nur so gut, wie der Benutzer sich damit auskennt, und da ich mein Equipment seit vielen Jahren nutze, kenne ich mich ganz gut damit aus.

Versuchst Du manchmal, das Equipment von Bands soundmäßig zu optimieren oder zu ersetzen?

Optimieren? Durchaus. Austauschen? Nur nach vorheriger Absprache oder im Notfall.

Inwieweit kannst Du schlechte Technik durch gutes Mischen kompensieren?

Geht, macht aber Arbeit. Daher lieber gleich ordentliche Technik.

Wie gehst Du mit Equipmentpannen um?

Da bin ich wohl ein Glückskind, meine letzte Equipmentpanne während einer laufenden Show liegt gut 20 bis 25 Jahre zurück. Ansonsten habe ich standardisiertes Material, wenn also eine Komponente ausfällt, habe ich im Wagen meist noch was Identisches liegen (z.B. Mikros) oder zumindest eine ganz ähnliche Lautsprecherbox (selbe Serie, nächstgrößerer oder kleinerer Typ), mit der man die Show zu Ende fahren kann.

Welche technischen Neuerungen haben Dir in den letzten Jahren am meisten geholfen bzw. Dich vor neue Herausforderungen gestellt?

Ganz klar, der Umstieg auf digitale Pulte. Man spart so viel Schlepperei und Verkabelungsaufwand, man hat soviel mehr Möglichkeiten. Okay, auch Einschränkungen kamen damit auf – so kann ich nicht bei Kanal X was am EQ drehen und gleichzeitig bei Kanal Y was am Kompressor ändern – aber damit kommt man klar, es ist halt eine etwas andere Arbeitsweise.

Was möchtest Du noch gerne zu der Thematik sagen?

Für mich ist die Tontechnik ja »nur« Nebenberuf, und so erlaube ich mir den Luxus, weiterhin mit einem Bein fest im (gehobenen) Amateurbereich zu bleiben. Auch betrachte ich das Thema »guter Sound« mehr als Breitensport, weniger als Spitzensport. Soll heißen, wenn z.B. MUSE im Jahr 2012 mit einem göttlichen Sound unterwegs sind und 2015 sogar noch ein wenig besser klingen, dann finde ich das weniger wichtig oder spannend, als wenn ich in diesen 3 Jahren ca. 40 Tontechnikern die Basics beibringen kann und wie man die größten Fehler vermeidet – sozusagen die 20 % an Wissen, mit denen man 80 % seiner Probleme erschlägt oder zumindest hörbar abmildert.

Ich verfolge die Entwicklung der Tontechnik ja schon seit der Mitte der 80er-Jahre auch aus der praktischen Perspektive und als Konzertbesucher im Amateurbereich. Die Technik hat in dieser Zeit riesige Sprünge gemacht, der Sound des durchschnittlichen Amateurgigs hingegen hat sich kaum verbessert. An der Technik liegt es also nicht. Dagegen habe ich die Entwicklung einiger Tontechniker – ehemalige Schüler von mir – verfolgt und manche von denen überflügeln mich so langsam. Jeder Mix von denen klingt heute um Klassen besser als z.B. vor 5 oder 10 Jahren, unabhängig vom eingesetzten Material. Es geht also um Wissensvermittlung. Und um die Erfahrung, welche diese Leute mit ihrem neuen Wissen gesammelt haben.

Darum kann ich jedem angehenden Tontechniker nur raten, lest Euch in das Thema ein, sucht das Internet nach Informationsquellen und Tutorials ab – ich kann da nur immer wieder die englischsprachige Wikipedia oder YouTube empfehlen, Bücher wie dieses hier oder das Werk von Frank Pieper oder zahlreiche weitere, zieht es Euch rein! Sucht Euch einen Mentor, lasst Euch von ihm ausbilden, sucht Euch eine Band und wachst im Lauf der Zeit mit ihr.

Markus Mantei

von SUPERNOVA PLASMAJETS

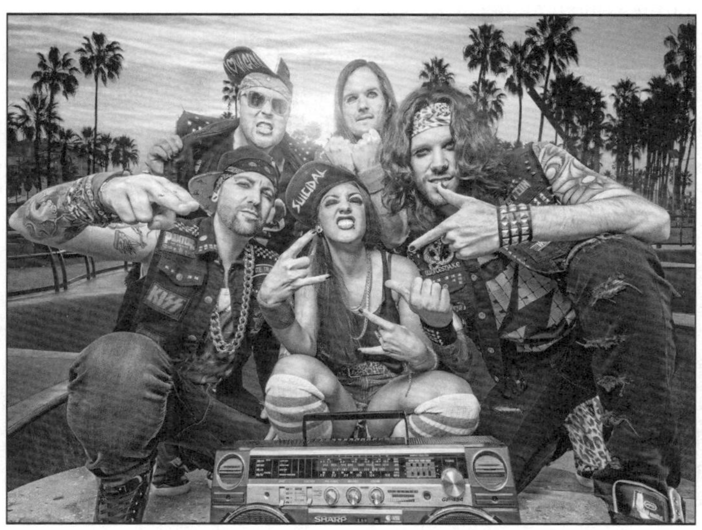

Was macht für Dich oder für Deine Band einen guten Livemischer aus?

Auf der Bühne/vor der Show Stress reduzieren (evtl. Stagehands anweisen, passt die Technik etc). Nach Außen hin die Vision/das Konzept der Band »verstärken«.

Welche Fähigkeiten und Fertigkeiten oder Eigenschaften sollte ein Livemischer für Dich besitzen?

Unser Setting ist, dass wir eigentlich fast immer unseren eigenen Mischer mitbringen und maximal in 10 % der Gigs auf Externe angewiesen sind. Daher kann ich eher aus dieser Perspektive sprechen.

Meiner Ansicht nach ist eine wichtige Aufgabe eines Livemischers, der Band eine funktionierende Umgebung zu schaffen, um professionell »abzuliefern«. Nichts stresst mehr als wenn man sich als »Unbeteiligter« über Probleme mit dem Mischpult oder Sachen, die trotz Rider auf einmal nicht machbar sind, usw. ärgern muss. Auf unserem Level muss der Livemischer leider oft auch noch in Bereiche eingreifen, die eigentlich in den Bereich des Haustechnikers oder der Stagehands fallen.

Mich stört andauerndes Nachregeln bzw. wenn ich merke, dass Steffen zu kämpfen hat. Man hat das Gefühl, irgendetwas stimmt nicht. Das macht mich dann unruhig und lenkt mich von der Show ab.

Bei Externen nervt mich oft, wenn persönlicher Geschmack (wir polarisieren ja) Einfluss auf die Kommunikation/Motivation hat. Der Umstieg auf die Kemper-Profiler und davor der Einstieg mit dem Eleven Rack wurde gerne belächelt und auch der Fakt, dass wir Bühnenoutfits haben. Das hat sich aber massiv gebessert, seit wir größere Shows fahren.

Wie kommunizierst Du mit dem Livemischer?

Grundsätzlich haben wir es uns als Band vorgenommen, stressfrei für alle Beteiligten zu sein. Das fängt beim Veranstalter an und soll auch nicht bei Stagehands, Mischer etc. enden. Im Endeffekt geht es darum, ein tolles Erlebnis für den Besucher zu bieten. Da haben Spielereien auf der Bühne wie zwischenrein spielen, groß am Sound rumdrehen usw. einfach kein Platz. Wir finden das selbst Panne, wenn man das bei anderen Bands sieht. Das ist bei Schülerbands natürlich okay, aber das ist nicht unser Anspruch.

Wir nutzen seit Jahren die gängige Zeichensprache (Daumen hoch/runter), um dem Mischer zu verdeutlichen, was lauter/leiser muss. Und wie gesagt, diszipliniert jeder nach der Reihe. Während der Gigs (meistens bei großen Bühnen) tu ich mich persönlich etwas schwer, übermäßig zu kommunizieren, da ich oft auch von dem Frontlicht geblendet werde bzw. nicht ganz nach hinten schauen kann. Hört sich blöd an, ist aber schon oft vorgekommen.

Direkt nach dem Gig gibt es natürlich immer ein kleines Feedback, wie es für beide Seiten lief. Ist etwas fies aus dem Ruder gelaufen, besprechen wir das auch ausführlicher, um das in Zukunft weitestgehend zu vermeiden.

Steffen übernimmt auch die komplette Kommunikation mit dem Veranstalter/Haustechniker. Selbst wenn er mal bei einem Gig nicht dabei ist.

Wir fanden es immer hilfreich, in einer ruhigen Minute vor dem Gig mal beim Livemischer vorbeizuschauen, sich vorzustellen/zu beschnuppern und kurz zu quatschen, in welche Richtung es gehen soll.

Ansonsten ist ein (realistischer) Rider immer hilfreich. Gerade wenn man »Specials« am Start hat. Nichts ist ätzender, als wenn noch kurz vorm Gig Strom gelegt werden muss oder irgendwo ne DI-Box fehlt.

Wie wird der Livemischer in Soundfragen eingebunden?

Mit Steffen (und auch den Mischern davor) haben wir uns erst mal getroffen und erklärt, was wir uns vorstellen, was unsere Ziele (nicht nur soundtechnisch) sind und mit welchem Besteck wir hantieren. Wir sehen und sahen unsere Livemischer nie nur als Dienstleister, sondern als Mitglied der Bandfamilie. Sprich, auch er soll sich entfalten/ausprobieren können und sich, natürlich alles im Rahmen, auch kreativ weiterentwickeln können. Eine Band wie wir bietet sich ja auch an, gewisse Techniken oder neues Equipment auszutesten.

Im Grunde genommen hat Steffen absolut freie Hand, da wir ihm vertrauen und wir wissen, dass er versteht, wie die Band klingen soll/will. Jeder in der Band hat seine Stärken, die er ausspielen soll. Da bringt es nichts, wenn wir uns da groß einmischen.

Da wir live alle (außer Drums) direkt ins Pult gehen (Gitarren via Kemper, Bass via 11Rack) und keine Boxen auf der Bühne haben sowie mit Samples spielen, ist eine gute Vorbereitung extrem wichtig, da die Nummer sonst schnell richtig in die Hose gehen kann.

Daher haben wir uns bei jedem größeren Step (Amps zu Kemper oder Einsatz des Sample-Players) eine Location mit Bühnentechnik gesucht und ein ganzes Wochenende »Soundcheck« gemacht. Sprich, die Sounds so abgestimmt, dass man im Idealfall nur noch die Fader hochziehen muss. Das hat uns einen Riesenschritt nach vorne gebracht und die Soundcheckzeiten extrem verkürzt. Das bedeutet, wir verkabeln wie gewohnt, Steffen checkt jeden kurz an, wir spielen einen Song an und gut ist.

Anstrengender ist der Monitor-Sound, da das von Location zu Location variiert. Wenn man direkt geht und (noch) nicht In-Ear nutzt, ist man extrem auf die vorhandenen Monitore angewiesen. Das ist im Moment noch der größte Zeitfresser. Aber dafür haben wir nun auch eine Lösung gefunden (dazu später mehr).

Welchen Stellenwert hat für Dich der (Live-)Sound Deiner Musik?

So wie die Außendarstellung hat natürlich auch der Live-Sound einen großen Stellenwert. Aber welcher Band ist das nicht wichtig?!

Wir machen offensichtlich keine »Musiker-Mucke«. Das Ziel ist es, soundtechnisch ein kompaktes Brett zu fahren, welches sich an der CD orientiert. Daher ist uns auch die Sample-Geschichte wichtig. Stell dir einfach einen Kino/Theater-Besuch vor. Da soll man einfach für 'ne gewisse Zeit in eine andere Welt entführt werden und beeindruckt rausgehen. Da kommt es dann nicht darauf an, die Holzart meiner Gitarre herauszuhören.

Welche Konzerte (von Dir oder anderen) sind Dir für einen guten Sound in Erinnerung geblieben?)

Soundtechnisch beeindruckt hat uns z.B. der Gig auf dem Summerbreeze Open Air. Druckvoller Sound, tolle Kulisse und eine extrem professionelle Umgebung.

Privat haben mich Papa Roach und Biffy Clyro im Schlachthof Wiesbaden maßgeblich beeindruckt. The Intersphere sind live auch immer eine Bank.

Wie berücksichtigt Ihr beim Songwriting bzw. bei der Produktion von Songs/Alben die Live-Umsetzung?

Hat beim Songwriting keinen Einfluss. Das würde nur die Kreativität ausbremsen.

Da wir mit dem Sample-Player arbeiten, können wir alle wichtigen Elemente des Albums wie Keyboards, Samples etc. live und ohne Stress verfügbar machen. Das hebt das Qualitätslevel schon massiv. Wir sind sogar so weit gegangen, unsere Kempers via Sample-Player zu steuern, was uns auf der Bühne eine neue Freiheit gegeben hat. Das wird von der Musiker-Polizei gerne als Beschiss oder »nicht real« gewertet. Das tangiert uns aber nicht wirklich. Man kann es ja nicht jedem recht machen.

Welche Erfahrungen haben dazu geführt, dass Ihr etwas an Eurer Herangehensweise an die Musik bzw. Euren Sound geändert habt?

Auch wenn ich es schon in den vorangegangenen Antworten beschrieben habe: Die Entscheidung direkt ins Pult zu gehen, resultierte aus der Frustration, 120W-Amps + Boxen + Pedalboards zu schleppen und auch zu transportieren, um dann vom Techniker verklickert zu bekommen, dass der Master bitte nicht über 0,5 gehen soll. Das ist für beide Seiten, verständlicherweise, frustrierend.

Ich habe unsere erste EP selbst gemischt und weiß, wie frustrierend es auf der »anderen Seite« sein kann.

Nachteilig finde ich etwa, dass die erste Reihe, gerade in kleineren Clubs, eine tote Bühne zu hören bekommt. Ich glaub, die Wahrheit liegt in der Mitte, dass man vielleicht leise eine Gitarrenbox mitlaufen lässt, um für die Frontrow etwas mehr Sound zu bieten. Ab größeren Clubs/Festivals ist das aber eigentlich kein Thema mehr.

Wie wichtig ist für Dich der Sound auf der Bühne?

Uns allen ist der Sound wichtig und wir würden lügen, wenn wir nicht alle gerne einen druckvollen & klaren Hifi-Sound auf der Bühne hätten. Aber wir wissen auch, dass das im Moment mit Wedges mehr als Wunschdenken ist. Wir haben bewusst gelernt, Kompromisse einzugehen, um jede Show zu spielen. Schön ist es nicht, aber wir haben schon oft genug blind gespielt, weil z.B. irgendein Hochtöner vom Wedge abgeraucht ist. In der größten Not wird sich an der Snare orientiert. Die kann immer laut.

Aber Spaß beiseite. Wir haben es auch nie als Luxus genossen, einen externen Monitormischer nutzen zu können. Irgendwie hat das gefühlt nie einen Vorteil gebracht.

Der nächste Step wird für uns sein, komplett auf ein Behringer X32 Rack umzusteigen und uns via Tablet unseren eigenen Monitorsound zu mischen. Wir haben bei unserer letzten Session ein grobes Wedge- und In-Ear-Profil für das X32 erstellt, sodass wir live im Idealfall nur noch minimale Korrekturen machen müssen, zur Not aber nur mit einem 5-Minuten-Linecheck starten können. Das ist im Moment noch nicht 100 % spruchreif, aber der Weg wird dahin gehen, um einfach noch schneller/stressfreier eine Show spielen zu können.

Was möchtest Du noch gerne zu der Thematik sagen?

Tech-Rider erstellt niemand zum Spaß. ;-) Tech-Rider lesen und zur Not mal kurz per E-Mail Rücksprache halten, würde live viel Stress ersparen. Wie oft sind die Kanäle nicht richtig gesteckt, der Rider ignoriert usw.

Und ein Rat an die Bands ... Ego des Einzelnen zurückschrauben = besserer Gig.

Wann bzw. warum habt Ihr Euch entschieden, mit einem eigenen Livemischer zusammenzuarbeiten?

Meine erste Erfahrung mit einem Livemischer war der von mir hochgeschätzte Dennis Metz.

Mit meiner alten Band VP-1 ist man sich öfters über den Weg gelaufen und hat sich prächtig verstanden. So hat eines zum anderen geführt und Dennis wurde unser fester Mischer.

Die Erfahrung, live sorgenfrei auf die Bühne gehen zu können, einen Brettsound abzuliefern, wollten wir fortan nicht mehr missen. Ich konnte mich immer live komplett gehen lassen, da ich wusste, dass Dennis es schon richtet. Deshalb war es bei jeder Band fortan das Ziel, einen festen Mischer am Start zu haben.

Next Level wäre es, einen eigenen Lichtmischer in der Band zu haben.

Welches Verhältnis besteht zwischen Euch und Eurem Mischer? Was bedeutet das im Detail?

Von einem sechsten Bandmitglied zu sprechen ist übertrieben, da Steffen kein Einfluss auf Band-Entscheidungen, Songwriting, etc. hat. Wir sehen ihn aber als wichtiges Mitglied der Bandfamilie. Wir sind ein großes Team, das an einem Strang zieht und alle Facetten gemeinsam durchlebt.

Ich bin mir auch sicher, dass »Teil von Etwas sein« wesentlich mehr zählt als Geld verdienen. Die Wertschätzung darf aber auch nicht auf der Strecke bleiben.

Es gibt nichts Besseres, als als Team zu wachsen. Genau wie man seine Skills am Instrument verbessert, bringt einen die wachsende Erfahrung eines Livemischers als Band nach vorne. Band bedeutet viel mehr als nur eine Handvoll Musiker. Leidenschaft kann man auch abseits eines Instruments einbringen. Bands & Mischer ... sucht und findet Euch & rockt gemeinsam die Bühnen.

Index

Mike Senior

Mixing Secrets

Musik mischen im Homestudio

2. Auflage

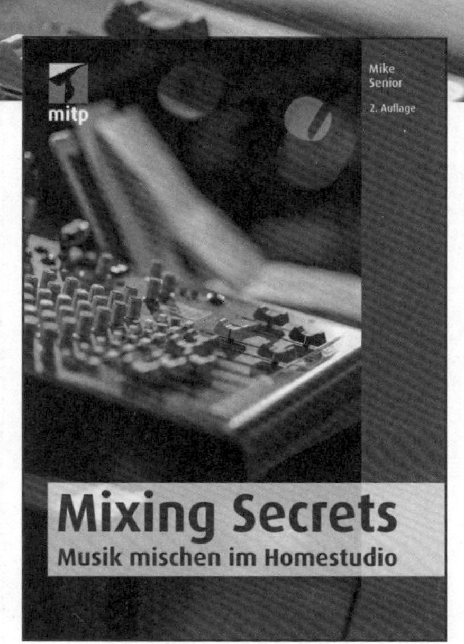

Aufnahmen professionell bearbeiten und arrangieren

Das richtige Equipment für das kleine Budget

Tipps und Tricks von Spitzen-Tontechnikern wie: Derek »MixedByAli« Ali, Michael Brauer, Serban Ghenea, Tony Maserati, Phil Tan

Kleines Studio, kleines Budget und professionell produzierte Songs – der Mix-Spezialist Mike Senior verrät, wie Sie mit den Techniken erfolgreicher Tontechniker Anfängerfehler vermeiden und Songs auf Chartniveau abmischen.

Sie werden Schritt für Schritt durch den vollständigen Mischprozess geführt: angefangen bei der Ausstattung des Studios über Timing-Anpassungen und die perfekten Mischverhältnisse bis hin zu individuellen Effekten. Der Autor geht dabei speziell auf die Gegebenheiten kleiner Studios ein und zeigt, wie Sie auch mit Low-Budget-Produktionen kommerzielles Niveau erreichen können.

Verständliche Erklärungen, viele Tipps und Strategien bekannter Musikproduzenten sowie hilfreiche To-dos zeigen Ihnen, wie Sie Ihren persönlichen Workflow finden und das Beste aus Ihrem Studio herausholen.

Der Autor stellt begleitend zum Buch auf einer Webseite eine umfangreiche Auswahl an weiterführenden Links sowie Multimediadateien zur Verfügung, die für Lernzwecke frei verwendet werden dürfen. »Mixing Secrets« eignet sich deshalb auch perfekt für den Einsatz in Schulen und Hochschulen.

ISBN 978-3-7475-0120-7

Probekapitel und Infos erhalten Sie unter:
www.mitp.de/0120